ALAS EN EL CORAZÓN

La vida del pastor y misionero cubano
Onelio González Figueredo

OCTAVIO RÍOS VERDECIA

2018

ALAS EN EL CORAZÓN

La vida del pastor y misionero cubano
Onelio González Figueredo

OCTAVIO RÍOS VERDECIA

2018

Primera edición. 2015.

Segunda edición. 2018.

Edición y diseño. Elízabeth de la Cruz de Ríos

ÍNDICE

Omelio

PRÓLOGO

Prólogo realizado para la edición de 2015.

El viaje que realizamos a la selva amazónica del Ecuador, un equipo compuesto por el Superintendente General, Reverendo Eliseo Villar Acosta, su esposa Bárbara Alonso de Villar, su hijo Isaac Villar, la Doctora Dori Pérez, el Rev. David Monduy, esposa e hijos, mi hija Leslie y yo, para visitar y apoyar al misionero Oxiel Noja y su familia, ministrar, apoyar y ayudar a las comunidades de las tribus Shuar con las que se han tenido contactos, ver su respuesta al evangelio, el poder participar de su cultura, comer sus comidas típicas y visitar diferentes comunidades, despertó en nosotros un deseo intenso de conocer a profundidad el trabajo misionero de nuestro hermano y consiervo, Onelio González Figueredo.

Mirando hacia atrás, y visitando los lugares indígenas, podemos encontrar sus huellas. En cada comunidad visitada, en cada pueblo alcanzado, en cada testimonio brindado por los hermanos, o en cada pisada de la tupida y fangosa selva, hay recuerdos imborrables de un hombre que no sólo predicó, sino que, en las más difíciles y hostiles condiciones, supo enfrentar el reto que le impuso el Señor, al sembrar en su corazón tanto amor por las almas perdidas. La deuda de gratitud hacia nuestro hermano Onelio, es grande, pues llegó a ser un hombre con una pasión muy fuerte por las misiones, que no solamente tuvo en sí mismo, sino que esparció como esporas en otros que, como él, han querido seguir los senderos que recorrió y continúan abriendo nuevas veredas que han permitido llegar a nuevas comunidades nativas, para hablarles de la Palabra de Dios.

Él estuvo consciente de que no siempre la siembra

tuvo el éxito momentáneo que esperaba, pero estaba convencido, de que lo que sembró otros lo recogerían. Hoy hay júbilo al recorrer esos parajes y contemplar cómo ha dado frutos la siembra de aquellos que, como Onelio, no repararon en responder al llamado. El ver hombres que han sido grandes guerreros de la selva, y han entregado sus vidas a Cristo, dando testimonio de una genuina conversión, es más que suficiente para dar gracias a Dios, porque Onelio rompió el surco y sembró la semilla que estamos recogiendo con gozo, y regando nuevas semillas, que otros más tarde segarán.

Hermanos como Onelio, auténticos pioneros, que supieron obedecer al llamado del Maestro y cruzaron los mares para llegar a los no alcanzados del mundo incivilizado, sus vidas fueron siempre motivo de inspiración y sirvieron de modelo para marcar profundamente a otros como Oxiel Noja, su esposa e hijos, Luis Zambrano, su esposa, David Monduy y familia, con el apoyo del ministerio ConPasión Internacional, a Ejecutivos de nuestra organización y a tantos cubanos que están recibiendo el llamado, y diciendo: ¡sí, Señor, estamos dispuestos y preparándonos para dejarlo todo, incluso madre, padre, etc., como dice la Palabra!

Estamos frente a un despertar misionero, mirando más allá de la frontera nacional, endosando el principio bíblico de llevar el evangelio a todas partes del mundo en cumplimiento de La Gran Comisión y en respuesta a una deuda de amor que tenemos con aquellos que comenzaron primero.

No estemos de espalda a las misiones. No es posible ignorar que el mundo está compuesto por una diversidad que necesita una labor diferenciada en el trabajo del campo misionero, y hoy hay gran diversidad de criterios desde el punto de vista de la forma, métodos, procedimientos y vías correctas o eficaces para llevar el plan salvífico al mundo; pero si lo sabemos y no vamos se hace inútil el conocimiento; por tanto, ante tal diversidad de criterios necesitamos una teología bíblica que nos trace el camino de cómo proceder, sin caer en extremos, logrando entender y analizar los fundamentos unificadores del plan redentor de Dios, así como la labor social y humanitaria confiada para poder responder apropiadamente al mandato misional del Señor, como respondieron Onelio y otros que se lanzaron por fe, sabiendo que el Señor les daría estrategias para lograrlo, y lo hicieron; como lo hicimos al entrar a la selva no sólo para llevar la Palabra, sino con ayuda médica, y de recursos para hacer la obra de amor encomendada por el Señor.

Como respuesta a esos primeros pasos, hoy, Asambleas de Dios de Cuba, pretende extender las misiones dentro y fuera de sus fronteras, llegando a ser un instrumento de actuación en materia misionera, cumpliendo el mandato divino de ir a predicar el evangelio a toda criatura, y honrando la memoria de aquellos que fueron pioneros.

Invitamos a todos los ministros, feligreses, y hermanos todos, a tener un apego inseparable a las Sagradas Escrituras y a trabajar en unidad, y acuerdo para lograr un mayor crecimiento en la Obra de Dios, y de esta manera, Dios será glorificado por medio de la Iglesia en Cuba y honraremos la memoria de aquellos que lo entregaron todo por recibir sólo la recompensa que viene del cielo.

Rev. Moisés de Prada Esquivel
Vice-Superintendente General
Presidente Nacional de Misiones
Iglesia Evangélica Pentecostal de Cuba (Asambleas de Dios)

ALLÍ NACIÓ

Un remoto rincón entre montañas

El poblado de Rejondón se encuentra en las faldas de la loma homónima. Ésta última se eleva discretamente, con una altura máxima de 254.2 metros y pertenece a las Alturas de Maniabón. Tanto el poblado como la loma están actualmente integrados al municipio Báguanos, provincia Holguín, allá lejos, en el oriente cubano. Tienen una tradición épica notable de la que se enorgullecen sus patricios, toda vez que en el combate de Rejondón, el 29 de junio de 1872, por primera vez en la Guerra de los Diez Años, el Ejército Libertador cubano quedó como dueño absoluto del campo.[1]

Gustan, los que allí viven, distinguir Rejondón de Báguanos, de Rejondón de Alcalá; ambos están en la provincia de Holguín, pero son lugares diferentes.[2]

Asegura René Figueredo Coronado, Licenciado en Física-Matemática, miembro de las Asambleas de Dios de Cuba, primo segundo del Rev. Onelio González, que en algún lugar leyó, hurgando entre vetustas etimologías, que rejondón significa algo así como "tierra recóndita entre montañas".[3]

En este escondido paraje, de bellísima geografía e inspiradas montañas, el río San Jerónimo hace correr sus aguas transparentes. Es campo verde, de suelos pardos y espigados latifolios, donde se mecen el plátano, el maíz y la caña, y la fauna sonora canta a la mañana. Allí, en la finca Santa Clara, del poblado de Rejondones, donde el cielo es más azul, quizá porque la gente es más sincera, nació el Rev. Onelio González Figueredo, el jueves 23 de noviembre de 1933.[4]

---

[1] Artículo: "Loma de Rejondones", *Ecured portable*, versión 1.5, fecha de fuente documental: 24 de diciembre de 2013.

[2] René Figueredo, entrevistado por O. Ríos, vía telefónica, 18 de julio de 2015, 9.00 PM. Usada con permiso.

[3] Ibíd.

[4] Bernabé González González, entrevistado por O. Ríos, vía electrónica, 16 de julio de 2015, 1:00 PM. Usada con permiso.

La familia que siempre amó

Su padre, Antonio González Nieto,[5] era oriundo de Galicia, España. Nació el 28 de junio de 1893; vino a Cuba en 1921 y murió el 28 de marzo de 1962.

Su madre, Ernestina Figueredo Guevara era cubana; nació en Holguín en 1906. Murió el 11 de agosto de 1979.

Ambos se unieron en matrimonio en 1929.[6]

Los abuelos paternos de Onelio González se llamaron Juan y Josefa; sus abuelos maternos, Juan y Merenciana.[7]

La vida del Rev. Onelio González Figueredo se ordenó en una familia de nueve hermanos:

- Elba Feria Figueredo, nacida el 28 mayo de 1926; eran medio hermanos, pero Onelio, con honda nobleza, siempre dijo que, para él, ese concepto no existía: todos eran hermanos por igual.
- Delia Rosa González Figueredo, nacida el 21 de octubre de 1931; ya está con el Señor. Su hija Marta aporta todos los datos relacionados con las fechas familiares. Vive en Rincón, municipio Boyeros, La Habana
- Migdalia González Figueredo, nacida el 29 noviembre de 1932; vive en Estados Unidos.
- Guillermina González Figueredo, nacida el 28 octubre de 1935; esposa del Rev. René Calvo.
- Elsa González Figueredo, nacida el 29 diciembre 1936; vive en Estados Unidos.
- Jorge González Figueredo; nacido el 7 de febrero de 1943.

---

[5] Investigaciones familiares hechas en La Habana recogen que el segundo apellido de Antonio González era *de la Pena*. La familia prefiere que se use el tradicional apellido de *Nieto*, que lo tienen todos en sus documentos personales. En esta publicación se respeta la voluntad familiar de Migdalia González Figueredo, con el respaldo de Bernabé González González, hijo del Rev. Onelio González Figueredo. (Nota del autor.)

[6] Migdalia González Figueredo, entrevistada por O. Ríos, vía electrónica, 15 de agosto de 2015, 9:47 PM. Usada con permiso.

[7] René Figueredo, entrevistado por O. Ríos, Oficina de Historia de las Asambleas de Dios de Cuba, 7 de agosto de 2015, 1:00 PM. Usada con permiso.

Fue el último de los hermanos que se convirtió y la alegría mayor de Onelio González. Actualmente se congrega en el Templo Central de las Asambleas de Dios de la Ciudad de Holguín.

- Eva González Figueredo; nació el 28 de julio de 1942. Partió con el Señor en Cuba.
- Marta Beatriz González Figueredo; nació el 28 de julio de 1943. Vive en Holguín. Se congrega en el Templo Central de las Asambleas de Dios de la Ciudad de Holguín.[8]

Siempre de izquierda a derecha, en el plano anterior: Jorge González Figueredo, Delia González Figueredo, Migdalia González Figueredo, Ernestina Figueredo (madre de Onelio González y hermanos) y Guillermina González Figueredo.
Plano posterior: Eva González Figueredo, Marta González Figueredo, Elba Feria Figueredo, Elsa González Figueredo (parcialmente visible).

(Cortesía de René Figueredo Coronado. Identificación familiar hecha por Belkis Beatriz González González, Loyda Calvo González y René Figueredo C. Usada con permiso.)

[8] Ibíd.

Vivieron todos, las sanas infancias de los niños del campo. "Éramos una familia muy pobre, pasamos mucho trabajo, pero fuimos muy unidos", recordaría Migdalia González.[9]

Las escuelas rurales de la localidad solo promovían hasta el sexto grado. De entonces en adelante eran necesario transportarse a la ciudad, lo que suponía para ellos un viaje diario a Holguín. Migdalia González Figueredo, hermana de Onelio González, explica:

> Para seguir estudiando había que ir a Holguín diariamente los cinco días de la semana, y nosotros no podíamos pagar la guagua;[10] era mucho dinero. Mi padre dijo que, si todos no podían estudiar, no iría ninguno. Gracias al Señor, que Onelio, en el Instituto Bíblico, pudo estudiar; era muy inteligente y el deseo de superarse era muy grande en él. Nadie que lo oyera predicando o conversando con personalidades, como lo llegó a hacer, podía pensar que él no tenía una vasta educación.[11]

Sus hermanas más pequeñas despertaron siempre en Onelio, sentimientos de protección. En 1950 tenía diecisiete años y trabajaba, pero Eva y Marta tenían ocho y siete años respectivamente; eran niñas, y los sueños de la infancia no permanecían descuidados para el esforzado hermano; así es que les pidió a ambas la noche previa al día de los Reyes Magos, que le colocaran al pie de la cama, dentro de sus zapaticos, un poco de hierba para los camellos en que éstos vendrían. A escondidas acomodó, a cada una, debajo de la almohada, una pequeña muñeca de yeso.[12]

Más de una vez se vio llegar el piscicorre del pastor Einar Peterson a Rejondón de Báguanos, por gestiones de

---

[9] Migdalia González Figueredo, entrevistada por O. Ríos, vía electrónica, 15 de agosto de 2015, 9:47 PM. Usada con permiso.

[10] Guagua: cubanismo para ómnibus. Transporte público. (Nota del autor.)

[11] Migdalia González Figueredo, entrevistada por O. Ríos, vía electrónica, 12 de agosto de 2015, 1:48 PM. Usada con permiso.

[12] Guillermina González, entrevistada por O. Ríos, vía electrónica, 16 de agosto de 2015, 9:47 PM. Usada con permiso.

Onelio González, con el propósito de llevar al Templo de Holguín, a sus hermanas. Toda la vida su familia estaría en el centro de su atención.[13]

A pesar de que tenían lugar escenas como estas, el equilibrio afectivo del hogar estaba roto. El padre de Onelio, carente de todo amor en Cristo, era duro al trato con sus hijos, especialmente con él. Compensatoriamente, su madre le abrigaba en una mezcla de lástima y consentimiento, que no lograba sino despertar más dureza patriarcal. Las tales cosas marcaron y dañaron mucho la infancia y los recuerdos que acompañarían al futuro misionero.[14]

Antonio González Nieto. Padre del Rev. Onelio González. Imagen muy antigua. Cortesía de Marta González Figueredo. Usada con permiso.

---

13 René Figueredo Coronado, entrevistado por O. Ríos, vía telefónica, 27 de agosto de 2015, 1:30 PM. Usada con permiso.

14 Ibíd.

ALLÍ SE CONVIRTIÓ

El año 1952 es un referente histórico del movimiento pentecostal cubano. Una miríada de sus figuras claves se convirtió para entonces. El archipiélago estaba siendo sacudido por una visitación especial del cielo.

Alguien llamó a Holguín "la ciudad de los parques". Se llena la bellísima locación citadina de estos pulmones naturales con espacios abiertos y llanos, poblados de árboles que reclaman su derecho a existir, en pago a lo cual cobijan bajo su sombra al transeúnte cansado, al anciano que evoca dulces remembranzas y a la pareja que estudia un naciente amor.

Fueron estos parques plazas de convocación. Allí corrieron los holguineros cuando Dios los visitó. En el más céntrico de ellos, la Iglesia de Holguín, en voz de sus jóvenes, organizó una actividad de evangelización; cruzaron los aires las voces que anunciaron el más ferviente llamado a salvación y vida eterna; allí nació la visión: "llenemos a Holguín del evangelio, alcancemos todos sus pueblos, invada Jesucristo cada rincón de la provincia..."

No quedó un solo campo, por distante o ignoto que fuera, a donde no llegaran; y el amor de Dios visitó al remoto Rejondón.

En aquel humilde poblado los aires se cargaron. Celso Hernández, respaldado de un nutrido y ferviente grupo de jóvenes holguineros, Biblia en mano, hizo a todos un llamado.

Fue allí..., él lo oyó; tenía diecinueve años y su padre no lo amaba; la violencia que éste le imponía sacudía su vida, prensada ya bajo una mole de exigencias insoportables. Qué monstruosidad deforme crecía en su alma, nunca lo sabremos, porque antes de que ésta brotara con espanto, irrumpió Dios...

Feliz llegada del Eterno. Fue allí..., en aquel lejano Rejondón, en 1952.[15, 16]

El Rev. Raimundo Oropesa recuerda:

---

[15] René Figueredo, entrevistado por O. Ríos, vía telefónica, 18 de julio de 2015, 9.00 PM. Usada con permiso.

[16] Bernabé González González, entrevistado por O. Ríos, vía electrónica, 16 de julio de 2015, 1:00 PM. Usada con permiso.

> Onelio y yo nos convertimos en el mismo contexto de las campañas de Holguín, en 1952; él un poco antes, y yo un poco después, en el Templo. La Iglesia de Holguín estaba pastoreada por Einar Peterson. Muletas colgando, sillas de ruedas amontonadas y vacías…; fue muy impresionante todo aquello; yo lo recuerdo.[17]

Para el momento en que se convierte Onelio González se encontraba cubriendo el pastorado interinamente, por razón de vacaciones de los Peterson, el Rev. Ramón Aguilar.[18] Celso y María Hernández eran obreros laicos del Templo central de Holguín cuando llevaron a Rejondón aquella memorable actividad evangelística.[19]

¿Quiénes eran los Peterson?

El matrimonio de Einar y Rachel Peterson con dos retoños: Lois Adele y Paul Byron, llega a Cuba el 30 de agosto de 1941.[20] Traían experiencias logradas con algunos años de servicios en la frontera mexicana. Esto les encauzó en el dominio de la lengua hispana.

Ambos habían enseñado por cuatro años en el Instituto Bíblico Latinoamericano en Saspamco, Texas, Estados Unidos.[21]

---

[17] Raimundo Oropesa, entrevistado por O. Ríos, vía telefónica, 30 de julio de 2015, 6:40 PM. Usada con permiso.

[18] Loyda Calvo González, entrevistada por O. Ríos, vía electrónica, 12 de agosto de 2015, 1:27 PM. Usada con permiso.

[19] Bernabé González González, entrevistado por O. Ríos, vía electrónica, 14 de julio de 2015, 4:51 PM. Usada con permiso.

[20] Hugh P. Jeter, "Dándoles la bienvenida a los nuevos obreros", *La Antorcha Pentecostal (LAP)*, No. 17, enero de 1942, p. 3.

[21] Alvio García Marcelo define la fecha exacta como correspondiente al 30 de octubre. Se desconoce la fuente que usó, pero está en contradicción con del 18 de octubre, en que E. Peterson escribe desde Cuba y con la del 30 de agosto en que *LAP* de enero de 1942 define la llegada. El autor prefiere dar más peso de credibilidad a la fecha del 30 de agosto, entendiendo que las fuentes son anteriores y por ende más cercanas al momento del suceso. El resto de las fuentes consultadas solo definen el año. (A. García, "Historia de las AD" *LAP*, enero-marzo 2000, p. 4.) (Nota del autor.)

Einar G. Peterson nació el 18 de noviembre de 1912, en Tacoma, Washington, Estados Unidos. Fue Ordenado el 5 de mayo de 1938 por el Distrito Central de las Asambleas de Dios —la renovación de la Ordenación fue transferida luego al Distrito Noroeste—. El 13 de enero de 1939 es nombrado misionero para Latinoamérica. Se jubila el 30 de noviembre de 1981 y parte para estar con el Señor el 5 de noviembre de 2004.[22]

Rachel Lydia Peterson nació el 19 de diciembre de 1911, en Tacoma, Washington, Estados Unidos. Fue Ordenada el 5 de mayo de 1938 por el Distrito Central de las Asambleas de Dios; posteriormente es nombrada para el trabajo en Latinoamérica el 13 de enero de 1939. Se jubila, junto a su esposo, el 30 de noviembre de 1981 y parte para estar con el Señor el 24 de octubre de 2005.[23]

Los Peterson se unieron en matrimonio el 6 de julio de 1936. Tuvieron cinco hijos: Lois Adele, el 20 de junio de 1937; Paul Byron, el 5 de enero de 1940; Evelyn Louise, el 3 de febrero de 1944 —casada con Jerry Goss, el 16 de julio de 1968—; Melvin Lawrence, el 8 de diciembre de 1947 y Vernon Dale, el 15 de octubre de 1949. Fueron transferidos a la República Dominicana en 1961.[24, 25, 26]

Llamamiento

Al año de haberse convertido Onelio González siente, muy dentro de sí, un llamamiento profundo al ministerio pastoral. Valoró la necesidad de estudiar, pero no tenía dinero. Su vida se enrumba temporalmente por los derroteros de aquellas colonias de cañas, donde tantas veces le vieron entrar y salir. Su abuelo especialmente le acogió como trabajador de

---

22 Einar y Rachel Peterson, *Expediente ministerial.* chivos de Historia. Asambleas de Dios. Cuba.

23 Ibíd.

24 Ibíd.

25 Luisa Jeter de Walker, *Siembra y Cosecha*, t. III, p. 155.

26 Noel Perkin, Missionary Secretary, "New Appointments and Sailing", *Cuba's Need*, octubre de 1941. Documentos. Archivos de Historia. Asambleas de Dios, Cuba.

la suya. Permaneció allí dos esforzados años,[27] incubando aquel sentir del Espíritu que le reclamaba como pastor de Su redil, alternando el corte cañero matutino con tiempos en que se sumía en la más profunda adoración al Dios de amor, cuya voz comenzaba a conocer.

El Rev. Alfredo Gómez Arce, quien fuera Secretario General de la Iglesia Evangélica Pentecostal de Cuba (Asambleas de Dios) a finales de la década de 1990 y en la de 2000, le recuerda para entonces, integrado plenamente al trabajo de la Organización:

> Fue en los albores mismos de la década de los 50, que estreché por primera vez la mano franca de Onelio González Figueredo.
>
> Por el sistema de alojamiento en las convenciones nacionales de agrupar varones por un lado y mujeres por otro, en locales prestados o rentados, en uno de esos nos encontramos. Onelio cuidaba el orden y yo lo ayudaba; él hablaba más rápido y yo más lento, pero lo cierto es que al final se nos reconoció como "un buen trabajo".[28]

Teresa Pérez, quien sería compañera de curso de Onelio González en el Instituto Bíblico Pentecostal de Manacas, le recuerda extendiéndose desde Holguín, hacia un pequeño pueblo cercano, llamado Pueblo Nuevo, a donde ellos le acompañaban. Temprano en su vida de convertido, Onelio predicaba en la pequeña capilla que estaba allí.[29]

Henry González Calvo, esposo de Elsa González Figueredo, y por ende cuñado de Onelio González, Presidente de los Jóvenes tres años y posteriormente Presidente de los Caballeros del Templo Central de las Asambleas de Dios en Holguín, guarda memorias de sus primeras impresiones, para

---

[27] Loyda Calvo González, entrevistada por O. Ríos, vía electrónica, 12 de agosto de 2015, 1:27 PM. Usada con permiso.

[28] Alfredo Gómez Arce, entrevistado por O. Ríos, vía electrónica, 8 de agosto de 2015, 3:59 PM. Usada con permiso.

[29] Teresa Pérez, entrevistada por Loyda Calvo González, enviada por vía electrónica, 16 de agosto de 2015, 9:47 PM. Usada con permiso.

cuando lo conoció, en la década de 1950:

> Conocí a Onelio en los años 50 y la primera impresión que tuve de él, fue muy buena al ver a un joven de poco más de veinte años con una personalidad que irradiaba respeto; su relación con la familia siempre la dirigía hacia las cosas de Dios, sin dejar de lado los demás aspectos propios de un ser humano.[30]

[30] Henry González, entrevistado por Loyda Calvo, 13 de agosto de 2015, 5:36 am, Estados Unidos. Usada con permiso.

INSTITUTO BÍBLICO PENTECOSTAL. 1956-1959

Comienzos

La persona que no tuvo un llamamiento no podrá entender nunca la fuerza con la que éste crece. Ni las presiones económicas ni las exigencias familiares apagan esa voz, que por más que se quiera desconocer crece, y crece..., hasta el instante supremo en que como el profeta Eliseo matamos los bueyes, los cocemos con el arado, y vamos en pos de Él...[31]

Aunando los recursos logrados por mil ahorros y cubierto por la oración de su congregación en Holguín, se fue Onelio González a estudiar al Instituto Bíblico Pentecostal de Manacas, Santo Domingo, provincia de Las Villas. Allí llegó en 1956.[32]

Sus compañeros de curso le recuerdan. Anay Matos Hernández, hija de Israel Matos (Chael), familia fundadora de las Asambleas de Dios en Baracoa, recuerda:

> Onelio y yo compartimos el mismo curso del Instituto Bíblico Pentecostal de Manacas. Él se graduó primero. Le recuerdo de aquellos días como una persona simpática, jovial y alegre, muy conversador; hablaba con todo el mundo y él quería que todo el mundo hablara con él. Me acuerdo del primer día, cuando llegué. Él estaba con un grupo de hermanos en la bomba de agua. A mí me habían dicho que estaba prohibido en el Instituto que varones y hembras hablaran entre sí; así es que les pasé por al lado con mi maleta y les dije, seria y secamente: "Buenos días", y seguí de largo. Onelio le dijo a los demás: "Pero bueno... ¿qué se cree la guajirita de Baracoa...?" Era así.

---

31 I Reyes 19:21. "...y tomó un par de bueyes y los mató, y con el arado de los bueyes coció la carne, y la dio al pueblo para que comiesen. Después se levantó y fue tras Elías...".

32 Bernabé González González, entrevistado por O. Ríos, vía electrónica, 16 de julio de 2015. Usada con permiso.

> Con el tiempo llegamos a tener buenas relaciones porque era imposible no tenerlas con él. Se esforzaba en la comunicación con todo el mundo increíblemente, aun con los hermanos que menos se hicieran notar.[33]

Eduardo Echeverría, estudiante procedente de Ciego de Ávila, compañero de curso y de graduación del pastor Onelio González, recuerda su permanente alegría y actitud devocional, que tanto transparentaba cantando. No importaba la actividad que hiciera en el Instituto, todos le oían cantar. Lejos de él estuvieron siempre las fricciones de carácter propias de los momentos en que hay mucha gente conviviendo en un mismo lugar. Tenía una capacidad social muy grande que más tarde Dios usaría hasta límites donde otros no pudieron llegar.[34]

La Revda. Daysi Castillo Arévalo deja saber de sus memorias:

> Conocí a Onelio González en el Instituto Bíblico de Manacas, en el segundo curso, con un grupo grande de Holguín. Onelio fue un joven estudioso y muy consagrado, alegre y agradable. Lo caracterizaba su sonrisa contagiosa; con él se pasaba el tiempo feliz. Esa alegría combinada con su carisma hacía su compañía más atractiva, contagiando a los demás en el gozo de servir al Señor.[35]

La Revda. Ana Irma Montejo Acuña, quien compartiera vida y ministerio con el Rev. Pedro Velázquez Martínez, recuerda:

> Los alumnos estábamos muy relacionados; nos llevábamos todos muy bien. Onelio era muy alegre,

---

[33] Anay Matos Hernández, entrevistada por O. Ríos, 5 de agosto de 2015, 5:00 PM. Usada con permiso.

[34] Eduardo Echeverría, entrevistado por Loyda Calvo González, recibido por vía electrónica, 16 de agosto de 2015, 9:47 PM. Usada con permiso.

[35] Daysi Castillo Arévalo. Documento enviado por Marta González Figueredo a la Comisión Nacional de Historia. 13 de septiembre de 2015. Usado con permiso.

juguetón, siempre estábamos jaraneando y cuando cambiábamos la mesa donde los alumnos todos compartíamos para conversar y donde había siempre un maestro con diez o doce alumnos, cada vez que cambiaban la mesa —cada tres meses— me tocaba con Onelio. Él se ponía a hacerme maldades y yo a llorar. Era muy juguetón, muy estudioso, cantaba muy bonito. A la gente le gustaba andar siempre con él porque era muy alegre. Salía con todos los jóvenes varones a predicar a los campos los domingos. A veces llegaba a las diez o a las doce de la noche, con su comida caliente en el comedor.[36]

A su llegada y comienzo en el Instituto Onelio González chocaría de bruces con un dilema: no sería acreditado si no tenía la experiencia del bautismo en el Espíritu Santo. En esto el claustro era intransigente. Al ingresar al Instituto toda vivencia pentecostal le era ajena. Es así que, cargado de sueños que le proyectaban a una vida de servicio, Onelio comenzó la búsqueda del Señor. No siguió los rumbos equivocados de algunos, que buscan la experiencia y no al Señor que la da; lejos de esto, buscó a Dios, y se encontró de pronto hablando en nuevas lenguas.[37, 38]

El Instituto fue su escuela de instrucción bíblica y a la par su escuela en el Espíritu. En él amaría el estudio, la predicación, la música, incursionaría también en la redacción y acompañaría al Rev. Héctor Pereira Sánchez en sus primeras publicaciones. Éste último recuerda:

Durante los años que estudié en el Instituto Bíblico Pentecostal (1954-1958), publicaba una pequeña revista, a la que llamaba: *El estudiante pentecostal*, y Onelio con mucha disposición nos ayudaba, aportando con

---

36 Ana Irma Montejo, grabación digital enviada por Anelis Socorro Batista a los Archivos de Historia de las Asambleas de Dios de Cuba. Usada con permiso.

37 Bernabé González González, entrevistado por O. Ríos, vía electrónica, 16 de julio de 2015. Usada con permiso.

38 Loyda Calvo González, entrevistado por O. Ríos, vía electrónica, 12 de agosto de 2015, 1:27 PM. Usada con permiso.

interesantes artículos que escribía.[39]

Lo conocimos cuando en el curso 1956-1957, llegó al Instituto Bíblico. Venía de nuestra Iglesia en Holguín. Le vimos enseguida como un buen estudiante, hábil y prometedor para el servicio al Señor, al que procuraba dedicar su vida.

Pasados sus tres años de teología, se graduó en 1959 para abrirse paso al pleno ministerio.[40]

El Rev. Isnaldo D. Echeverría Ramos respalda, en la historia, el paso del Rev. Onelio González por el Instituto Bíblico Pentecostal de Manacas: "Mi curso de graduación del Instituto Bíblico fue en 1954, pero, tras graduarnos, los alumnos por una u otra razón manteníamos vínculos con el Instituto. Es así que vi llegar allí a Onelio en 1956 para comenzar a estudiar y lo vi graduarse también".[41]

Presidente del Consejo Estudiantil

Sus aptitudes para la comunicación fraterna, sentido de responsabilidad, persistente trabajo y liderazgo natural, unido a la aprobación generalizada que de su persona hacían los demás estudiantes, le lleva, en 1958, a ser elegido presidente del Consejo Estudiantil. El Rev. Alfredo Gómez Arce, respalda estos hechos con sus recuerdos:

> A mi ingreso al Instituto Bíblico Pentecostal en Manacas, antigua provincia de Las Villas en 1958, ya Onelio era el presidente del Consejo Estudiantil en dicho plantel por lo que fue él quien me recibió, me llevó a mi albergue y me regaló un desodorante, crema Amolin.

---

[39] Héctor Pereira Sánchez, entrevistado por O. Ríos, vía electrónica, 31 de julio de 2015. 7:40 PM. Usada con permiso.

[40] H. Pereira, Documento enviado a los Archivos de Historia de las Asambleas de Dios de Cuba. Recibido: 8 de agosto de 2015.

[41] Bernabé González González, entrevistado por O. Ríos, vía electrónica, 30 de julio de 2015, 10:00 AM. Usada con permiso.

Unos pocos días después él siguió de presidente y a mí me eligieron de secretario lo que sirvió para acercarnos más y trabajar juntos.[42]

Primer sentir misionero

Las memorias de los que le conocieron se remontan hasta los tiempos del Instituto Bíblico Pentecostal de Manacas para evocar el momento en que, por primera vez, sintió Onelio González palpitar dentro de sí, un corazón misionero. En sus manos cayó un ejemplar de *Portales de Esplendor*. Esta publicación que llegaba a Cuba en 1958, de la autoría de Elisabeth Elliot, narraba los acontecimientos ocurridos en 1956, en los que perdieron la vida cinco misioneros norteamericanos en la selva del Ecuador, luchando por la evangelización de la peligrosa tribu huaorani, en lo que se conocería como Operación Auca.[43]

Conmovido, Onelio leyó cada página. Este suceso había tenido lugar hacía escasamente dos años.[44] Bernabé González recuerda: "Mi padre me dijo que, muy tocado por la lectura de aquel libro, allí mismo, en el Instituto Bíblico Pentecostal de Manacas, le dijo al Señor, en su oración privada: "Señor, si algún día me sacas de Cuba, quiero que me envíes al Ecuador, a trabajar con esos indígenas".[45, 46]

En el silencio de aquella noche brillaron de un modo inusitado las estrellas. Dios había escuchado aquella oración…

---

[42] Alfredo Gómez Arce, entrevistado por O. Ríos, vía electrónica, 8 de agosto de 2015, 3:59 PM. Usada con permiso.

[43] En el capítulo correspondiente al trabajo de Onelio González en la selva se le dedica un espacio mayor a esta impresionante historia. (Nota del autor.)

[44] Bernabé González González, entrevistado por O. Ríos, vía electrónica, 2 de agosto de 2015, 2:35 PM. Usada con permiso.

[45] Bernabé González González, entrevistado por O. Ríos, vía electrónica, 2 de agosto de 2015, 2:35 PM. Usada con permiso.

[46] Herminio Pupo González, entrevistado por O. Ríos, vía electrónica, 1 de agosto de 2015, 7:00 PM. Usada con permiso.

Graduación

Marta González Figueredo, mirando atrás, hace una estela en sus memorias, y dice: "Recuerdo cuando vino, ya graduado; trajo la foto con la toga; se veía tan lindo…"[47]

La Antorcha Pentecostal, en el mes de marzo de 1959, reporta a Onelio González entre los que ya se graduaron. Al respecto se lee:

> Se celebró un culto por la noche en honor del Instituto en el cual los obreros del presbiterio que habían estudiado en el Instituto hicieron uso de la palabra para expresar lo que el Instituto significaba para ellos.
>
> Los ex-alumnos presentes en el culto eran los siguientes: Onelio González, José Ramón Álvarez y señora, Elio González y señora, Víctor García y señora, Fernando Nieto, Israel Aguilera, Humberto Martínez, Albenis Valdés y señora, Balbino Basulto, José Brito, Paula Miller, Argelia García, José Naranjo, Juan Pablo Valdés y Carmen Oliva.[48]

El difícil año de prueba

En 1959 inicia su año de práctica. Es ubicado en Jatibonico.[49] Pese a que habían cesado las hostilidades, persistía una remanencia de preocupante violencia. La tarea pastoral, en lo que a la visitación se refiere, se podía ver

---

[47] Marta González Figueredo. Documento enviado por Marta González Figueredo a la Comisión Nacional de Historia. 13 de septiembre de 2015. Usado con permiso.

[48] Floyd Woodworth, "Ecos del Instituto", *La Antorcha Pentecostal*, marzo de 1959, p. 7.

[49] Jatibonico. Municipio de la provincia Sancti Spíritus. Antiguamente pertenecía a la provincia de Ciego de Ávila, hoy es tierra espirituana y está ubicado en la dirección este de la provincia; limita al norte con el municipio Yaguajay y la provincia Ciego de Ávila; al sur con el municipio La Sierpe y al oeste con el municipio Taguasco. (Artículo: "Jatibonico", *Ecured portable*, versión 1.5. Fecha de fuente documental: 24 de diciembre de 2013.)

súbitamente embargada por imprevistos propios de aquel contexto. Isnaldo Echeverría recuerda:

> El año 1959 era terrible en todo el país. Onelio fue ubicado para hacer su tiempo de práctica en Jatibonico. Vino a estar allí después de José Ramón Álvarez y de mí. Él era un pastor de mucha visitación y se les había recomendado a todos los seminaristas y ministros en general precaución, por lo tensas que estaban las cosas, pero a Onelio nada lo detenía. Es así que se va para la zona de las casas que estaban alrededor de la línea del tren, la zona esa que usted ve cuando viene de la carretera central para acá, cuando de pronto se ha formado una balacera..., un tiroteo tan grande, un cruce de ráfagas tan peligroso, que todo el mundo se metió para dentro de la casa y, sin ponerse de acuerdo, fueron a parar... ¡abajo de la cama! Cuando se recuperaron, resulta que todos estaban allí. Vaya cosa... Onelio me contaba esto muerto de la risa.
>
> Salieron cuando se calmó un poco aquello. Toda la tierra y la línea del tren estaban cubiertas de casquillos de balas de toda clase, lo mismo de ametralladoras que de escopetas, que de todo...; allí tiraron con todo. Eso te da una idea del contexto en que Onelio empezaba a trabajar.[50]

Loyda Calvo González, sobrina del pastor Onelio González, relata una vivencia que nos acerca a la conclusión de que la guerra no era solo en lo natural: "Recordamos que él contó qué terrible fue la guerra espiritual allí, pues cuando se arrodillaba a orar comenzaba a sentir que le lanzaban las tejas del techo encima y él tenía que pararse a reprender los demonios para que lo dejaran orar".[51]

---

[50] Isnaldo Echeverría Ramos, entrevistado por O. Ríos, vía telefónica. 31 de julio de 2015, 7:00 PM. Usada con permiso.

[51] Loyda Calvo González, entrevistada por O. Ríos, vía electrónica, 12 de agosto de 2015, 1:27 PM. Usada con permiso.

La Revda. Ana Irma Montejo Acuña nos acerca más a la comprensión de los difíciles tiempos que se vivían cuando cuenta:

> Salieron en la guagua[52] del Instituto a predicar y por el camino les quemaron la guagua. Allí iban Alipio Pedraza, Pedro Velázquez, Onelio González, iban unos cuantos, como treinta y pico, porque los iban repartiendo y después por la noche los recogían para regresar. Al otro día cuando llegó la noticia salieron a buscarlos. Tuvieron que venir al otro día.[53]

El Rev. Onelio González se gradúa en el Instituto Bíblico Pentecostal de Manacas, pero continúa frecuentando el plantel. El Rev. Jesús S. Santiesteban Pérez le recuerda: "Allí le veíamos ir, entrar y salir. Era el año 1962 y él continuaba teniendo vínculos con el Instituto y lo frecuentaba".[54]

---

[52] Guagua. Cubanismo para ómnibus. (Nota del autor.)

[53] Ana Irma Montejo, grabación digital enviada por Anelis Socorro Batista a los Archivos de Historia de las Asambleas de Dios de Cuba. Usada con permiso.

[54] Jesús Santiesteban, entrevistado por O. Ríos, vía telefónica, 31 de julio de 2015, 7:30 PM. Usada con permiso.

Instituto Bíblico Pentecostal de Manacas, Las Villas. Curso 1957-58. Clase segundo año. De izquierda a derecha, sentadas: María Carreras, Ana Arminda Ballester. De pie: Esbert Llópiz, Humberto Martínez, Maximiliano Soto, Arturo Garrido (representante de segundo año), Onelio González Figueredo, Leovigildo Ibáñez, Rolando Cañizares. A esta lista de segundo año debe agregarse el alumno Eduardo Echeverría, ausente el día que se tomó la imagen. (Archivos de Historia. Asambleas de Dios. Cuba.)

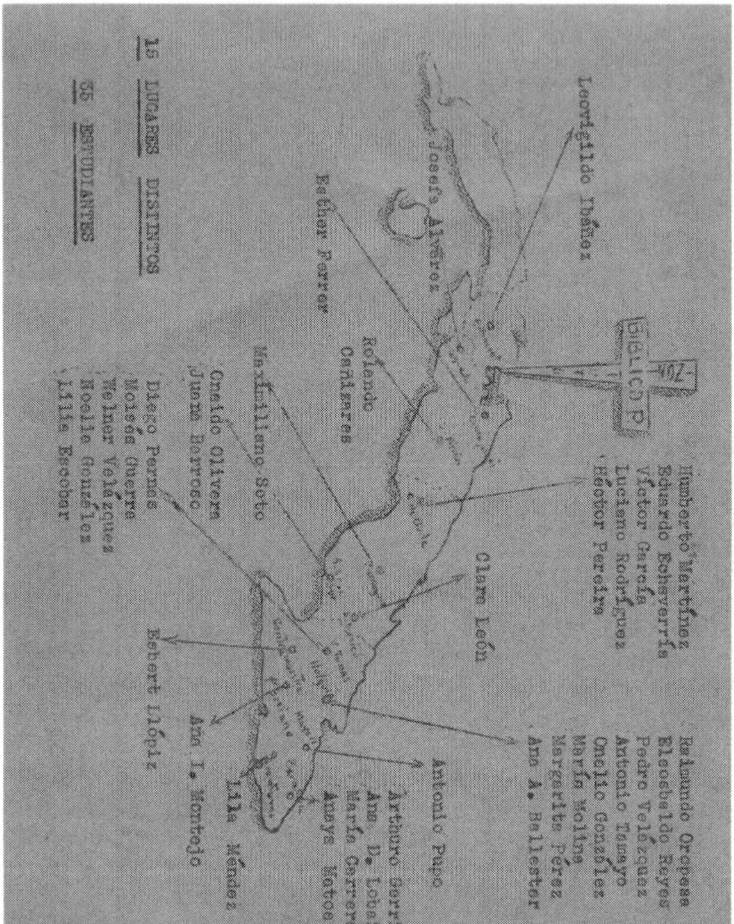

Página del Anuario del Instituto Bíblico Pentecostal de Manacas, correspondiente al año 1957-58, donde se puede distinguir la procedencia de cada uno de los alumnos que allí estaban. En la ubicación de Holguín puede distinguirse el nombre de Onelio González. Archivos de Historia. Asambleas de Dios. Cuba.

Aula del Instituto Bíblico Pentecostal. Onelio González aparece en el lado izquierdo de la imagen, sentado próximo al lado derecho de la pizarra, mirando a ésta desde el frente.

Imagen anterior: Fotografía del claustro y el alumnado total del Instituto Bíblico de Manacas, en el curso 1957-58. Cuando no aparece el número correspondiente en la sucesión de la identificación es porque la persona que responde a ese número no ha sido identificada todavía. La descripción se hace siempre de izquierda a derecha.

Sentados: claustro de profesores. De izquierda a derecha: Heriberto de la Teja. Maxine Richardson. Floyd C. Woodworth. Mildred Woodworth. Luisa Jeter de Walker. Alva Walker. Virginia Carpenter y Andrés B. Couselo.

Primera fila de pie (de abajo arriba): 1. Diego Perna Iglesia. 2. Víctor García Martínez. 3. Raimundo Oropesa Oropesa. 3. María Esther Ferrer Monteagudo. 7. Clara León Castillo (esposa del Rev. Diego Perna). 8. Luciano Rodríguez. 9. Héctor Pereira Sánchez.

Segunda fila: 1. Lilia Escobar (esposa del Rev. Ángel López). 2. Juana Barroso. 3. Margarita Pérez. 4. María Carreras. 5. Anay Matos Hernández. 6. Josefa Álvarez. 7. María de los Ángeles Molina. 9. Ana Irma Montejo. 10. Ana Arminda Ballester.

Tercera fila: 1. Antonio Pupo. 3. Humberto Martínez. 4. Moisés Guerra. 5. Walner Velázquez. 6. Onelio González Figueredo. 7. Maximiliano Soto. 8. Arturo Garrido. 9. Antonio Tamayo. 10. Oneido Olivera. 11. Leovigildo Ibáñez. 12. Pedro Velázquez. 13. Rolando Cañizares. 14. Eleosbaldo Reyes.

Imagen anterior: Graduación del Instituto Bíblico Pentecostal de Manacas. 1956. La identificación en esta fotografía corrió a cargo del Rev. Héctor Pereira Sánchez. Cuando no aparece el número correspondiente en la sucesión de la identificación es porque la persona que responde a ese número no ha sido identificada todavía. Al finalizar este libro, en el acápite correspondiente a Control de nombres, hay algunos datos sobre los ministros que aparecen en esta imagen.

De delante hacia atrás y de izquierda a derecha:

Primera fila. 1. Jaime Rodríguez Fernández. 2. Víctor Manuel Badillo. 3. Belkis González. 4. Olga García. 5. Elba Rodríguez. 7. Esther Ferrer. 8. Esther Quintero. 10. Luis Guillén. 11. Servilio Guerra.

Segunda fila. 1. Anisio Semanat. 4. Argelia García. 5. Noelia González. 7. Melba Aguilera. 8. Gisela Alemán? 9. Fredy Guerra.

Tercera fila. 1. Pedro Placeres. 2. Pablo Sánchez 3. Rolando Lowe. 4. Gerardo de Ávila. 5 José Leyva. 6. Francisco González. 7. Martín Oliva Baró. 8. Elio González. 9. Roque Guerra.

Imagen anterior: Al dorso de esta fotografía aparece escrito: Valdés Foto-Santo Domingo-L.V. 23 de septiembre de 1955. Instituto Bíblico.
La identificación en esta fotografía corrió a cargo del Rev. Héctor Pereira Sánchez. Cuando no aparece el número correspondiente en la sucesión de la identificación es porque la persona que responde a ese número no fue identificada.
Al finalizar este libro, en el acápite correspondiente a Control de nombres, hay algunos datos sobre los ministros que aparecen en esta imagen.
Siempre de abajo a arriba y de izquierda a derecha:

Primera fila (sentados). 1. Rolando Lowe. 3. Elba González. 4. Belkis González. 5. Noelia González. 9. Gisela González. 13. Marina Álvarez. 14. Esther Quintero. 16. José Leyva. 17. Martín Oliva.

Segunda fila. 1. Roque Guerra. 2. Servilio Guerra. 3. Pedro Placeres. 4. Jaime Rodríguez Fernández. 5. Fredy Guerra. 6. Heriberto de la Teja. 7. Maxine Richardson. 8. Paula Delbeau. 9. Virginia Carpenter. 11. Anisio Semanat. 13. Luis Guillén. 14. Pablo Sánchez. 15. Elio González. 16. Gerardo de Ávila.

Tercera fila. 1. Belkis Zaldívar. 3. Berta de Placeres. 6. Clara León. 8. Esther Ferrer. 9. Elba González. 13. Ana Dilia Lobaina. 14. Nilda Fernández. 15. Eutimia de González.

Cuarta fila. 1. Andrés B. Couselo. 2. Diego Perna. 3. Elio Socarrás. 4. Héctor Ortiz. 5. Ángel López Flores. 6. Fermín Pasos. 7. Rafael Morell. 10. Balbino Basulto. 11. Raimundo Oropesa. 17. Alberto Bernal. 18. Héctor Pereira Sánchez. 19. Juan José Naranjo. 21. Argelio Sánchez. 22. Elesbán Fuentes. 23. Gastón Cárter.

SU VIDA PASTORAL EN CUBA

Campechuela. 1960-1965

Su entorno geográfico

Campechuela es un municipio costero cubano de la parte oriental, ubicado en posición suroeste dentro de la provincia Granma. Debe el nombre a su cercanía con la zona de Guá y el Golfo de Campeche, en Yucatán.[55]

Ha cambiado mucho desde los tiempos en que ministró allí Onelio González. Tiene actualmente 46.126 pobladores que aprovechan el espacio que les brindan sus 579.48 Km^2 de superficie; exhibe una densidad poblacional de 78 habitantes por km^2 y cuenta con cincuenta y seis asentamientos poblacionales.[56]

Sus habitantes comparten una larga historia; los españoles la encontraron poblada de aborígenes. Desde aquellos días hasta hoy el sustento primordial ha dependido de los suelos que tapizan aquellas llanuras bajas, donde se cultiva caña de azúcar, vianda, café, arroz, cacao y frutas diversas.[57]

El cercano mar le prodiga un clima cálido y húmedo, con precipitaciones irregulares, destinadas a sorprender a su rica fauna de aves con vistosos colores, entre los que se impone el tocororo, reclamando a la atención del viajero su carácter de reina entre las aves, toda vez que muestra, perenne, en las plumas que cubren su cuerpo, los colores de la bandera nacional.

Allí se disputan la primacía, en la coral natural, el canto aflautado, repetitivo y gorgojeante del zorzal, con el llamado cargado de nostalgia, que en las noches hace el sinsonte. Se les unen el totí, la garza, el zunzún, la paloma, la galliforme codorniz, la guinea, el negrito, la cartacuba, todas a una cantan a la vida. Dios les dio lugar para estar en la multiforme

---

[55] Artículo "Campechuela", *Ecured portable*, versión 1.5. Fecha de fuente documental: 24 de diciembre de 2013.

[56] Ibíd.

[57] Ibíd.

arboleda de Campechuela, donde crecen solidarias la Guácima, la Majagua y la Macagua con el Tengue y la Ceiba.[58] La sed de sus raíces se sacia con la bondad de los ríos Gua, Tana, Cayahaca, Lorenzo Díaz, Limones y Sabanilla. A éstos rinden tributo las lluvias que caen y corren por las montañas, convirtiendo la hidrografía de Campechuela en la más importante de toda la provincia.[59]

Onelio González. Pastor en Campechuela

El Rev. Onelio González Figueredo pastoreó la Iglesia Evangélica Pentecostal de Cuba (Asambleas de Dios) de Campechuela desde marzo de 1960 hasta 1965.[60] Llegó allí en sustitución de la pastora Rosa Elena Aguilera Pacheco, fundadora, en 1959, de la Obra de las Asambleas de Dios en Campechuela. Ésta había partido rumbo al Instituto Bíblico Pentecostal de Manacas, Las Villas, y se uniría en matrimonio posteriormente al pastor Aníbal Trujillo Matarreyes. Al momento de la publicación de este libro ambos viven en aquella misma zona.[61]

La Antorcha Pentecostal hace un anuncio acerca de la llegada de Onelio González a Campechuela, en su número de octubre de 1960: "Damos la bienvenida en nuestro presbiterio al hermano Onelio González quien hace poco comenzó a pastorear nuestra Obra en Campechuela".[62] Una y otra vez el autor ha interactuado con los actuales acerca de este anuncio que da a entender la llegada de Onelio en un momento cercano a octubre. El *Libro de Actas* de la Iglesia local es claro al respecto. La pastora Rosa Elena Aguilera Pacheco parte para el Instituto Bíblico en el mes de febrero de 1960. Onelio

---

58 Ibíd.

59 Ibíd.

60 *Libro de Actas de la Iglesia Evangélica Pentecostal de Cuba (Asambleas de Dios) en Campechuela.* (Pastora Juana Pol Martínez, entrevistada por O. Ríos, vía telefónica, 6 de agosto de 2015, 5:00 PM. Usada con permiso.)

61 Bonifacio Martínez Elías, entrevistado por O. Ríos, 14 de agosto de 2014, 11:00 AM. Usada con permiso.

62 Migdalia Leyva, "Noticias De aquí y de allá. Presbiterio Oriente central", *La Antorcha Pentecostal*, octubre de 1960, p. 12.

González comienza su pastorado en marzo de ese mismo año. El pastor Bonifacio Martínez Elías, ministro que atiende actualmente la sede, atribuye la aparente incongruencia entre el *Libro de Actas* y *La Antorcha Pentecostal* al hecho de que para entonces el flujo de información hacia esta publicación de la Obra, por parte de los corresponsales, era demorado, sin que esto demerite en nada el esfuerzo que hacían.[63]

Viven aquellos días en el recuerdo de Virginia Arias García, miembro en plena comunión, desde entonces, de la grey local. Remontándose a las alturas de aquellos lejanos tiempos, nos dice:

> Nací en 1948. Tenía once o doce años para entonces. Fui una de las niñas que él invitó al Templo e incorporó a la Iglesia, donde he estado hasta hoy. Han pasado muchos años y todavía lo recuerdo; el pastor Onelio se veía muy joven y trabajaba en el campo; lo encontrábamos con frecuencia dondequiera, siempre cantando, porque era muy alegre. Si veía a un niño en la calle con la cara sucia, se lo llevaba, le lavaba la carita y lo sentaba en la Escuela Dominical; él hacía eso.[64]

"Para entonces todavía Onelio no se había casado —afirma el Rev. Mario Barbán—, y la pasión con que predicaba de vez en cuando le traía algún que otro problema".[65] La Revda. Irma Vázquez Manso, dice con relación a eso:

> Onelio fue Pastor en Campechuela, provincia Granma; por tal razón, atendía, además a Niquero, que en ese tiempo era una misión de la ya mencionada Iglesia. Una noche él predicó sobre la idolatría y lo hizo con tal vehemencia que un hombre, cuya madre era devota de la Virgen de la Caridad y tenía un gran altar, se sintió ofendido y quiso

---

[63] Bonifacio Martínez Elías, entrevistado por O. Ríos, 14 de agosto de 2014, 11:00 AM. Usada con permiso.

[64] Virginia Arias García, entrevistada por O. Ríos, vía telefónica, 5 de agosto de 2015, 3:30 PM. Usada con permiso.

[65] Mario Barbán, entrevistado por O. Ríos, vía telefónica, 6 de agosto de 2015, 11:00 AM. Usada con permiso.

golpearlo. Gracias al Señor que alguien se interpuso y nada sucedió.[66]

Muere su padre

A principios del año 1962, Antonio, el padre de Onelio González, enferma. Le cuesta trabajo deglutir, pierde peso, flaquean sus fuerzas; deciden investigarlo y el sombrío diagnóstico no se hizo esperar: cáncer de esófago. En un intento por prolongarle la vida deciden operarlo y el 13 de marzo es intervenido. Hizo un postoperatorio muy cruento; no podía articular palabra alguna y la escasa fuerza residual que conservaba de su naturaleza fuerte, solo la podía emplear en lanzar pavorosos quejidos que sumían en desesperanza a toda la familia.[67]

La hora de visita se cargaba de pena. Allí estaban todos sus hijos y Antonio, mirándolos uno a uno, quebrantado quizás por el recuerdo de las horas en que les negó un lugar en su regazo, dejaba caer por sus gastadas mejillas un río de lágrimas.[68]

El 28 de marzo, Onelio llegó para estar junto a él. Su madre les dejó solos para reponer algunas provisiones en el hogar. Padre e hijo tuvieron un tiempo que era necesario en el orden de los planes de Dios. Recordaría Onelio los días en que le predicaba el evangelio y éste, en abuso de su autoridad, lo mandaba a callar;[69] emergerían las memorias de los atropellos y las brusquedades que distanciaron peligrosamente sus corazones. ¿Qué más recordó? Migdalia González Figueredo, hermana de Onelio, hace un esfuerzo y descorre las cortinas que nos permiten revivir aquella dramática escena:

Onelio nos contó que comenzó a hablarle a papá, y le dijo

---

66 Irma Vázquez Manso, entrevistada por Herminio Pupo González, domicilio de Monterrey, La Habana, 1 de agosto de 2015, 7:00 PM. Usada con permiso.

67 Migdalia González Figueredo, entrevistada por O. Ríos, vía electrónica, 12 de agosto de 2015, 1:48 PM. Usada con permiso.

68 Ibíd.

69 Ibíd.

la clase de operación que le habían hecho, y que las posibilidades de vivir eran muy pocas, pero si él se arrepentía de sus pecados tenía la oportunidad de ir al cielo con el Señor, y un día nos reuniríamos todos con él. Mi padre, hablando por primera vez desde el día que se operó, le contestó: "Hijo, ya yo le pedí perdón a Jesús, y Él está conmigo aquí".[70, 71]

Fueron sus últimas palabras; pocos minutos después murió.

Matrimonio

La congregación abrazó y protegió a Onelio González todo el tiempo que duró su soltería. Le ayudaban a preparar la comida y velaban para que no le faltara nada porque pronto fue muy querido de todos.[72]

Belkis Justa González Reyes —no eran familiares—, llenaría para toda la vida, aquel vacío temporal. Había nacido el 28 de febrero de 1937.[73] Vivía en el campo, en un lugar conocido como Cruce de Mir.[74] Por diferentes caminos vino cada uno a la fe. Con definidos llamados al ministerio cursaron el Instituto Bíblico en diferentes tiempos. Como puede verse en las páginas anteriores los Archivos de Historia de las Asambleas de Dios de Cuba, conservan la fotografía de la graduación del curso de Belkis González, fechada de 1956, año en que Onelio ingresaría al Instituto.

Migdalia González, hermana de Onelio, nos descubre el camino de aquel acercamiento:

---

70 Ibíd.

71 Guillermina González Figueredo, entrevistada por O. Ríos, vía electrónica, 11 de agosto de 2015, 1:33 PM. Usada con permiso.

72 Juana Pol Martínez, entrevistada por O. Ríos, vía telefónica, 6 de agosto de 2015, 5:00 PM. Usada con permiso.

73 Belkis Beatriz González, entrevistada por O. Ríos, vía electrónica, 31 de agosto de 2015, 11:24 PM. Usada con permiso.

74 Bernabé González González, entrevistado por O. Ríos, 5 de agosto de 2015, 4:14 PM, usada con permiso.

La hermana Belkis era muy querida para nosotros, principalmente para mi mamá, pues aunque ella no vivía en Holguín siempre que venía a la Iglesia paraba en nuestra casa. Igualmente cuando estaba de pastora en Mayarí e iba de paso a su casa de igual manera se quedaba en nuestra casa. Mi hermano se había graduado del Instituto y en 1960 fue para Campechuela. En una visita que nos hizo, a mediados de 1961, mi mamá le preguntó acerca de Belkis, señalándole que era una buena muchacha y estaba sirviendo al Señor...[75]

Este comentario sugerente despertó algo que en planos profundos, latía subrepticio y fue el detonante de una animada correspondencia. El poder de la letra escrita... ¡cuántos amores nacieron y crecieron a través de ella!

Todo lo que hemos llegado a saber es que a mediados de 1962 se comprometieron, y el 29 de diciembre de ese mismo año se unieron en feliz matrimonio que duraría toda la vida.[76] Ofició en la boda el Rev. Ramón L. Nieves. Ésta tuvo lugar en la Ciudad de Holguín.[77, 78]

El pastor Samuel García Núñez, por su cercanía a la familia, conserva una semblanza de la vida hogareña de Onelio González: "Vi a Onelio desenvolverse en su hogar. Yo soy contemporáneo de sus hijos, Bernabé y Beatriz, y compartí con ellos muchas veces en su casa, y me llamaba la atención lo cortés que era Onelio con su esposa. Le daba un buen lugar a su familia".[79]

Preocupados por la demora en la concepción del primer hijo, el matrimonio González consultó al médico ginecólogo de la zona, Dr. Mario Avilés. Éste le explicó que, por algún

---

[75] Migdalia González Figueredo, entrevistada por O. Ríos, vía electrónica, 11 de agosto de 2015, 4:32 PM. Usada con permiso.

[76] Ibíd.

[77] Bernabé González González, entrevistado por O. Ríos, vía electrónica, 2 de agosto de 2015, 2:35 PM. Usada con permiso.

[78] Onelio González, carta a René Figueredo Coronado. Quito, 12 de enero de 2006. Usada con permiso.

[79] Samuel García Núñez, entrevistado por O. Ríos, vía telefónica, 3 de agosto de 2015, 9:00 AM. Usada con permiso.

desequilibrio identificado en los estudios hechos, ella no podía tener descendencia. Le impuso entonces un costoso tratamiento. Cansado de ver Onelio que no ocurría ningún resultado, resolvió que el que había quitado la esterilidad a Sara, en la Biblia, tenía poder para obrar en su esposa.

> Visitó Jehová a Sara, como había dicho, e hizo Jehová con Sara como había hablado.
>
> Y Sara concibió y dio a Abraham un hijo en su vejez, en el tiempo que Dios le había dicho. Ge. 21:1, 2.

Conclusión: no seguirían asistiendo a consulta ni bajo tratamiento. Belkis respetó la decisión de su esposo y perdió toda esperanza de ser madre. En 1965 acordaron adoptar una niña de siete años, llamada Consuelo Santana Rosabal; ésta era hija de una numerosa familia. Viviría con ellos once largos años.[80]

Loyda Calvo González, sobrina del pastor Onelio González, completa la historia:

> Un día viajando para una Convención se encontraron con una hermana que ellos conocían; tenían amistad de cuando mi tío Onelio vivió en Holguín. Esta hermana, llamada también Belkis, había quedado estéril por una mala práctica médica y al encontrarse en esta oportunidad, la hermana llevaba con ella su niño; éste tenía cerca de un año. Dios había hecho el milagro en ella de sanar su cuerpo y concebir. Mi tío le pidió que le contara su testimonio a su esposa a lo que ella con gusto accedió.[81]

Esta historia despertó en el matrimonio González una reacción de oración y fe, que encontró apoyo en la grey. "Y visitó Jehová a Ana, y ella concibió" (I Sa. 2:21). Y visitó Dios a Belkis…

Bernabé González González (Bernie), el primogénito del

---

[80] Loyda Calvo González, entrevistada por O. Ríos, vía electrónica, 12 de agosto de 2015, 1:27 PM. Usada con permiso.

[81] Ibíd.

matrimonio González, nació en Santiago de Cuba, el 20 de enero de 1967. Su hermana Belkis Beatriz (Betty), nacería en Contramaestre, Granma, el 29 de junio de 1969.[82]

Oposición

Eran los principios de la década de 1960 y crespos nubarrones llenaban el cielo evangélico de la nación. Las transformaciones sociopolíticas miraron con creciente animadversión la predicación del mensaje de salvación, y la Palabra de Dios comenzó a verse restringida a límites fijados tras los muros del templo. En este contexto se lanza Onelio González en una animada predicación al aire libre en el centro del poblado de Campechuela[83] y por las calles de Bayamo. Pocas horas después estaba detenido.[84]

La noticia corrió, pero los datos de su identidad y persona eran imprecisos. La familia, preocupada, dio aviso a su primo, René Figueredo Miraldea (1930-2009). Éste era Primer Teniente del Ejército Rebelde; había combatido en la gesta bajo las órdenes del comandante Juan Almeida Bosque (1927-2009),[85] en la columna número 3, Santiago de Cuba.[86]

Es así que el primo René, se apareció en la Unidad militar de Bayamo, donde estaba recluido Onelio e interactuó con el jefe local. Éste último le dijo:

> René… ¡llévate a este hombre de aquí! ¡He estado a punto de darle un tiro…! ¡Es un fanático…! Le regañé por estar

---

82 Bernabé González González, entrevistado por O. Ríos, vía electrónica, 16 de julio de 2015. Usada con permiso.

83 Diego Perna Iglesias, entrevistado por Bernabé González González, vía electrónica, 21 de julio de 2015, 4:27 AM. Usada con permiso.

84 René Figueredo, entrevistado por O. Ríos, vía telefónica, 18 de julio de 2015, 9.00 PM. Usada con permiso.

85 Ibíd.

86 La Columna No. 3 "Santiago de Cuba" fue fundada en febrero de 1958, y puesta bajo la dirección del comandante Juan Almeida Bosque. Fue la columna principal del III Frente "Santiago de Cuba". Operó en las cercanías de la provincia homónima, en Oriente. (Artículo: "Columna No. 3 'Santiago de Cuba'", *Ecured portable*, versión 1.5. Fecha de fuente documental: 24 de diciembre de 2013.

predicando en la calle... ¡Me va a buscar un problema...! Lo traje para acá y le dije que le iba a dar un tiro, y ¿sabes lo que me dijo...? Me contestó: "Si usted me da un tiro en menos de tres minutos estaré en la presencia de Dios. ¡Es un fanático...!"

El hijo de aquel primo, Primer Teniente, René Figueredo Coronado, primo segundo por tanto, cuenta para esta publicación:

> Había que ver a Onelio haciendo el cuento e imitando al jefe militar de Bayamo, arrastrando la lengua, diciendo: "¡Le voy a dar un tiro...! ¡Usted es un fanático...!" Te hacía reír haciendo el cuento.
>
> Cuando mi papá entró al calabozo, y el primo Onelio le vio, éste último se lanzó sobre sus rodillas y dio gracias a Dios. Mi papá le dijo: "¡Está bueno ya...! ¡Vámonos de aquí...!", y se lo llevó.
>
> Yo jugaba mucho con Onelio, y a veces le decía: "Mi papá te tuvo que sacar de la cárcel...", y él, que tenía las manos inmensas de grandes, me las ponía en el cuello, con cariño, y me decía: "Renecito..., a mí no me sacó de allí tu papá; a mi sacó Dios..."[87]

Para comprender la dimensión de dificultad del pastorado del Rev. Onelio González en Campechuela, y el esfuerzo colosal que realizó allí, es necesario escuchar a Bernabé González, su hijo:

> Recuerdo a mi papá contar cómo fue su inicio en el pastorado, allá en el pueblo de Campechuela. Solo dos familias asistían a la iglesia. Una de ellas aún vive detrás del Templo actual. La Iglesia, por tanto, no tenía recursos para sostener al pastor. Mi padre solía ir a cortar caña para obtener su sustento. Como había un llamado en él para

---

[87] René Figueredo, entrevistado por O. Ríos, vía telefónica, 18 de julio de 2015, 9.00 PM. Usada con permiso.

pastorear, solía salir bien de madrugada para cortar la cantidad de arrobas acordadas por su salario y luego tener tiempo en el día para hacer el trabajo pastoral.

En esa región del oriente costero los jejenes[88] son muy abundantes en su época, por lo que la gente de allí solía entrar a los campos de caña cuando el sol salía, pues así los jejenes ya se habían retirado; estos insectos no salen bajo la luz del sol. En varias ocasiones los otros hombres que venían al campo se encontraban con mi padre a la salida del campo de caña y le preguntaban: "Pastor, ¿qué se echa usted encima para que los jejenes no le piquen?" Él les respondía: "Nada; sí me pican, pero Dios me ayuda a soportarlos. Tengo otro trabajo que hacer y no tengo más opciones". Ellos contestaban: "No pastor; usted se pone algo y no lo quiere decir..."

Mi padre cuenta que las picaduras de los jejenes eran a tal grado que le hacían mudar la piel de las orejas. A medida que él hacia el trabajo, los jejenes se morían en su rostro, ahogados por el sudor, y cuando se pasaba las manos por la cara la sensación era como si tuviese fango, de la cantidad de insectos muertos que tenía encima.

En ese mismo pueblo, cuando la temporada de la caña pasaba, la otra forma de buscar el sustento era haciendo la pesca del camarón. Para ello tenía que irse luego de los cultos para el mar a depositar las boyas donde ponían

---

[88] Jejen (en Cuba se pronuncia Jején). Nombre científico: *Phlebotomus papatasi*. Es una especie similar a los mosquitos comunes, pero de menor tamaño. Es el principal vector de la leishmaniasis en el viejo mundo. Prefieren lugares de alta humedad (45 a 70%). Ponen sus huevos en cuevas de roedores, refugios de animales o grietas y rincones oscuros de construcciones humanas. El ciclo vital (pasando por los estados de huevo, larva y pupa) hasta llegar a adulto, es de tres a cuatro semanas. Los adultos viven alrededor de treinta días. La leishmaniasis cutánea, transmitida por estas moscas, es causada por el protozoo parásito Leishmania major. Es transmitido junto con la saliva que la mosca durante su picadura. Se calcula que todos los años ocurren un millón y medio de casos nuevos y que hay doce millones de personas infectadas. (Artículo: "Jejen (*Phlebotomus papatasi*)". *Wikipedia*, Versión Kiwix 0.9 Rc2.)

carnada para los camarones y luego, al día siguiente, ir al mar nuevamente a tirar las tarrayas[89] para hacer la pesca. Era un trabajo muy engorroso y le consumía mucho tiempo, por lo que lo hacía muy tarde o muy temprano para poder tener tiempo disponible, y visitar a las personas necesitadas de Jesucristo.[90]

Quizá este asombroso régimen de vida influyó en que no fuera captado para las Unidades Militares de Apoyo a la Producción (UMAP), en noviembre de 1965, cuando se crearon.[91] Si no hubo razones para eso, sí las dio para ser detenido una y otra vez. No solo predicaba al aire libre, sin medir consecuencias, sino que se extendía con preocupante efectividad hacia todos los campos cercanos. Calicito, Ceiba Hueca y demás, le oirían predicar ardientemente un mensaje de fe y esperanza.[92]

Ana Irma Montejo Acuña remarca: "Él desayunaba, se ponía un azadón al hombro y se iba donde los campesinos. Ellos lo veían vestido de campesino y trabajando con ellos, y lo defendían, y él se metía por el ojo de una aguja; era una persona cariñosa". [93]

Su hermana, la dulce Marta González Figueredo, cuenta, con relación al precio de esfuerzo y sacrificio de su hermano a las alturas de aquellos días:

> Recuerdo cuando hablaba de Campechuela, describía un lugar cerca de la costa, donde había cultivos de arroz y él iba a comprarles a los campesinos con apenas uno o dos

---

[89] Tarraya, rallo, rail o esparavel es un tipo de red de pesca que se lanza a mano. (Artículo: "Esparavel", *Wikipedia*, Versión Kiwix 0.9 Rc2.)

[90] Bernabé González González, entrevistado por O. Ríos, vía electrónica, 30 de julio de 2015, 10:00 AM. Usada con permiso.

[91] Alberto González Muñoz, *Dios no entra a mi oficina*, p. 15.

[92] Juana Pol Martínez, entrevistada por O. Ríos, vía telefónica, 6 de agosto de 2015, 5:00 PM. Usada con permiso.

[93] Ana Irma Montejo, grabación digital enviada por Anelis Socorro Batista a los Archivos de Historia de las Asambleas de Dios de Cuba. Usada con permiso.

medios.[94] Abrir un campo misionero era una enorme obra de amor porque imponía sacrificios a veces indescriptibles. El ministerio era probado sobremanera en aquella época. Necesitaban el respaldo del Espíritu Santo de Dios en la obra que ellos estaban haciendo y una vida llena de consagración y dedicación para que la obra de Dios caminara y ellos se sustentaran.

Siempre Dios cuidaba a sus siervos; mandaba a alguien con un plato de comida, un vaso de leche… Mi mamá se lamentaba: "Pobrecito mi hijo, por eso está así: enfermo del estómago. Se pasa días sin comer". Tenía gastritis. Fue muy tierno con mami; la abrazaba y besaba, y le decía que no se preocupara, que Dios cuidaba de él.[95]

El Rev. Ángel López Flores y su esposa Lilia Escobar de Flores habían compartido los días del Instituto Bíblico de Manacas con Onelio González y fueron los pastores que le sucedieron en Campechuela. ¿Qué encontraron cuando llegaron? Nos cuenta el pastor Ángel López Flores:

A finales de 1964[96] mi esposa y yo fuimos a pastorear allí porque él y su esposa Belkis, salían a pastorear a otro lugar. Los padres de los niños lo tenían a él como si fuera padre de los niños también. Onelio ponía a todos los niños en los dos primeros bancos y les ponía disciplina si no se portaban bien en el culto (…), y los padres encantados de la vida. Solo Onelio podía hacer eso porque a él lo querían mucho allí en Campechuela, [97]

---

94 Para el lector extranjero se aclara que un medio son cinco centavos; el centavo en Cuba es la mínima unidad monetaria. (Nota del autor.)

95 Marta González Figueredo. Documento enviado por Marta González Figueredo a la Comisión Nacional de Historia. 13 de septiembre de 2015. Usado con permiso.

96 De acuerdo a esta observación cronológica del pastor López, Onelio González debió abandonar Campechuela muy a principios de 1965. El autor está luchando para poner en armonía el *Libro de Actas* de la Iglesia de Campechuela con la memoria histórica de Ángel López. (Nota del autor.)

97 Ángel López Flores, entrevistado por O. Ríos, 13 de agosto de 2015, 2:53 AM. Usada con permiso.

Onelio González en Campechuela. Cortesía de Marta González. Usada con permiso.

Maffo. 1965-1971

Su entorno geográfico

Maffo es una locación perteneciente hoy al municipio Contramaestre, de la provincia Santiago de Cuba. Toma su nombre del apellido de un catalán que vivió sus días en una finca de la parte más alta del lugar.[98]

En 1878, apenas era un barrio de la jurisdicción de Jiguaní, en la antigua provincia de Oriente. Actualmente es uno de los principales poblados del municipio Contramaestre. Acomoda una población de 12.647 habitantes.[99]

Sus tierras y montañas se cubren de exuberantes bosques tropicales; son aprovechadas sabiamente para la siembra de viandas y cítricos; se humedecen favorecidas por el río Contramaestre que, disfrutando de la complicidad de múltiples

---

[98] Artículo: "Maffo", *Ecured portable*, versión 1.5. Fecha de fuente documental: 24 de diciembre de 2013.

[99] Ibíd.

arroyos y riachuelos, baña todo su suelo.[100]

Actualmente la presa "Carlos Manuel de Céspedes" le da a Maffo un significado provincial fecundando un microclima en la región. Es la segunda más grande de Santiago de Cuba y abastece a varios municipios.[101]

Onelio González. Pastor en Maffo

El Rev. Onelio González pastoreó la Iglesia Evangélica Pentecostal de Cuba (Asambleas de Dios) en Maffo desde 1965 hasta diciembre de 1971. "En el mes de enero de 1972 —recuerda el Rev. Osías Rosell—, sucedí al Rev. Onelio González en Maffo".[102]

En Maffo, Onelio llegaría con su paso seguro y su andar resuelto, hasta el último campo de aquella remota locación. Cada árbol le vio pasar, las nubes del cielo se arremolinaron sobre su cabeza para cubrir con su sombra el rostro sudado del incansable pastor. El Rev. Balbino M. Basulto Ramírez, lo recuerda:

> En el año 1967 fui a Maffo a hacer un recorrido de varios días con el pastor Onelio González y caminé con él increíblemente, porque me llevó hasta lugares que yo ni pensaba que existían; anduvimos todo Contramaestre, Jiguaní, todas aquellas tierras que él se sabía de memoria, allá llegamos; subimos tremendas montañas, cruzamos un gran río; fíjese si me acuerdo que puedo decirle que allí, por primera vez, caminando con él, vi una palma de dos gajos, mire usted qué cosa...
>
> Onelio era un trabajador incansable; fuimos además compañeros de curso en el Instituto Bíblico Pentecostal de Manacas donde fue un buen estudiante; era muy alegre.[103]

---

100 Ibíd.

101 Ibíd.

102 Osías Rosell Marzo, entrevistado por O. Ríos, vía telefónica, 5 de agosto de 2015, 3:00 PM. Usada con permiso.

103 Balbino Macario Basulto Ramírez, entrevistado por O. Ríos, vía telefónica, 4 de agosto de 2015, 6:00 PM. Usada con permiso.

El Rev. Osías Rosell Marzo confiesa acerca de su expectativa en los comienzos de su pastorado en Maffo:

> Para mí fue un reto tremendo revelar a Onelio González en su pastorado de Maffo porque él no paraba de trabajar, y esa fue la imagen que allí dejó. Subía y bajaba de aquí para allá a toda hora; se le veía ir al Tercer Frente, a Los Negros, a cualquier monte que usted se quiera imaginar. Estaba a cualquier hora en cualquier lugar.[104]

El Rev. José Ramón Mendoza García, ministro ordenado, actualmente jubilado, fue oveja del redil de Onelio González y narra de entre sus memorias de aquellos días en Maffo:

> … Aquella Iglesia cambio grandemente en el periodo en que él estuvo allí. Era un hombre muy considerado, él enseñaba a hablar a las personas que no se sabían expresar bien; corregía los errores de dicción.
>
> Onelio era un hombre sacrificado, en ese tiempo, hacía muchas visitas, siempre hacía muchas visitas; no había enfermo que él no visitara; era un hombre que por mucho apuro que tuviera se paraba con cualquiera en la calle y conversaba de tú a tú, y siempre esa persona se llevaba una semilla del evangelio sembrada.
>
> Mi sobrina inconversa me dice que ella no tiene muchos recuerdos de su niñez, pero sí recuerda a Onelio que hasta en su forma de caminar era diferente a los demás: era un hombre atlético con el pecho levantado, el mentón arriba; caminaba con marcialidad, era distinguido en todo, tanto en la forma de andar, de hablar, de tratar a las personas, a los vecinos. Todo el mundo lo quería, hasta los inconversos.
>
> (…) El salario era muy precario. Llegó a ganar de $5.00 a

---

[104] Osías Rosell Marzo, entrevistado por O. Ríos, vía telefónica, 5 de agosto de 2015, 3:00 PM. Usada con permiso.

7.00 al mes. Para poder mantener su recién formada familia, cortó caña, tejió redes, cortó arroz; se iba con los pescadores mar adentro para pescar, pues él no quería nada regalado. Todas estas cosas las hizo paralelamente con su ministerio al que no desatendía por nada, siempre con una sonrisa, con un trato contagioso que hacía sentir bien a todos los que tenían contacto con él; era respetuoso y cortés, que era algo digno de imitar.

Trabajó un tiempo en Mayarí, junto a su esposa y allí había una hermana que ahora no recuerdo su nombre, que Onelio, en forma de chiste, le decía: "Óigame hermana, cuando no hay fango usted busca un fregadero para meter los pies y tenerlos enfangados". A veces se buscaba problemas con algunas personas por que les decía la verdad en su cara, cuando no hacían las cosas debidamente; era un hombre que decía la verdad tajantemente, muy recto, jovial, con transparencia, con sinceridad. Onelio en su trabajo ministerial viajaba a unos treinta kilómetros a un lugar llamado La Alegría, a la casa de María Ester, nuera de Félix Montero, donde había una capilla. A ese lugar iba cada quince días cuando menos, y visitaba a todos los hermanos y a algunos vecinos; compartía con todas las personas de aquel lugar. También visitaba un lugar llamado La Torcaza que también le quedaba a unos cuantos kilómetros de Maffo. Trabajó en el cruce de El Prieto en el Tercer Frente, en Arroyo Rico, Come Cara y todos los alrededores, que quedaban distantes y todo lo hacía en una bicicletica que tenía.[105]

La lejanía de los lugares a donde llegaba suponía vencer escollos y peligros, propios de los accidentes naturales del terreno. En una oportunidad, mientras retornaba de La Alegría,[106] perdió los frenos de la rústica bicicleta en que se transportaba y, loma abajo, fue a dar a un río. Se fracturó con

---

105 José Ramón Mendoza García. Documento enviado por Marta González Figueredo a la Comisión Nacional de Historia. 13 de septiembre de 2015. Usado con permiso.

106 Ibíd.

la caída, la muñeca, se enredó con la maleza del fondo; el pesado ciclo se negaba a liberarlo y, luchando por salir, comenzó a hundirse.[107]

Cuenta su hermana, Guillermina González, que ella limpiaba los platos usados en el almuerzo a esa misma hora, y sintió de pronto una gran carga de preocupación, y un llamado de oración del cielo en favor de su hermano, y dejándolo todo fue y oró conforme a la urgencia que sentía. Otro tanto le sucedió a Elsa; no vivía con Guillermina, pero allá, donde estaba, la llamó Dios...[108]

Arreglos del cielo y misterios del Espíritu... Onelio se sostuvo unos instantes, como pudo, y un militar que cruzaba por la zona, en un jeep del Ejército, le vio, se detuvo, entró al agua y lc sacó, y en el mismo jeep lo llevó al hospital, donde le dieron auxilios generales e inmovilizaron el brazo.[109]

> Pero un samaritano, que iba de camino, vino cerca de él, y viéndole, fue movido a misericordia; y acercándose, vendó sus heridas, echándoles aceite y vino; y poniéndole en su cabalgadura, lo llevó al mesón, y cuidó de él (Lu. 10: 33-34).

El Rev. José Ramón Mendoza García, para entonces miembro de aquella grey, recuerda:

> Los vecinos decían que no sabían cómo no murió en ese accidente y él les testificaba que la Palabra de Dios se cumple: "El ángel de Jehová acampa alrededor de los que le temen, y los defiende" (Sal. 34:7).
>
> Los vecinos y amigos lo cuidaron en ese tiempo y lo mantuvieron. Este suceso impactó a la localidad pues fue algo milagroso que Onelio se salvara.[110]

---

[107] Guillermina González Figueredo, entrevistada por O. Ríos, 14 de agosto de 2015, 10:06 PM. Usada con permiso.

[108] Ibíd.

[109] Ibíd.

[110] José Ramón Mendoza García. Documento enviado por Marta González Figueredo a la Comisión Nacional de Historia. 13 de septiembre de 2015. Usado con permiso.

Vice-Presidente Nacional de los Jóvenes

Alternaría sus funciones pastorales en Maffo con un esforzado trabajo como Vice-Presidente Nacional del Departamento de los jóvenes: "Embajadores de Cristo". Esta importante función nacional en la Organización la realizó siendo Presidente Nacional el Rev. José Ramón Álvarez.

Ordenación de Onelio González Figueredo. Aparece con traje oscuro. A la derecha de él se encuentra el Rev. Humberto Martínez; a su izquierda el Rev. Adimael (Tito) Rodríguez Fernández. Entre Onelio González y Adimael Rodríguez puede distinguirse el Rev. Diego Perna. La fecha de esta imagen está en estudio. Parece corresponder a finales de la década de 1960. Cortesía de Marta González. Usada con permiso.

No se conservan de esa época ejemplares de *La Antorcha Pentecostal* que nos acerquen a la precisión cronológica de su elección al cargo. *La Antorcha Pentecostal* dejó de editarse para entonces de forma regular; en junio de 1964 se publicó el último número de la década de 1960 y esta importante revista no pudo volver a ver la luz, de forma regular, hasta julio de 1977. Es posible que se hayan hecho publicaciones aisladas en algún que otro mes de los años 1965-

66. No hay constancia de esto. La Comisión Nacional de Historia acaba de rescatar los números de enero de 1973, julio-septiembre de 1975 y julio-septiembre de 1977, lo que demuestra que la publicación de *La Antorcha Pentecostal*, aunque perdió regularidad, nunca se detuvo por completo. Este tema actualmente está bajo investigación.

En auxilio de esta penosa carestía acude la memoria de nuestros ancianos. El Rev. Nelsio Legrá Jardines nos dice:

> Onelio González era el Vice-Presidente Nacional de los Embajadores de Cristo, pero fíjate, no era una figura decorativa, porque existe la visión de que el Vice solo trabaja cuando el Presidente no está, con él no era así; el Presidente Nacional de los Jóvenes era José Ramón Álvarez y Onelio le hacía una asistencia increíble. Recuerdo especialmente el recorrido que vino a hacer Onelio acá, a Baracoa; eso sería entre los años 1969-70. Desde 1966 yo era el líder presbiterial de los Embajadores de Cristo, de modo que me correspondió organizarle el recorrido. Lo moví por toda la zona. Fue una experiencia muy grata porque Onelio era alegre y ocurrente. Se asombraba de ver que en la zona las familias tenían ocho y diez hijos y me decía: "Eso es porque se acuestan a las ocho de la noche".
>
> Camino a Majayara nos cayó encima tremendo aguacero y Onelio iba contento, cantando, alabando a Dios y riéndose por todo el camino. A cada rato teníamos que parar para quitarnos un poco del fango de los zapatos, que no nos dejaba avanzar. Así llegábamos a los lugares, llenos de fango y lluvia de arriba a abajo, nos lavábamos un poco… ¡y a predicar con poder![111]

Como adorador

No era presunción. Cantar a Dios era algo que nacía con espontaneidad de su espíritu agradecido. En su contenido

[111] Nelsio Legrá Jardines, entrevistado por O. Ríos, 3 de agosto de 2015, 5:00 PM. Usada con permiso.

devocional estaba, y en su forma de vida lo tenía. Así enseñó a toda su familia. Cuenta su hijo, Bernabé González González: "Recuerdo en mi casa todos los himnarios conocidos de ese tiempo. Creo que mi padre era uno de los que más himnos del *Himnario de Gloria* conocía. De hecho, yo conozco muchos que, cuando los canto, la mayoría de la gente de la "vieja guardia" me dicen no conocerlos".[112]

Anay Matos Hernández, que compartiera con Onelio en el Instituto Bíblico Pentecostal, recuerda: "Cuando Onelio no estaba hablando entonces estaba cantando. Arturo Rodríguez nos decía a todos: 'Cuando Onelio se despierta, en vez de abrir los ojos abre la boca, y canta'".[113]

El Rev. Nelsio Legrá Jardines, nos dice: "Hacían un buen dúo él y su esposa, y cantaban con voces y todo. Él hacía la voz prima y ella el segundo. Daba gusto oírlos cantar".[114]

Cuenta Bernabé González que los cantantes cristianos favoritos de papá Onelio llegarían a ser Danny Berrios y Lilly Goodman.[115]

Sus "aventuras" culinarias

Las aventuras culinarias del Rev. Onelio González son todo un capítulo de su biografía, y a veces dejaban mucho que desear. Algunas de las más significativas las protagonizó en Maffo. El Rev. Dagoberto Jane Gómez, pastor y evangelista de la Organización, cuenta a Bernabé González González, hijo del Rev. Onelio González, la simpática memoria que le quedó de aquello:

> Esto pasó en Maffo; un día tu papá fue a cocinar; tenía frijoles y los puso en la olla de presión, pero él no sabía

---

[112] Bernabé González González, entrevistado por O. Ríos, vía electrónica, 2 de agosto de 2015, 2:35 PM. Usada con permiso.

[113] Anay Matos Hernández, entrevistada por O. Ríos, 5 de agosto de 2015, 5:00 PM. Usada con permiso.

[114] Nelsio Legrá Jardines, entrevistado por O. Ríos, 3 de agosto de 2015, 5:00 PM. Usada con permiso.

[115] B. González, entrevistado por O. Ríos, vía electrónica, 2 de agosto de 2015, 2:35 PM. Usada con permiso.

> cómo trabajaba la olla y cuando la oyó sonando fue y le puso cosas pesadas sobre la válvula porque no sabía cómo funcionaba aquello, y al fin le quitó el "salidero". Después de un buen rato —como era de esperar— explotó la olla y se llenó el techo de frijoles.
>
> Al venir la gente las hermanas le explicaron cómo funcionaba "la cosa". Él mismo me hizo el cuento.[116]

René Figueredo explica que Onelio González tenía un primo que era de "armas tomar", y se alternaba en la cocina con Onelio. Un día, mientras éste último le presentaba una sopa, el primo le comentó lo bueno que sería si podía ponerle algo "más pesado"; se refería a alguna carne. Onelio le echó dos piedras grandes al caldo. El primo René no recuerda bien, pero cree que alguien tuvo que correr para que no se formara allí algo grande. Vaya broma.[117]

Su integridad

Maffo no solo fue un frustrado intento de perfeccionamiento culinario, también fue un peligroso campo de batalla. Bernabé González relata:

> Recuerdo que en el poblado de Maffo papá tuvo muchos conflictos con el gobierno por la intención de estos acerca de reclutarlo con el propósito de trabajar para ellos desde dentro de la Iglesia.
>
> En varias ocasiones fue detenido y sometido a fuertes sesiones de interrogatorios. En una última ocasión, llegaron al Templo, terminándose un servicio, y se lo llevaron arrestado. Les ocuparon las biblias a los miembros presentes y se llevaron la ofrenda también.
>
> Papá estuvo preso veintiún días y fue sometido a diarias

---

[116] Dagoberto Jane, entrevistado por Bernabé González González, vía electrónica, 26 de julio de 2015, 10:19 PM. Usada con permiso.

[117] René Figueredo, entrevistado por O. Ríos, vía telefónica, 18 de julio de 2015, 9.00 PM. Usada con permiso.

interrogaciones. Le permitían ver a mi mamá una vez al día, pero mi mamá no siempre podía ir. A mitad de ese periodo le ofrecieron firmar un documento que lo vinculaba a ciertos tipos de compromisos... Él les expresó sus convicciones, pero firmó el documento, y ese mismo día le liberaron.

Una vez que llegó a la casa se sentó con mi mamá, le contó lo ocurrido y le dijo: "Ahora me siento más preso que cuando estaba en el calabozo. Voy a regresar y a decirles que quiero retractarme de haber firmado ese papel, y que allí estoy para que hagan conmigo como quieran".[118, 119]

Oraron juntos y así lo hizo. Al próximo día, temprano, estaba allí. Lo volvieron a encarcelar. Las amenazas fueron aún más severas; se habló de su posible muerte...

Luego de varios días más, finalmente le soltaron y esta fue la última vez que estuvo encarcelado en este tiempo de inicio de su ministerio. Las biblias y las ofrendas fueron devueltas a la Iglesia.[120]

Salmo 15

1 Jehová, ¿quién habitará en tu tabernáculo?
¿Quién morará en tu monte santo?
2 El que anda en integridad y hace justicia,
Y habla verdad en su corazón.
3 El que no calumnia con su lengua,
Ni hace mal a su prójimo,
Ni admite reproche alguno contra su vecino.
4 Aquel a cuyos ojos el vil es menospreciado,
Pero honra a los que temen a Jehová.
El que aun jurando en daño suyo, no por eso cambia;

[118] Bernabé González González, entrevistado por O. Ríos, vía electrónica, 30 de julio de 2015, 10:00 AM. Usada con permiso.

[119] Isnaldo Echeverría Ramos, entrevistado por O. Ríos, vía telefónica. 31 de julio de 2015, 7:00 PM. Usada con permiso.

[120] B. González, entrevistado por O. Ríos, vía electrónica, 30 de julio de 2015, 10:00 AM. Usada con permiso.

5 Quien su dinero no dio a usura,
Ni contra el inocente admitió cohecho.
El que hace estas cosas, no resbalará jamás.

Las Tunas. 1972-1980

Su entorno geográfico

El municipio de Las Tunas, referente principal de la provincia oriental homónima, esa a la que muchos llaman balcón del oriente cubano, tiene una población de 192.967 habitantes y se extiende por 895 km^2. Los demógrafos le calculan 216 habitantes por km^2.[121]

Son torcidos los orígenes de su nombre. Con los primeros pobladores españoles se asentó en Cueybá, a las alturas del siglo XVII, Jesús Gamboa, un rico ganadero criollo en cuyas haciendas crecía profusa la tuna brava o espinosa, planta que obsequiaba a sus clientes y en cuya búsqueda se empeñaban los practicantes de los cultos afrocubanos; éstos las sembraban en los patios de sus casas con el propósito de protegerse de acciones espirituales y sociales nocivas. En la reputación de esta planta estaban las mismas "potencialidades" de la ceiba, en cuyo derredor el creyente daba tres vueltas, pidiendo un deseo.[122]

Tomando todo esto como punto de partida, los vecinos y comerciantes en general que iban hacia la hacienda de Gamboa, solían decir: "...Voy para la hacienda de Las Tunas". Con el tiempo el fitonimio se quedó en el lenguaje popular y por una aciaga extensión llegó a cubrir toda la provincia.[123]

Al nombre de la ciudad se le adhirió un apéndice que la convirtió en "Victoria de Las Tunas". Se celebraba con esto el triunfo militar de las tropas españolas sobre el Ejército Libertador cubano, ocurrido el 16 de agosto de 1869. Así se llamó oficialmente hasta 1976, en que se estableció la división

---

[121] Artículo: "Las Tunas", *Ecured portable*, versión 1.5. Fecha de fuente documental: 24 de diciembre de 2013.

[122] Ibíd.

[123] Ibíd.

político-administrativa que redistribuyó el país en catorce provincias y el municipio especial Isla de la Juventud. El municipio y la provincia regresaron a su nombre de Las Tunas.[124]

Es extraño que los cubanos hayan pasado más de dos tercios del siglo XX sin reaccionar, preservando un nombre tan poco patricio. Tal vez haya sido la misma ignorancia que hace a muchos llamar todavía Zulueta —nombre heredado de un alto oficial del Cuerpo de Voluntarios de España—, a la calle Ignacio Agramonte, o Belascoaín a Padre Varela.[125]

La actual vista nocturna de la ciudad es bellísima y llevó

---

[124] En 1878, terminando la Guerra de los Diez Años (1868-1878), el gobierno español estructuró la división política-administrativa del país en seis provincias: Pinar del Río, La Habana, Matanzas, Las Villas, Camagüey y Oriente. Éstas se dividían en municipios; podían contarse ciento veintiséis. Para entonces Cuba tenía 1,5 millones de habitantes, el 29,2% de los cuales estaba en La Habana (Ramón Martínez Cruz, Editor, Artículo: "Geografía-Distribución Político-Administrativa" *Todo de Cuba. 2001.* Multimedia, CD.) La República nacida en 1902 no alteró ni el número ni el límite de las provincias heredadas de la etapa colonial, transformándose en muy poca medida el número de municipios. Desde 1878 hasta 1976 esa fue la Organización político-administrativa. Con la adopción de las modificaciones incorporadas a la Constitución, plasmadas jurídicamente en la Ley 1304 del 5 de junio de 1976, quedó aprobada en el país una nueva división política-administrativa que estructuraba el espacio del archipiélago cubano en catorce provincias y un municipio especial. A su vez las provincias fueron divididas en municipios que, sumados todos, alcanzaban la cifra de 169. (http://www.ecured.cu/index.php/Diez_de_Octubre. Accedido el 5 de septiembre de 2012, 7:00 PM.) (http://es.wikipedia.org/wiki/Demograf%C3%ADa_de_Cuba. Accedido el 19 de agosto de 2012, 9:23 PM.) El 1 de agosto de 2010, la Asamblea Nacional aprobó una nueva reestructuración del espacio en occidente, apareciendo las provincias de Artemisa y Mayabeque. Se cambió a su vez el nombre de Ciudad de La Habana, la cual pasó a ser La Habana. Quedaba así el país dividido en quince provincias y un municipio especial, contando a partir de entonces con ciento sesenta y ocho municipios. Estos cambios entraron en vigor el 1 de enero de 2011. (http://es.wikipedia.org/wiki/Organizaci%C3%B3n_pol%C3%ADtico-administrativa_ de_ Cuba. Accedido por el autor el 2 de septiembre de 2012, 10:00 PM.)

[125] Ciro Bianchi, "Como me lo contaron… ahí va". Programa televisivo, jueves 11 de marzo de 2010, 8:30 PM, Canal 27, televisión cubana.

al autor a los límites del deslumbre, mientras la atravesaba rumbo a Holguín. Desconcertado ante aquella armonía de luces discretas en modernos faroles, calles limpias, balaustradas celosas de casa techadas por tejas criollas, modernos edificios que se levantan ya, hogares y oficinas, parques y plazas, pregunté al esforzado chofer, Josué Valdivia, obrero de la Universidad Teológica: "¿Dónde estamos?" Me contestó: "Atravesando Las Tunas".

Onelio González. Pastor en Las Tunas

El Rev. Onelio González y su familia pastorearon en el Templo de la Iglesia Evangélica Pentecostal de Cuba (Asambleas de Dios) en Las Tunas, entre los años 1972-1980.

Acerca de las primeras experiencias allí, cuenta Bernabé González:

> Nuestra llegada a Las Tunas fue un poco accidentada pues mi padre había salido como pastor por votación de la congregación pero, desafortunadamente, el pastor saliente, el hermano Albenis Valdés no desocupó la casa pastoral, por lo que tuvimos que acomodarnos en las aulas de la escuela dominical y en unos cuartos de visita que tenía la Iglesia de Las Tunas detrás del templo. Allí creo que vivimos por más de un año hasta que finalmente la familia Valdés se fue y pudimos entonces ocupar la casa pastoral.
>
> En ese tiempo hubo conflictos con algunos hermanos de la Iglesia ya que estos habían continuado apoyando al pastor saliente por lo que el trabajo en ese tiempo fue un reto muy grande, hasta que el Señor intervino y se logró una reconciliación entre todos.[126]

Las experiencias cuando el pastor saliente permanece en el área de la congregación que pastoreó, tras haber terminado su ministerio allí, y haber llegado el pastor entrante, no son buenas. Por más que se sublimen los cuidados se producen

---

[126] Bernabé González González, entrevistado por O. Ríos, vía electrónica, 2 de agosto de 2015, 2:35 PM. Usada con permiso.

crisis de dimensiones variables en el 95% de los casos. Las tensiones congregacionales con frecuencia se ven alimentadas por las inconformidades del pastor saliente con relación al nuevo ministerio que llega. Las contradicciones que se generaron en Las Tunas, y a las que se refiere Bernabé González, se reflejan en las actas del Comité Ejecutivo de la época donde aparecen intervenciones del presbítero, Rev. Manuel González Dotres, y decisiones del Comité Ejecutivo con relación a la Iglesia de Las Tunas, de cuyos desequilibrios se están pidiendo cuentas en el acuerdo No. 5 del Acta No. 3, folio 5, del 23 de abril de 1974.[127]

Estas crisis tenían raíces históricas más profundas. Orgelina Rodríguez Domínguez, líder principal de la congregación de Las Tunas para entonces, y cronista excepcional de aquellos días, con impresionante lucidez, rescata para los Archivos de Historia de las Asambleas de Dios, valiosa información:

Orgelina Rodríguez Domínguez. Imagen tomada por el autor, en su hogar, el 3 de agosto de 2015.

> Cuando cierran el Instituto Bíblico Pentecostal de Manacas, el Rev. Kerry González, que era nuestro pastor en Las Tunas, tiene que irse deportado junto con su esposa, la misionera norteamericana Margarita McClendon. Él me envía, horas antes de partir, una carta en la que me pide que recibamos a Carlos Anderson y nos da orientaciones acerca del destino de sus propiedades acá —libros y muebles—. Nosotros recibimos a Anderson como pastor y estuvo al frente de nuestra congregación unos cuatro o cinco años. Éste parte hacia los Estados Unidos y asume entonces el pastorado de Las Tunas Albenis Valdés. Él era una persona buena y tenía una familia bonita, con talentos musicales.
>
> Las Tunas era una congregación desarrollada y sus líderes

---

[127] *Libro de Actas de la Iglesia Evangélica Pentecostal de Cuba* (Asambleas de Dios). Archivos de Historia. Asambleas de Dios. Cuba.

dominaban muy bien reglamentos y asuntos de gobierno. Era una Iglesia maravillosa y hospitalaria, pero "tenía leyes", y no estoy hablando de normas. Creo que el apoyo desequilibrado de Albenis hacia una parte de ese liderazgo y de los hermanos "con leyes" fue la base de una división importante que se creó y llevó a que, en 1972, terminara su pastorado allí. En este contexto es electo entonces Onelio González. La Iglesia estaba dividida y Albenis Valdés no abandonó la casa pastoral, de modo que fue necesario acomodar a Onelio en el garaje y las aulas. Él lo aceptó todo humildemente. No dijo una sola palabra que pudiera interpretarse como una queja o desacuerdo. Lo acató todo y empezó a trabajar.

Pronto descubrimos su gran calibre. Pese a que la división era evidente, su ministerio se desarrolló sin críticas ni comentarios negativos. Hacía esfuerzos grandes para llevarse bien con Albenis.[128]

El Rev. Humberto Duarte resume aquellos días de luchas y glorias:

El templo central de Las Tunas estaba dividido; aquello estaba lleno de tensiones y contiendas. El liderazgo nacional lo sabía y nosotros, el Cuerpo Oficial, no teníamos ni idea de quien podría venir a enfrentar aquello. En este contexto tuvimos un encuentro con Bernardo Amor, Vice-Superintendente de la Organización. Amor y yo éramos muy amigos porque él había sido chofer de ómnibus en Camagüey y yo era chofer de ómnibus en Las Tunas, y si quiere enterarse de algo gracioso y difícil de entender, le contaré que Bernardo Amor recibió el bautismo del Espíritu Santo ¡manejando el ómnibus! Vea qué cosa...; y eso que él me decía que el chofer cuando no está bravo tiene que hacerse el que lo está, porque si no la gente acaba con él, pues bien, en ese contexto, manejando un ómnibus lleno de gente, Amor recibe el bautismo en el

---

[128] Orgelina Rodríguez Domínguez, entrevistada en su hogar por O. Ríos, 3 de agosto de 2015, 6:00 PM. Usada con permiso.

Espíritu Santo y rompe a hablar en lenguas con la guagua llena. Yo no quiero imaginarme cómo sería aquello. Bueno..., yo recuerdo que Bernardo Amor, hablando como gallego, porque era gallego, nos dijo con mucha convicción: "El hombre idóneo para unir esta Iglesia [Las Tunas] es Onelio González". Todavía nadie soñaba que él sería pastor allí.

Onelio terminó siendo electo y se formó una batalla tremenda. Él soportó con serenidad los insultos de aquellos que, por razón de la división, perdieron la humildad del evangelio.[129]

Fueron días muy difíciles. El Rev. Onelio González habría tenido que sublimar los cuidados para sobrevivir ministerialmente a aquellos primeros dos años de pastorado allí. Para hacer más duras y complejas las cosas, la niña que habían adoptado con siete años, en Campechuela, Consuelo Santana Rosabal, ahora con dieciocho años de edad, les abandona, y regresa con sus padres biológicos.

El Rev. Humberto Duarte, diácono en Las Tunas para esos tiempos, afirma: "Ellos nunca hicieron diferencia entre sus hijos, Bernie y Betty, y aquella niña. Era notable para nosotros".[130] Bernabé González recuerda: "La partida de Consuelo de nuestra casa, cuando ya vivíamos en Las Tunas, fue una experiencia muy dolorosa para todos nosotros. Mantuvimos los lazos con ella y su familia, y por lo menos una vez al año la visitamos mientras vivimos en Oriente".[131]

La pastora Hermida Figueredo Pi, recuerda esos dramáticos días:

Perdí dos embarazos y pensé en la posibilidad de adoptar un niño. Belkis González, golpeada por la experiencia de

---

[129] Humberto Duarte, entrevistado por O. Ríos, vía telefónica, 30 de agosto de 2015, 11:00 AM. Usada con permiso.

[130] Ibíd.

[131] Bernabé González González, entrevistado por O. Ríos, vía electrónica, 2 de agosto de 2015, 2:35 PM. Usada con permiso.

la niña adoptiva que les abandonó me dijo: "¡Ni loca hagas eso! ¡Vamos a orar!" Ella había aprendido que es mejor confiar en el poder de la oración. Decidí seguir su consejo y pude tener a Obed, que hoy está con nosotros.[132]

Cobraba sentido la prueba difícil que pasaron los González cuando no podían concebir; esto les hizo idóneos como consejeros matrimoniales.

> El cual nos consuela en todas nuestras tribulaciones, para que podamos también nosotros consolar a los que están en cualquier tribulación, por medio de la consolación con que nosotros somos consolados por Dios". II Co. 1:4.

La atmósfera de crisis de alguna manera se acrecentó. La fracción que dividía la Iglesia citó al presbítero, Rev. Manuel González Dotres, y con él hicieron una reunión en la casa de una de las líderes de aquella división.[133] Orgelina Rodríguez Domínguez explica:

> En aquella reunión se habló de sacar de la Iglesia a Onelio González y nosotras nos enteramos. Estaba allí el presbítero, pero aquella no era la Iglesia y se estaban tomando decisiones concretas…; no era habladuría. Nos disgustamos mucho e hicimos algo que usted puede considerar correcto o incorrecto, pero lo hicimos: reunimos a la Iglesia de Las Tunas en el Templo y le informamos lo que sucedía; citamos al pastor Onelio González y le preguntamos: "¿Usted siente que su pastorado aquí terminó?" Él contestó que no. Entonces votamos, para ver quiénes estábamos de acuerdo en que permaneciera allí. Una mayoría muy superior a las dos terceras partes levantó la mano en aprobación. Llamé a La Habana porque el problema había llegado hasta allá; pedí la intervención en el asunto del Superintendente, Rev.

---

132 Hermida Figueredo Pi, entrevistada por O. Ríos, vía telefónica, 30 de julio de 2015, 9:00 PM. Usada con permiso.

133 Orgelina Rodríguez Domínguez, entrevistada en su hogar por O. Ríos, 3 de agosto de 2015, 6:00 PM. Usada con permiso.

Eolayo Caballero; éste se trasladó desde la capital hasta Las Tunas, escuchó a la Iglesia, hizo preguntas, examinó cuidadosamente el asunto, verificó la votación y le dijo al presbítero: "Aquí no hay nada que hacer".

Quiero decir que en todo esto Onelio no hizo nada. Fue la Iglesia la que lo defendió, porque ya lo querían.[134]

Cuesta arriba

El Rev. Humberto Duarte, testigo vivencial de aquellos días, nos cuenta:

> Onelio cantaba permanentemente dondequiera que fuera; cantaba tantos himnos que no daba tiempo a veces a hacer otra cosa; cantaba antes de empezar a predicar, predicaba largo, pasaba de la hora, y después, rompía a cantar. Muchas veces lo hizo a capela, otras tantas le acompañábamos porque teníamos para entonces un cuarteto. Yo tocaba un instrumento que se llama bombardino, que es de acompañamiento y tiene un sonido un poco más grave que el trombón. Las Tunas había tenido para los tiempos de Kerry González, una gran banda musical. La dirigía Carmelino Álvarez, de Camagüey; éste había hecho un gran trabajo con la preparación de una banda musical en Camagüey y el pastor Kerry lo invitó y animó para que hiciera lo mismo en Las Tunas. Allí tocaba yo también; entonces teníamos cierta tradición musical y la seguimos usando.[135]

Comenzaron para entonces a hacerse en Las Tunas actividades interdenominacionales. Las denominaciones evangélicas estaban ordenadas en cuatro direcciones: Iglesia Metodista de Cuba, Iglesia Bautista, Convención Evangélica Los Pinos Nuevos e Iglesia Evangélica Pentecostal de Cuba (Asambleas de Dios). Estos cultos de confraternidad rotaban su

[134] Ibíd.

[135] Humberto Duarte, entrevistado por O. Ríos, vía telefónica, 30 de agosto de 2015, 11:00 AM. Usada con permiso.

sede, de modo que se fueran haciendo en cada una de las denominaciones y predicaran alternadamente sus respectivos pastores. Se planificaron mensualmente, en día sábado, para no interrumpir los servicios locales. Por este camino Onelio González se robó el amor de todas las Iglesias y su persona se convirtió en un referente de unidad. Los cristianos evangélicos de Las Tunas anhelaban que la actividad se hiciera en el Templo de las Asambleas de Dios y que Onelio, con su mensaje desbordado de unción, trajera la presencia de Dios.[136]

La Revda. Caridad Collazo Torres, recuerda:

> Venía la hora en que a Onelio le tocaba predicar y quiero decirle que predicaba, y con la misma, delante de los bautistas, pineros, metodistas y de cuanta denominación no pentecostal usted se quiera imaginar, rompía a hablar en lenguas con todo su espíritu, sin importarle nada…; era verdaderamente sobrecogedor, y eso nunca le molestó a nadie allí.[137]

Orgelina Rodríguez Domínguez, al evaluar la influencia de Onelio González en Las Tunas, nos dice.

> Él llevó la adoración pentecostal a las demás denominaciones no pentecostales de Las Tunas. Le invitaban a todas partes porque se convirtió en la figura evangélica más querida del lugar y nunca olvidaré aquel culto en el Templo de Los Pinos Nuevos, donde él predicó y en el ambiente de presencia de Dios más grande que usted se pueda imaginar, rompió a cantar en lenguas…[138]

Oposición

La gloria de Dios que allí se vivía, despertó mucha

---

[136] Orgelina Rodríguez, Ibíd.

[137] Caridad Collazo Torres, entrevistada por O. Ríos, vía telefónica, 2 de agosto de 2015, 6:00 PM. Usada con permiso.

[138] Orgelina Rodríguez Domínguez, entrevistada en su hogar por O. Ríos, 3 de agosto de 2015, 6:00 PM. Usada con permiso. (Entrevista facilitada por la Revda. Caridad Collazo Torres.)

oposición y Las Tunas fue para Onelio un lugar de gran resistencia al evangelio. Su liderazgo creciente era mirado con recelo por las autoridades. Cuenta Bernabé González:

> Cabe decir que a lo largo de su vida ministerial tuvo muchos conflictos con los jefes de la policía de las ciudades donde vivíamos, sobre todo en la ciudad de Las Tunas. Allí, en una ocasión, le retiraron el permiso para que se efectuara la Convención de Damas y lo hicieron el mismo día que debía comenzar. Fue una jornada muy triste y tensa para la Iglesia de entonces.[139]

Quizá deban verse paralelos en algunas vivencias familiares —para nada gratas— que tuvieron allí los González. Una noche Onelio se despierta al escuchar un gran ruido; sale y al tratar de orientarse el débil reflejo de la luz que se infiltraba a través de una ventana de cristal le permitió distinguir una silueta alongada que descendía escaleras abajo desde los cuartos. Calculando que era agua, encendió la luz y cuál no sería su sorpresa al advertir que se trataba de un inmenso majá de Santamaría de cuatro metros de largo. Asombrado llamó a su esposa: "¡Belkis, ven a ver esto!" Ella se levantó sobresaltada, y al ver aquello se horrorizó y le gritó a Onelio: "¡Abre la puerta para que se vaya!"[140]

Como pudo, Onelio logró armarse de un gran tornillo, de los que se usaban en la casa para asegurar la puerta y con el que trituraban el café; era aquel un hierro con un metro de largo; esgrimiendo aquella improvisada maza de hierro se abalanzó contra el animal y lo golpeó con todas sus fuerzas en la cabeza. La acometida fue frenética pero el golpe no fue certero y el ofidio se levantó cuan largo era, de frente a él, como si fuera una persona que pide cuentas, y le miró a los ojos, componiéndose una escena digna de un filme de suspenso. Onelio retrocedió un paso, y le dijo a aquel reptil: "¡Te reprendo en el nombre de Jesús!". El animal bajó la

---

139 Bernabé González González, entrevistado por O. Ríos, vía electrónica, 30 de julio de 2015, 10:00 AM. Usada con permiso.

140 Bernabé González González, entrevistado por O. Ríos, vía electrónica, 2 de agosto de 2015, 2:35 PM. Usada con permiso.

cabeza, y Onelio recuperándose algo de la sorpresa le lanzó un segundo golpe que casi la decapita. Un instante después, sin que persona alguna hubiese tenido tiempo de reaccionar, aquel ejemplar de boa cubana comenzó a descender y a enrollarse en el suelo, cada vez más, hasta que lentamente murió.[141]

En improvisado acto de exhibición, Onelio la colocó afuera, a la puerta de la casa, y al amanecer toda la comunidad estaba allí, asombrada con aquel intruso que tanto alteró la tranquila noche tunera. Una vecina decía: "El diablo se les metió en la Iglesia..."; otros, menos teológicos y más prácticos, rogaban que se les regalara para usar la piel. La familia González, siempre en el centro de la atención, si no era por los cultos y el evangelismo, ahora por el majá, se fue a disfrutar unas merecidas vacaciones de cuyo preámbulo no se olvidarían nunca.[142]

Menudo susto. En materia de animales, dicen que en Las Tunas pasan cosas muy raras. La *Ecured* cubana comenta que una familia exhibió con orgullo, en 2013, un gallo con cuatro patas; otro congénere por la zona de Chaparra, cubría a las gallinas por el día y ponía huevos por la noche. En el municipio de Manatí, un cerdo nació con dos cuerpos y una cabeza, y para remate de rarezas una perra parió cachorros tan idénticos a los gatos que fueron confundidos.[143]

Bueno..., evocando aquella reptiles memorias, en un dialogo con el evangelista Rafael Mendoza, recreaba el Rev. Onelio González el texto de Génesis 3:15, donde se lee: "Y pondré enemistad entre ti y la mujer, y entre tu simiente y la simiente suya; ésta te herirá en la cabeza, y tú le herirás en el calcañar", y Onelio aplicaba aquella historia suya, diciendo: "así, como el majá fue herido en la cabeza, con un golpe definitivo, así la simiente de la mujer heriría a Satanás: un golpe definitivo.[144]

Vaya si tuvo dinamismo el pastorado de Las Tunas para

---

[141] Ibíd.

[142] Ibíd.

[143] Artículo: "Las Tunas", *Ecured portable*, versión 1.5. Fecha de fuente documental: 24 de diciembre de 2013.

[144] René Figueredo, entrevistado por O. Ríos, vía telefónica, 18 de julio de 2015, 9.00 PM. Usada con permiso.

los González. Dice el Rev. Rolando Rivero que los ladrones no entran al cielo, pero sí a los templos y las casas pastorales;[145] al respecto y sin poder esconder cierta sonrisa, porque le hace mucha gracia recordar el asunto, la Revda. Melba Rosa Campos Blanco, esposa del Rev. Raimundo Oropesa, cuenta: "Una vez se le ocurrió entrar un ladrón al Templo de Las Tunas, por la parte de atrás, y Onelio, ni corto ni perezoso lo agarró y ¡lo amarró!, hasta que llegó la policía".[146] Al respecto cuenta Bernabé González:

> Estando nosotros viviendo en las aulas de la escuela dominical, una noche de domingo, mientras mi hermana Betty dormía en su cuarto, mi mamá, sentada cerca de una ventana, cerciorándose de que la niña no fuese a despertar y salir de aquella habitación, ve de pronto a un hombre dentro del cuarto. Corrió todo lo que pudo hasta allí. Un hermano que vio la prisa de mi mama le siguió, y allí lo encontraron; era un ladrón que quería robar nuestras pertenencias. Los hermanos de la iglesia lo custodiaron hasta que llego la policía.[147]

De prueba en prueba, un golpe inesperado quita la vida a la madre de Onelio González. Un auto le atropella, el chofer le deja abandonada; un vecino la encuentra agónica, le conduce al hospital nada pueden hacer: muere.

Migdalia González Figueredo, entre recuerdos tristes, nos cuenta:

> La muerte de mi madre ocurrió el 11 de agosto de 1979; un carro la chocó y el chofer se dio a la fuga. Un vecino la encontró, pues eso sucedió cerca de donde ella vivía con mi hermana Eva. La llevaron al Hospital "Lenin" y a

[145] Rolando Rivero, entrevistado por O. Ríos, Templo de la Iglesia Evangélica Pentecostal de Cuba (Asambleas de Dios) en Santa Amalia, 23 de marzo de 2009, 10:00 AM. Usada con permiso.

[146] Melba Rosa Campos Blanco, entrevistada por O. Ríos, vía telefónica, 30 de julio de 2015, 6:40 PM. Usada con permiso.

[147] Bernabé González González, entrevistado por O. Ríos, vía electrónica, 2 de agosto de 2015, 2:35 PM. Usada con permiso.

los pocos minutos murió. Esto, me cuentan, fue muy devastador para mi hermano que tardó un buen tiempo para recuperarse. Él estaba pastoreando la Iglesia de Las Tunas.[148]

La pastora Guillermina González Figueredo, hermana del Rev. Onelio González, en sentida remembranza, confiesa:

> Las tres ocasiones en que recuerdo haber visto a mi hermano triste fueron: al morir nuestro padre en febrero de 1962 (...), acabando Onelio de guiarlo en el acto de arrepentimiento por sus pecados (...). Luego al fallecer nuestra madre, producto de un atropello automovilístico y cuando su hija adoptiva, Consuelo, decidió regresar a los dieciocho años de edad con su madre natural. Aun, en esas circunstancias, siguió fiel a Dios y su servicio.[149]

El triunfo final

El Rev. Humberto Duarte recuerda:

> Onelio González acabó con la división de Las Tunas. Bernardo Amor tenía razón cuando lo predijo.[150]
>
> Todos en mi familia fuimos miembros de Las Tunas bajo su pastorado y le puedo decir que él hizo allí un gran trabajo. Todavía le recuerdo llegando a nuestra casa; cuando se paraba en la puerta de algún lugar, no decía: "Buenos días...", él preguntaba: "¿Respiran aquí...? ¿Hay alguien que respire aquí...?", en obvia alusión al texto bíblico, que dice: "Todo lo que respira alabe a Jehová" (Sal. 150:6).[151]

---

[148] Migdalia González Figueredo, entrevistada por O. Ríos, vía electrónica, 12 de agosto de 2015, 1:48 PM. Usada con permiso.

[149] Guillermina González Figueredo, entrevistada por O. Ríos, vía electrónica, 11 de agosto de 2015, 1:33 PM. Usada con permiso.

[150] Humberto Duarte, entrevistado por O. Ríos, vía telefónica, 30 de agosto de 2015, 11:00 AM. Usada con permiso.

[151] H. Duarte, entrevistado por O. Ríos, vía telefónica, 31 de julio de 2015, 8:15 PM. Usada con permiso.

Marta González Figueredo, afirma: "Del tiempo que estuvo en Las Tunas recuerdo cuando él decía que Dios le había recompensado: ¡qué manera de haber gente buena! Esas viejitas de la iglesia se desvivían por él".[152]

Templo de las Asambleas de Dios en Las Tunas. Archivos Digitales de Historia. Asambleas de Dios. Cuba.

El Rev. Alfredo Gómez Arce sucedería al Rev. Onelio González en el pastorado de Las Tunas. Acerca de aquellos trascendentales sucesos, comentó el pastor Gómez:

> Uno de mis más recordados momentos sucedió cuando fui electo pastor en la Iglesia de Las Tunas, en 1980. Onelio salía y yo entraba como pastor; su amplio corazón y amigable personalidad cautivaba los corazones. Midiendo esto, le dije: "'One', ¿qué inventamos para pasar tantos 'onelistas' de mi parte y que me comiencen a asimilar?" "Fácil —me respondió—, esta noche dame un abrazo de verdad, en nombre de todos, cuando me entregues para predicar..."

---

[152] Marta González Figueredo. Documento enviado por Marta González Figueredo a la Comisión Nacional de Historia. 13 de septiembre de 2015. Usado con permiso.

Nos abrazamos; ignoro el tiempo que pasamos así; lloramos los dos y se nos plegó de tal manera la congregación en un llanto interminable, que este sencillo acto marcó un antes y un después en aquella bella grey, y sin dudas en nosotros también.[153]

Isla de la Juventud. 1980-1982

La Isla olvidada...

La Isla de la Juventud, a donde los derroteros de Dios traían a Onelio González, está situada en el Golfo de Batabanó y al norte del Mar Caribe, en posición sur respecto al occidente cubano. Ubicada a los 21° 42' de latitud norte y 82° 50' de longitud oeste, ocupa una extensión de 2.419.27 km^2 y representa el 2.2 % de la superficie total de la República. Limita al norte con las aguas del Golfo de Batabanó; al este con las de la plataforma insular de Matanzas; al sur con el Mar Caribe y al oeste con las aguas de la plataforma insular de Pinar del Río.[154]

Sus llanuras y alturas del norte, abarcan un área de 1.312 km^2; las del sur se extienden 850 km^2. Ambas están separadas por la conocida Ciénaga de Lanier, de 38 km^2. Un estrecho puente natural de rocas calizas sostiene la única vía terrestre de comunicación entre ambas regiones, en la zona de Cayo Piedra.[155]

La Isla de la Juventud está unida a Cuba por un banco o plataforma submarina, de modesto fondo. Predominan los suelos hidromórficos en las costas, hacia el centro los ferralíticos y al sur los húmicos calcimórficos. Su suelo es rico en minerales de todas clases; presumen en su seno el cristal de roca y el duro hierro. Por él se asoman arrogantes, a la par, el fastuoso mármol y el poderoso oro.[156]

---

[153] Alfredo Gómez Arce, entrevistado por O. Ríos, vía electrónica, 8 de agosto de 2015, 3:59 PM. Usada con permiso.

[154] Artículo: "Isla de la Juventud", *Ecured portable*, versión 1.5. Fecha de fuente documental: 24 de diciembre de 2013.

[155] Ibíd.

[156] Ibíd.

Un 44% de este territorio insular —unas 107.000 hectáreas—, está cubierto de árboles. El sur tiene la mayor área boscosa y resalta como una de las mejor conservadas de Cuba. En el pasado fue una apreciable fuente de carbón y cujes; éstos se transportaban a Pinar del Río para encauzarlos en labores asociadas al tabaco. Un bosque de ciénaga, galería y manglar ocupa todo el perímetro de la porción septentrional. Este ecosistema protege la línea costera, contribuye a la formación del litoral y deviene en refugio para diversas especies marinas, siendo el hábitat de otras.[157]

Los pinares de la Isla, que tanto tiempo le dieron nombre —pino macho y hembra, *pinus caribea* y *pinus tropicalis*—, fueron talados por muchos años, usándose provechosamente su resina.[158]

La polimórfica fauna de la interesante isla atrae a los biólogos. Poríferos —esponjas—; celenterados —corales, medusas y gorgonias— y equinodermos —estrellas, erizos y pepinos de mar—, junto a setenta formas de moluscos, unen fuerzas para recrear la biodiversidad marina.[159]

Se mueves cautos por su suelo arácnidos como el *Latrodectus mactans* (viuda negra), *Euriperma* (araña peluda) y *Mastigoproctus* (vinagrito). Resulta también interesante la presencia de numerosas especies de diplópodos (milpiés y mancaperros), *amphelictogon pinetorum* y *sphariodesmus pinetorum* (ciempiés). Crustáceos como jaibas, cangrejos y langostas, resaltan por su valor económico. La fauna de los vertebrados, adicionalmente, es abundante; suman alrededor de trescientas formas.[160]

La red hidrográfica de la Isla de la Juventud tiene una distribución radial y está representada por los ríos Las Nuevas, San Pedro, Júcaro y Las Casas. El de Las Nuevas, que es el más caudaloso, resulta navegable y corre de norte a sur. Se forma en la hacienda de su nombre de las aguas del Callejón y del Piedras [161]

---

157 Ibíd.
158 Ibíd.
159 Ibíd.
160 Ibíd.
161 Ibíd.

Un recurso hídrico de enorme importancia lo constituyen los manantiales mineromedicinales, los que en un principio eran explotados de manera muy primitiva. A mediados del siglo pasado reorientaron la economía pinera de la agricultura al turismo y hoy constituyen un potencial perspectivo no despreciable. Se destacan aquellos situados en los alrededores de La Fe, "La Cotorra" de reconocido prestigio para agua de mesa y los del Rosario en La Demajagua, con fines terapéuticos.[162]

La Isla de la Juventud tiene merecida fama de ser un referente citrícola: toronjas, naranjas, melones y una buena cosecha de frutos menores decoran su tierra como ornamentos de la mejor calidad.[163]

A esta pequeña y aislada geografía del archipiélago cubano, conocido en la historia como Isla de Pinos, se le comenzó a llamar Isla de la Juventud a partir del 2 de agosto de 1978, por acuerdos tomados en la Asamblea Nacional del Poder Popular, en el contexto de la celebración del XI Festival Mundial de la Juventud y los Estudiantes, que tuvo por sede a Cuba. Se trataba con esto de hacer un reconocimiento a los jóvenes que allí estudiaron y desarrollaron una labor creadora para desarrollar la Isla y resarcirla de la destrucción provocada por el Huracán Alma en 1966.[164]

La cantidad de personas nacidas en el oriente cubano que allí viven, causó asombro al autor de este libro durante la visita que hiciera en 1990.

Los 86.110 habitantes de la Isla de la Juventud, representan el 0,8 por ciento de la población cubana. Su densidad poblacional arroja un cálculo de 35,6 habitantes por kilómetro cuadrado.[165]

A pocos lugares del mundo se les han cambiado tantas veces los nombres. A lo largo del tiempo la actual Isla de la Juventud se ha conocido como: Ahao, Camaraco y Siguanea —tiempos precolombinos—; La Evangelista, así le llamó Cristóbal Colón el 13 de junio de 1494, en su segundo viaje al

---

[162] Ibíd.

[163] Ibíd.

[164] Ibíd.

[165] Ibíd.

Nuevo Mundo; Santiago, quiso llamarla Diego Velázquez Cuéllar; Santa María; San Pauli; Colonia de la Reina Amalia, llamada así en 1830; e Isla de Pinos, nombre con que aparece en los mapas desde 1425 en adelante. En novelas y en el contenido de tradiciones populares también se le llamó: Isla del Tesoro; Siberia de Cuba; Isla de las Cotorras; Isla Olvidada; Isla de los Quinientos asesinatos e Isla de los Piratas.[166]

En 1787 tenía solamente trescientos habitantes.[167] Su colonización fue lenta y como a regañadientes; los ingleses amenazaron con apropiarse de ella si los españoles no la atendían.[168]

Es un lugar de triste suerte; castigada por ciclones, infectada por piratas, penoso reducto de confinamiento para presidiarios, lugar olvidado de todos…

Hacia esta isla se volvieron los ojos de William Lawrence Perrault[169] y en el mes de diciembre de 1950, *The Cuban Call* publica un artículo de su autoría en que aparece el célebre misionero viajando hacia la Isla de Pinos. Impresionado el misionero por las tonalidades vivas del mar "increíblemente azul" que se movía debajo del avión en que llegaba, así describiría su arribo a la isla sureña.[170]

En la única librería insular, adquiriría a precio de un centavo, un mapa en que se distinguía la ubicuidad geográfica de los varios pueblos de aquel remoto paraje y los puntos donde se decía habían sido encontradas las riquezas enterradas por los piratas, y que consignaron a esta pequeña isla del Caribe como "La Isla del Tesoro". Al respecto Perrault narraba:

> Estábamos en un viaje de exploración, una verdadera caza

---

166 Ibíd.

167 Ibíd.

168 Ibíd.

169 William Lawrence Perrault fue Superintendente General de la Iglesia Evangélica Pentecostal en Cuba (Asambleas de Dios) entre los años 1936 y 1941. (Octavio Ríos, *Historia de las Asambleas de Dios en Cuba*, t. I, p. 197.)

170 Octavio Ríos, *Historia de las Asambleas de Dios en Cuba*, t. I, pp. 328, 329.

del tesoro. El tesoro que nosotros buscábamos no era el oro perecedero de este mundo, sino uno más valioso, almas compradas con la preciosa sangre derramada por el Cordero de Dios, que vale más que todos los tesoros de la tierra.[171]

El trabajo misionero realizado allí, se resume con precisión y belleza en las propias palabras de Perrault:

> Hemos encontrados muchos tesoros enterrados en el recinto de la gran penitenciaría, la famosa "prisión sin muros," donde unos dos mil malhechores en contra de las leyes y de Dios están expiando sus crímenes entre la vista de las aguas azules que los separan de sus casas y de sus seres queridos.[172] Cada Día del Señor (domingo) a las ocho de la mañana, nos reunimos en la biblioteca de la prisión para un Servicio del Evangelio feliz, y allí hemos hallado nuestra congregación más interesada y atenta. Al principio hubo una pequeña ayuda en los cánticos, pero pasados unos meses ya de servicios, los hombres están tomando parte y las canciones de Sión resuenan en las celdas penetrando a nuestro lugar de reunión donde malhechores quienes han violado las reglas de la prisión están incomunicados. Solo Dios sabe cuán lejos está llegando el mensaje, y ha sido nuestro privilegio el visitar

---

[171] Ibíd.

[172] El Presidio Modelo, al que se está refiriendo el Rev. Perrault, funcionó como centro penitenciario de la Isla de Pinos. Se encuentra ubicado en el poblado Juan Delio Chacón, a cuatro kilómetros al este de Nueva Gerona, capital de Isla de la Juventud. Se construyó inicialmente para recluir presos comunes con sentencias que oscilaban entre seis meses y largos años de condena. Era solo para hombres. El 1 de febrero de 1926 el presidente Gerardo Machado dejó inaugurado el inicio constructivo en acto oficial; sin embargo, el Congreso Internacional de Penitenciaría desde inicios de siglo prohibía la construcción de cárceles en islas, por considerar que el penado cumpliría doble castigo: la sanción por el delito más el destierro. (Artículo: "Presidio Modelo", *Ecured portable*, versión 1.5. Fecha de fuente documental: 24 de diciembre de 2013.) Semejante a una penitenciaría de los EE. UU estaba compuesta por cinco edificios de planta circular con una capacidad para cinco mil reclusos. (Artículo: "Presidio Modelo", *Wikipedia*.)

cada una de esas celdas y asegurarnos de que hasta donde tal vez pudimos hacer, cada recluso de la prisión tiene una copia de la Palabra de Dios de cualquier tipo. Muchos han tomado su posición en Cristo y estarán allí con toda seguridad, en aquel día "cuando Él disponga de Sus joyas".

Estamos buscando tesoros en todas partes, visitando cada cabaña en esta parte del país, a través de enormes expansiones de territorios aparentemente abandonados, cubiertos con pinos y maleza, buscando los techos de pajas tan difíciles de distinguir de la vegetación circundante, pero marcando la casa de alguna familia aislada, a menudo temerosos de nosotros como extranjeros, ya que ellos rara vez ven a alguien de afuera. Ellos responden con mucha frecuencia a nuestra pregunta diciéndonos que no saben leer, pero un primo les visita de vez en cuando quien puede leer y quien les leerá el librito para que ellos puedan conocer la voluntad de Dios.

Tres veces por semana en la carretera principal del pueblecito de Nueva Gerona, cuando los campesinos van al pueblo por sus víveres y necesidades, bellos repiques suenan en las melodías de los Himnos antiguos del Evangelio, seguidos por el mensaje en canción, y en la publicación de la Palabra Viva, explicando a todos a quienes les interese escuchar el camino de Salvación abierto para ellos a través del sacrificio del mismo Hijo de Dios. ¿Vale la pena? Mil veces sí, "¿Porque de qué le vale a un hombre si ganase todo el mundo y perdiese su alma?"[173] Un alma vale más que todos los tesoros de la tierra. Sin dudas esta es la "isla del tesoro." Dios conceda mucho de ese tesoro para que pueda ser descubierto, desenterrado, refinado y purificado, y listo para la Venida del Rey.[174, 175]

---

173 Perrault está citando los textos de Mt. 16:26 y Mr. 8:36. (Nota del autor.)

174 Octavio Ríos, *Historia de las Asambleas de Dios en Cuba*, t. I, pp. 328, 329.

175 Se ha tratado todo lo posible de respetar el estilo de la redacción original. (Nota del autor.)

La capital del evangelismo casa por casa

La Isla de la Juventud haría honores al nombre primigenio con que la "bautizó" Cristóbal Colón: "La Evangelista". Casi simultáneamente con la Celebración Evangélica Cubana de 1999, comienza en Cuba el programa nacional de "La Hora de la Luz", ordenado en función de distribuir literatura cristiana gratuita por toda Cuba. La visión nació en la Isla de la Juventud, en ocasión de hacérsele una prohibición oficial al pastor del Templo de Nueva Gerona, Rev. Arnoldo González Villalonga, acerca de predicar en escuelas y círculos infantiles. Un comentario ocioso en aquella reunión: "...todavía si lo hubieran hecho por las casas particulares...", dio lugar a que la Iglesia Evangélica Pentecostal de Cuba (Asambleas de Dios) de Nueva Gerona, iniciara el programa de distribución casa por casa de literatura cristiana, con un enfoque de evangelización y discipulado. No existía un permiso oficial, así es que todo se redujo a esperar, hasta ver si sucedía algo... Al no existir reprimendas al respecto, este programa se extendió a toda Cuba. Había nacido "La Hora de la Luz", en el lugar menos idóneo del universo cubano: la olvidada Isla de Pinos...[176, 177]

Onelio González. Pastor en la Isla de la Juventud

Llegada y primeros trabajos

Allí llegó el Rev. Onelio González Figueredo en 1980. Su llegada recibe cobertura noticiosa en las páginas de *La Antorcha Pentecostal*, en su número correspondiente a abril-junio de 1980, p. 12, donde puede leerse: "Fueron instalados nuevos pastores: en Isla de Pinos, Onelio González y esposa;

---

[176] Arnoldo González Villalonga, *Conferencias*, Templo de la Iglesia Evangélica Pentecostal de Cuba (Asambleas de Dios) en Santos Suárez, La Habana, 1999.

[177] Octavio Ríos Verdecia, "Asambleas de Dios de Cuba", artículo digital preparado y enviado para su publicación en *Wikipedia*, 24 de julio de 2015.

en Santa Amalia, Isnaldo Echeverría y esposa; y en la Junta de San Luis, Josué Balón y esposa".[178]

Su acometida evangelística no se hizo esperar. No había venido a la Isla de la Juventud a disfrutar las maravillosas puestas de sol, propias de los escenarios insulares; miles de personas que pululaban por las calles, en el bullicio cosmopolita de Gerona. Todo lo que esperaba era llegar...

El Lic. Alcides A. Duque González estudiaba para entonces, en el escenario de la Isla de la Juventud, la Licenciatura en Historia y Filosofía, una especialidad vedada para todo el que tuviese alguna inquietud espiritual cristiana. De su propia boca sabemos:

> En 1982 me encontraba en una calle de Nueva Gerona, Isla de la Juventud, Cuba, y tuve el privilegio de coincidir con el pastor Onelio González; me abordó sin conocerme, y me predicó la Palabra de Dios en dicho lugar. Yo estaba atravesando una difícil y desesperada situación con mi matrimonio. Como no conocía al Señor Jesucristo, mi vida en el pecado me hacía un ser infeliz y triste (...).
>
> (...) Y se me grabó una frase del pastor Onelio del día que lo conocí: "Sin Dios en tu vida, nunca serás feliz". Y así fue, hasta el día en que me entregué al Señor, arrepentido de todos mis pecados y de todo corazón, en un campamento en el valle de Yumurí, Matanzas, Cuba.[179]

Aquella pérdida familiar, aquella experiencia espiritual...

Podía pensarse que el alma de Onelio vivía días de renovada e inacabable celebración. Lejos de eso, la reciente y trágica muerte de su madre, ocurrida el 11 de agosto de 1979,[180] circundaba en su memoria, describiendo un inacabable

---

178 Alvio García Marcelo, *La Antorcha Pentecostal*, "Noticias de aquí y de allá/Presbiterio occidental". Abril-junio de 1980, p. 12,

179 Alcides Duque, entrevistado por B. González, EUA, 5 de agosto de 2015.

180 Migdalia González Figueredo, entrevistada por O. Ríos, vía electrónica, 15 de agosto de 2015, 9:47 PM. Usada con permiso.

ciclo de depresión. Hay pensamiento que son como fardos; por su peso parecen condenados a ser arrastrados; por su tamaño no pueden ser escondidos. El dolor de aquella pérdida, en condiciones tan violentas e inciertas, era algo que no lograba superar. Se esforzaba para reír y cantar, y la gente a su lado se sentía feliz. Quizá la tristeza con que llegó era premonitoria de las horas que le esperaban… En la Isla de la Juventud vivió Onelio González algunos de los momentos más amargos de toda su vida.

Acerca de los hechos relacionados con su madre, se referiría años después, mientras se esforzaba por fortalecer a su primo segundo, René Figueredo Coronado, en ocasión de pasar éste por una experiencia similar:

> …Cuando me hablas de tu mamá, yo te entiendo muy bien, pues esa fue la experiencia que yo tuve cuando mi mamá murió; se pueden comparar las circunstancias tuyas como las mías, pues mi mamá murió en un accidente; aquello fue terrible, perdí el deseo de vivir; la vida no significaba nada para mí; aunque tenía mi esposa y mis hijos no quería hablar con nadie; quería estar solo, solo con mi dolor; me parecía que nadie podía entender lo que yo estaba pasando, y como me dices en tu carta, no quieres ser consolado (…). Una hermana bautista me prestó un libro que se llama *Vanya*;[181] en ese libro un joven pasó experiencias muy duras por causa del Evangelio, pero él siempre encontró su fortaleza en Dios (…). Yo salía y hacía los mandados en mi casa y cuando llegaba a la casa ponía los mandados en la cocina y me iba y me metía en el sótano de la Iglesia que estaba bajo la casa pastoral, a llorar como un niño (…). No puedo olvidar el día que el Señor sanó mi corazón de aquella herida tan profunda en mi alma. Yo estaba leyendo ese libro. ¿Qué leí?, no lo sé, ni lo recuerdo; estaba solo en la Iglesia como a las nueve de la mañana, pero sí recuerdo

[181] Debe entenderse como un lapso en el recuerdo. Bernabé González, hijo de Onelio, asegura con mucha certeza, que el libro *Vanya* llegó a ellos a través de un joven nicaragüense. Ver más adelante. (Nota del autor.)

que cerré el libro que leía y miré al cielo y le dije al Señor: "Señor, me arrepiento del pecado de no haberte dado las gracias por la muerte de mi mamá". Cuando hice esa confesión sentí como si me hubiese quedado sin vísceras, como si yo fuera una funda vacía, pero vino una paz tan profunda que no te puedo explicar, pero desde ese momento acabó mi llanto, y un gozo profundo del Espíritu Santo llenó mi corazón hasta hoy (...). Cuando estamos muy apegados a algo en esta vida, no importa lo que sea y lo perdemos, la reacción es resentirnos hasta con Dios, pero eso es pecado y uno se tiene que arrepentir de esa actitud. No te exhorto, sino te animo a que trates esto con el Señor pues Él entiende nuestras flaquezas y nos fortalece para que salgamos adelante (...). Estoy leyendo un libro que se titula *¿Qué quieren los hombres?*, por Norman Whight, y él habla de los hombres que reprimen sus emociones para no parecer débiles y comenta que ningún hombre fue más hombre que Cristo. Él es el mayor ejemplo de hombría y lloró no una vez sino muchas. No tenemos que reprimir nuestras emociones; las sentimos y las podemos expresar; nada es más falso que el modelo de hombre duro que el mundo trata de mostrar. Pablo fue ese hombre de acero que soportó las penurias que muy pocos de nosotros soportaríamos, y él usa la expresión: "Muchas veces lo he dicho y ahora lo digo llorando..."[182] Podrás recibir muchos epítetos denigrantes por llorar, pero los recibimos de los que no tienen corazón, pero los que conocen el corazón de Dios nunca lo harán. Me uno a tu dolor y comparto tus sentimientos, mi querido hijo, amigo y hermano.[183]

---

[182] "Porque por ahí andan muchos, de los cuales os dije muchas veces, y aun ahora lo digo llorando, que son enemigos de la cruz de Cristo" (Fi. 3:18).

[183] Onelio González Figueredo, carta a René Figueredo Coronado, Capelo, 9 de octubre de 2006, 9:30 PM. Cortesía de René Figueredo. Archivos de Historia. Asambleas de Dios. Cuba. Usada con permiso. Se ha luchado por respetar la redacción original. (Nota del autor.)

En las manos del Alfarero

El ministerio del matrimonio González se extendió en este lugar hasta aquel aciago mes de junio de 1982. El trabajo pastoral y evangelístico se iba haciendo cada vez más peligroso en la Isla de la Juventud. El Superintendente General de la Iglesia Evangélica Pentecostal de Cuba (Asambleas de Dios), Rev. Eliseo Villar Acosta, explica: "Onelio González penetraba en los edificios del estado: becas, escuelas, oficinas públicas...; llevaba el evangelio a los estudiantes y pueblo en general; la gente se convertía, y se creaban situaciones de mucha contradicción para con las autoridades locales".[184]

La Revda. Josefa Bardanca Belmas, fundadora de las Asambleas de Dios en Camagüey, figura referente de la historia del evangelio pentecostal cubano, nos acerca a la comprensión de las raíces de aquella crisis:

> Con Onelio había un problema que era permanente en todos sus pastorados, y es que cuando se inventaron esas leyes absurdas que prohibían hablar de Dios y se empezaba a hablar de aquella cosa... ¿cómo era que se llamaba..., que no me acuerdo...? ¡Proselitismo!, ¡eso mismo!; bueno, cuando se empezó a hablar de eso, a Onelio le importaba muy poco para dónde se lo llevaran, y cuando se aburrió de que se lo llevaran para la policía por pararse en el medio del parque y dar un mensaje evangélico público para todo el que le quería escuchar, entonces optó por ir y sentarse en el parque, y al que se le ocurriera ir a descansar al lado de él..., ya usted sabe...: ¡desde Génesis hasta Apocalipsis...! Ese era Onelio González...[185]

En este contexto de esfuerzo evangelizador en un terreno

---

[184] Eliseo Villar Acosta, entrevistado por O. Ríos. Oficina Nacional de la Iglesia Evangélica Pentecostal de Cuba (Asambleas de Dios), La Habana, Cuba, martes 30 de junio de 2015, 9:30 AM. Usada con permiso.

[185] Josefa Bardanca, entrevistada por O. Ríos, vía telefónica, 31 de julio de 2015, 7:40 PM. Usada con permiso.

difícil, Onelio enferma, y Dios se le revela. Acerca de esos días recuerda su hermana, Marta González Figueredo:

> En el tiempo en que estaba en Isla de Pinos, estuvo enfermo y, según me contó, una noche de mucho dolor se fue a orar a Dios y tuvo una revelación. Dice que el Señor le mostró que lo llevaba a otro lugar a pastorear, y lo que estaba pastoreando eran aves. Me dijo: "No entiendo", y le dije: "Dios está cambiando tu vida o te está dando un nuevo ministerio, y donde Él te ponga vas a tener gozo".[186] (Sic.)

Contexto histórico

Se trabajaba desenfrenadamente, para entonces, en la creación del llamado 'hombre nuevo', cubriéndose el país de aquello que Víctor Hugo llamó: "inmensa sombra atea".[187] La Isla de la Juventud era uno de los campos experimentales del nuevo ensayo social. Esta locación cubana había sido convertida en la sede de una importante cantidad de escuelas que acogían a becarios extranjeros. Jóvenes de treinta y siete países terminaban allí la enseñanza primaria, cursaban la secundaria e ingresaban posteriormente a los centros tecnológicos o preuniversitarios, quedando listos para ingresar a la Universidad.[188] El papel de la familia y la Iglesia quedaban relegados a un lado: imponía sus conceptos la naciente sociedad.

Para que se tenga una idea del clima reinante en el ambiente estudiantil, nos remontamos a algunas memorias de la época. En 1981 el autor era estudiante de primer año de la Facultad de Medicina "Victoria de Girón", Institución cercana del Palacio de las Convenciones, en La Habana. Ese año la

---

[186] Marta González Figueredo. Documento enviado por Marta González Figueredo a la Comisión Nacional de Historia. 13 de septiembre de 2015. Usado con permiso.

[187] Yves Bernet, *Víctor Hugo*, "Silencio en la sombra", Guernesey, 1855, p. 85.

[188] Artículo: "Isla de la Juventud", *Ecured portable*, versión 1.5. Fecha de fuente documental: 24 de diciembre de 2013.

Facultad fue sacudida por un "acontecimiento insólito" que llenó de consternación el clima local. La militante de la UJC,[189] Aida Blanco,[190] de segundo año, había recibido la misión de captar a la "recalcitrante religiosa" de su unidad, Yolanda Báez,[191] compañera de aula. Comenzó a ganar su confianza. Reptando por los vericuetos de una amistad fingida, contrajo con ella lazos de amistad fraterna. Compartieron la Biblia, los círculos de estudios; los escasos recreos; así..., lentamente..., haciendo este eficaz y solapado trabajo de reeducar a la "fanática religiosa", así pues... ¡Aida Blanco se convirtió...!

¡Oh..., qué escándalo se formó...!

La exuberante y reverdecida floresta de nuestra escuela, hizo difícil la tarea de seleccionar el tipo de árbol del cual las iban a colgar. A ciencia cierta no sabían qué hacer. Los murales de Salvador Dalí[192] no habrían podido captar la expresión de surrealismo que se veía en el rostro de todos. Aquello era un flagrante acto de... '¡terrorismo religioso!' y se entronizó en el tema de conversación de todos los corrillos universitarios. ¡Había que tomar una medida ejemplarizante! Pero...¡¡¿cuál?!!

Nos reunieron a todas las unidades de estudiantes, cada una en su anfiteatro. A la nuestra, la número cuatro, enviaron

---

[189] Unión de Jóvenes Comunistas.

[190] Aida Blanco se graduó de Doctora en Medicina en 1986. Hizo la especialidad en Medicina General Integral. Fue miembro del Templo "Fuente de Vida" de Infanta y Santa Marta, La Habana, de la Iglesia Evangélica Pentecostal de Cuba (Asambleas de Dios). Radica actualmente en los Estados Unidos junto a su esposo. El autor fue maestro bíblico de escuela dominical de los dos, en la clase de los jóvenes. Se mantiene firme en el evangelio. (Nota del autor.)

[191] Yolanda Báez se graduó de Doctora en Medicina en 1986. Es Especialista en Pediatría y está verticalizada en Cuidados Intensivos. Trabajó varios años en el Hospital Pediátrico "Ángel Arturo Aballí". Fue presidenta de los Jóvenes en el Templo "Fuente de Vida", de Infanta y Santa Marta, La Habana, de la Iglesia Evangélica Pentecostal de Cuba (Asambleas de Dios). Actualmente, junto a su esposo, Alexis García, viven en los Estados Unidos. Comparten la bendición de dos hijos. (El autor es fuente primaria de esta información.)

[192] Salvador Dalí (1904-1989), pintor y escultor español, uno de los máximos exponentes del movimiento surrealista en su país. Artículo: "Salvador Dalí", *Wikipedia,* 2014, Versión Kiwix 0.9 Rc2.

un profesor de psicología —de acuerdo al hecho de que el caso era como para "volverse loco"—. Éste entró allí con un aire de sombría solemnidad, como un general que viene de firmar una capitulación. Traía una caja debajo del brazo, la cual abrió lentamente, saboreando el momento. Era un retroproyector; no había llegado la época del video-in. En los aires se sentía el olor de la expectación. Todavía lo respiro hoy. Esperó un instante; miró fijo hacia cada ángulo y, con la misma, comenzó... ¡una conferencia sobre información subliminal!

Fue la primera vez que escuché este tema. Estaba dirigido a demostrar el crecido número de formas en que puede ser manipulado el mundo subconsciente. Constituía, a los efectos, una especie de vacuna contra las incursiones religiosas que podían seguir a la actual. A un tiempo traducía el idioma en que la dirección de la escuela entendía lo que había pasado: una "manipulación hábil" de una "bruja", "experta en procedimientos de fascinación", que manejaba con habilidad inaudita los ruinosos caminos de la "sugestión".

¡Bendita "sugestión" que ha traído tanta paz a millones de corazones! Diez años después, comentando con la Doctora Aida Blanco aquellos memorables días, ella nos contaba en qué estado se encontraba su alma para entonces. Su lema era la estrofa poética becqueriana, en la que sentía, se trasparentaba el desasosiego funesto en que flotaba su existencia. Ésta versa:

> Mi vida es un erial,
> flor que toco se deshoja;
> que en mi camino fatal
> alguien va sembrando el mal
> para que yo lo recoja.[193]

¡Cuán bueno fue el día en que alguien sembró para ella el bien! ¡Bendita 'sugestión' que la puso en paz con Dios, quitó la conjurada maldición y le dio sentido para siempre a su vida![194]

---

[193] Gustavo Adolfo Bécquer, *Rimas*, p. 94.
[194] Octavio Ríos, *Nube de Testigos*, pp. 336, 337.

Estas cosas estaban sucediendo en la capital cubana, que siempre se caracterizó por ser más avanzada y flexible en materia social. ¿Qué no estaría sucediendo en las provincias y campos de Cuba? ¿Puede el lector imaginar el clima de la remota Isla de la Juventud? Resume el Rev. Eliseo Villar: "Que se emprendiera una acción contra él era solo cuestión de tiempo..."[195]

Este es el contexto en que Bernabé González, hijo del Rev. Onelio, se estaba esforzando por transcribir, en su rudimentaria máquina de escribir, aquel ejemplar...[196]

El autor ha hecho una cuidadosa investigación que arroja la existencia de varias versiones acerca de aquellos hechos. Después de muchas consultas y análisis, la Comisión Nacional de Historia ha decidido seguir en lo fundamental la de Bernabé González González, hijo del Rev. Onelio. Varias razones nos mueven a hacerlo: en primer lugar, Bernabé se encontraba presente en el lugar, es fuente primaria de los hechos que narra; en segundo lugar, sus versiones de estas y otras historias, son objetivas, sobrias y desapasionadas, lo que le da mucha credibilidad; en tercer lugar, coincide en los rasgos esenciales con el resto de las versiones; en cuarto y último lugar, coincide íntegramente con el relato de René Figueredo Coronado; éste último la recibió personalmente del Rev. Onelio González. Todas las versiones escuchadas, concuerdan en tres cosas: un libro, un prófugo, un registro.

Todo comenzó con el arribo de estudiantes nicaragüenses a la Isla de la Juventud. Éstos llegaron en tal número, que su distribución requirió la ocupación de dos escuelas. A oídos del pastor Onelio González llegó la noticia de que un joven llamado Ángel, hijo de un pastor nicaragüense de las Asambleas de Dios, se encontraba entre ellos y, con el entusiasmo que siempre le caracterizó, se lanzó en su búsqueda hasta que lo encontró. Más que conocer a Ángel, la gran

---

[195] Eliseo Villar Acosta, entrevistado por O. Ríos, Oficina Nacional de la Iglesia Evangélica Pentecostal de Cuba (Asambleas de Dios), La Habana, Cuba, martes 30 de junio de 2015, 9:30 AM.

[196] Ibíd.

capacidad social del pastor Onelio le llevó pronto a relacionarse con otros diez estudiantes; a todos les habían hecho creer que Cuba no tenía Iglesias ni existía el evangelio. Fue así que, animados con la idea de tener un lugar donde congregarse, todos comenzaron a ir los domingos al Templo de las Asambleas de Dios de Nueva Gerona, donde, terminado el servicio de la Escuela Dominical, almorzaban en una fiesta de amor ágape que pronto creció bajo el cumplimiento de esa inevitable ley: los jóvenes atraen a otros jóvenes. El reto para la pastora Belkis González era grande; se ocupaba personalmente, domingo por domingo, de preparar una gran comida para todos.[197]

Lejos de menguar, la gran reunión de los domingos creció. Un joven llamado Yoel Sotolongo fue enviado a la Isla de la Juventud a pasar los días del Servicio Militar General. Era hijo de una ferviente cristiana; ésta conocía al pastor Onelio. Es así que aquel muchacho se presentó en la Iglesia como creyente y al ver la calurosa acogida que se le dio, trajo a dos compañeros más de su unidad militar. Con todos se compartió el evangelio, y los fines de semana, junto a los estudiantes nicaragüenses, formaban parte del convite cristiano y la gran fiesta de Dios. "Fueron tratados en casa como parte de la familia", recordaría Bernabé.[198]

Los González llegaron a ser, para esos jóvenes —estudiantes y reclutas—, la familia que dejaron atrás. Onelio y Belkis eran el hombro sobre el que reclinaban sus cabezas. En sus oídos vaciaban sus tristezas. El edificio de la Beca era la casa, pero la Iglesia de Gerona era el hogar. Ojalá y el lector conozca la diferencia.[199]

Muy animado y viendo el joven Ángel, de Nicaragua, la carestía casi absoluta de literatura cristiana en el país, prometió que, en su primer viaje, traería algunos ejemplares. Eso hizo. Al regreso de sus vacaciones se le vio llegar con una maleta

---

[197] Bernabé González González, entrevistado por O. Ríos, vía electrónica, 30 de julio de 2015, 10:00 AM. Usada con permiso.

[198] B. González, entrevistado por O. Ríos, 5 de agosto de 2015, 4:14 PM. Usada con permiso.

[199] B. González, entrevistado por O. Ríos, vía electrónica, 30 de julio de 2015, 10:00 AM. Usada con permiso.

llena de biblias, himnarios y libros cristianos; entre estos últimos resaltaría el libro en torno al cual se crearía un problema de dimensiones nacionales; al menos serviría de detonante al respecto; ese libro era *Vanya*.[200]

¿*Vanya*? ¿Qué libro era ese?

Su autora era Myrna Grant.[201] En apretada reseña puede decirse que el libro contenía la historia de un joven militar soviético que perdió la vida por causa de Jesucristo, en la entonces Unión Soviética.[202] Se llamaba Vanya Moiseyev. Era miembro de la Iglesia Bautista y su muerte violenta llamó la atención del mundo entero. Este penoso hecho ocurrió el 16 de julio de 1972.[203] Era Presidente Leonid Ilich Brézhnev (1906-1982).[204]

¿La historia contenida en el libro *Vany*a era infamatoria? ¿Su relato constituía un invento de los enemigos de la Unión Soviética? ¿Cuán creíble era el contenido de sus páginas? En las consideraciones históricas siguientes creemos estar contestando estas preguntas.

Lejos de lo que algunos creen, la oposición a la religión en la Unión Soviética había tenido muchas oscilaciones en la historia del naciente estado. En los primeros años, tras el triunfo de la revolución bolchevique de 1917, la fuerte Iglesia Ortodoxa fue el blanco dominante del ataque ateo, mientras los bautistas y otras organizaciones religiosas conservaron una

---

200 B. González, entrevistado por O. Ríos, 5 de agosto de 2015, 4:14 PM. Usada con permiso.

201 https://lasfulltimers.files.wordpress.com/2013/04/vanya.pdf Accedido el 25 de agosto de 2015, 10:00 AM.

202 B. González, entrevistado por O. Ríos, vía electrónica, 30 de julio de 2015, 10:00 AM. Usada con permiso.

203 Michael Bourdeaux. "Vanya, Report Story": https://www.wattpad.com/help/content?message=I+am+reporting+the+following+content%3A%0Ahttps%3A%2F%2Fwww.wattpad.com%2F112952857-vanya-introducci%25C3%25B3n&story_link=https%3A%2F%2Fwww.wattpad.com%2F112952857-vanya-introducci%25C3%25B3n Accedido el 25 de agosto de 2015, 10:00 AM.

204 Artículo: "Leonid Brézhnev", *Wikipedia*, Versión Kiwix 0.9 Rc2.

relativa libertad;[205] eso dice la historia. Determinados sucesos nos ayudan a descubrir que la posición oficial contra Dios, la Iglesia y el evangelio en general, era de abierta hostilidad.

El día que fusilaron a Dios

En 1918 Anatoli Vasílievich Lunacharski (1875-1933) dramaturgo, crítico literario y político ruso, en su carácter de comisario de instrucción de la Unión Soviética, impulsó un proceso conocido en la historia como Juicio contra Dios. Éste cumplió con todas las formalidades legales. Dios fue *acusado* de crímenes contra la humanidad. El juicio se llevó a cabo y se prolongó durante cinco horas. En él se colocó una Biblia en el banquillo de los acusados.

Los fiscales presentaron numerosas pruebas de culpabilidad basadas en testimonios históricos. Los defensores, designados por el Estado soviético, aportaron argumentos en favor de la inocencia divina, para lo cual alegaron un estado combinado de grave demencia y desarreglos psíquicos en el *reo*. El tribunal había dejado claro desde el principio que no daría curso a una solicitud de absolución debido a la extrema gravedad de los delitos. Transcurridas cinco horas, Dios fue declarado *culpable*.

Al amanecer del jueves 17 de enero de 1918, a las 6:30 horas, un pelotón de fusilamiento disparó cinco ráfagas de ametralladora contra el cielo de Moscú.

Dios había sido *fusilado*.[206]

No pregunte por qué la Segunda Guerra Mundial produjo más muertes en la Unión Soviética que en ningún otro país del mundo: veintisiete millones. No pregunte por qué se vivieron en su tierra, en pleno Leningrado —actual San Petersburgo—, los más bárbaros actos de canibalismo entre sus familias, que perecían de hambre durante el siniestro sitio nazi que duró novecientos días y produjo la muerte de un millón quinientas mil personas.[207]

---

205 Michael Bourdeaux. "Vanya, Report Story": Ibíd.

206 Artículo: "Anatoli Lunacharski, *Wikipedia*, Versión Kiwix 0.9 Rc2.

207 Artículo: "Canibalismo", *Wikipedia*, Versión Kiwix 0.9 Rc2.

No pregunte. Haga la lectura espiritual.

Cómo continuó la historia

Tras la muerte de Lenin, Stalin controla el destino de la Unión Soviética, a cuya cabeza se coloca entre 1922 y 1953, año en que muere. En 1930 instaura la llamada "década de terror" y entre los millones que perecieron estaban cientos de miles de cristianos. Éstos fueron torturados y desaparecieron en sus conocidas "purgas", criticadas en la historia aun por sus aliados.[208] El 11 de marzo de 1931 la Unión Soviética prohibió la publicación y distribución de la Biblia, y su tenencia privada en el hogar estaba penalizada con sentencias idénticas a las que se aplicaban frente a actos de prostitución o prácticas relacionadas con drogas.[209, 210] Los tales hechos están recreados abiertamente en los videos editados y publicados por las Asambleas de Dios de Cuba, en el llamado Plan Mateo de discipulado, desde hace cerca de diez años. Estos materiales audiovisuales, que han sido vistos de oriente a occidente por las Iglesias de nuestra Organización, dramatizan las peripecias que debían hacer los cristianos soviéticos para burlar los controles aduanales y las continuas denuncias, a fin de entrar biblias al país, cosa que no dejaron de hacer.

A lo largo de los años, particularmente para los tiempos en que tanto quehacer apologético tuvo el autor, se escucharon las más encontradas opiniones al respecto. Tratando de volver la Biblia contra nosotros mismos, apelando a perícopas como las de Romanos 13, una y otra vez se nos emplazaba, diciéndonos: "es antibíblico desafiar la ley". Se referían a hechos como el citado arriba: prohibiciones a la predicación, a la circulación de la Palabra de Dios y demás. Dos respuestas he tenido, según la edad del que interpele. Si era adulto, le enfrentaba a Félix Varela,[211] "aquel que nos enseñó a pensar

---

[208] Ibíd.

[209] M. Witt, Video del tema musical: "Gracias", Álbum "Venció", director D. Dedenev, Productor A. Allen. CanZion.

[210] Harold Willmington, *Auxiliar Bíblico Portavoz*, p. 810.

[211] Félix Varela (1788-1853). Sacerdote, maestro, escritor, filósofo. ("F. Varela", *Ecured portable*, versión 1.5: 24 de diciembre de 2013.)

primero", y les recordaba la tarde cuando escribió que la "ley injusta no es ley".[212] Si era un niño le llevaba de la mano a aquel curioso rey solitario del pequeño planeta al que llegó el pequeño príncipe de Antoine de Saint-Exupēry, y le dejaba escuchar sus palabras: "Si ordeno a un general que vuele de flor en flor como una mariposa, o que escriba una tragedia, o que se transforme en ave marina y el general no cumple la orden recibida, ¿de quién será la culpa, de él o mía?"[213]

Juzgue el lector.

El pueblo ruso, y soviético por extensión, era cristiano. Armenia, en pleno territorio soviético, fue el primer país evangelizado de la tierra,[214] y el primer país del mundo que adoptó el cristianismo como religión oficial del Estado, en el año 301 d.C.[215] Gregorio el Iluminador (257-330 d.C), un armenio deportado de su tierra, conoció a Jesucristo y regresó a predicar allí. Cuando el rey, Tiridates III (287-330), se enteró de su regreso, lo mandó a encerrar en las mazmorras del palacio, con el propósito de dejarlo morir por hambre. La hermana del rey se convirtió al evangelio con Gregorio, y le llevaba leche de cabra y pan, a escondidas, dentro de una calabaza. Con los años al rey le comenzaron a dar crisis de locuras, que llegaron a ser insoportables. En un breve momento de lucidez, le dijo a su hermana: "Búscame a alguien que me pueda ayudar". Ella le contestó: "Llamemos a Gregorio". El rey, confundido, le dijo: "Gregorio está muerto hace catorce años". Ella le explicó, como pudo, lo que había hecho; ordenaron traer a Gregorio ante el rey; éste oró, los demonios huyeron y el rey, al verse libre, dijo a Gregorio: "Vamos a evangelizar Armenia", y fue con él.[216]

La conversión del rey Tiridates III ocurrió doce años

---

[212] Tomás Eloy Martínez, "El enemigo inmóvil", ver en: Ciro Bianchi, *Así hablaba Lezama Lima*, p. 54.

[213] Antoine de Saint-Exupēry, *El pequeño príncipe*, p. 52.

[214] Orson Vila, Conferencia: "Papel del evangelismo tradicional en la Iglesia de hoy", 26 de febrero de 2000. Templo "Fuente de Salvación", Las Tunas.

[215] Artículo: "Armenia", *Wikipedia*, 2014, Versión Kiwix 0.9 Rc2.

[216] Orson Vila, Ibíd.

antes de que el imperio romano concediera al cristianismo la tolerancia oficial bajo Constantino I, el emperador, y casi ocho décadas antes de que Teodosio adoptara el cristianismo como religión oficial del imperio (380 d.C).[217]

El autor recuerda todavía la festividad mundial realizada con motivo de cumplirse el milenio de la cristianización de Rusia, en 1988. Las principales publicaciones mundiales se hicieron eco de aquella celebración. El *Correo de la Unesco* hizo una edición especial y fue puesta al alcance del público lector en todos los estanquillos de periódicos del país.[218] Rusia se levantó en la historia como uno de los pueblos más cristianos de la tierra.

Alegándose razones históricas y culturales, con justicia se debe decir que todo lo que se estaba haciendo, en materia de fe, en la Unión Soviética, estaba en absoluta disonancia con las raíces hondamente bíblicas de las naciones que la constituían. Espanta saber hasta dónde se llegó. Robert Ripley, en su conocida columna: "Aunque usted no lo crea", escribió:

> Stalin (...) desde 1918, ha liquidado por asesinato o exilio [a] 255.078 ministros religiosos y ha destruido 88.874 edificios religiosos. En este número están incluidos 155.471 sacerdotes y monjes y 42.032 monjas de la Iglesia rusa; 26.000 rabíes y maestros de la fe judía; 16.914 sacerdotes mahometanos; 4.106 sacerdotes y monjes de la Iglesia Católica Romana; 2.025 sacerdotes armenios; 530 pastores luteranos. Han confiscado 18.900.000 acres de propiedades de la Iglesia (...).[219]

La Segunda Guerra Mundial cambió bruscamente la situación. El gobierno recababa un apoyo cada vez mayor del pueblo, toda vez que Hitler llegó hasta las puertas mismas de Moscú.[220] Se hizo entonces un llamado nacional que incluía a

---

[217] Artículo: "Armenia", Ibíd.

[218] Boris V. Rauschenbach, "Nacimiento de una nación", *El Correo*, p. 4.

[219] Luis M. Ortiz, "Liquidado...", *La Antorcha Pentecostal*, No. 9, septiembre de 1948, p. 2.

[220] Para un análisis de la imprevisión de Stalin ver: Tomás Borges, *Un grano de maíz*, cap. 3: "Stalin". (Nota del autor.)

las iglesias, en pro de la causa; se hicieron concesiones en entrevistas privadas que Stalin propició a ciertos dirigentes eclesiásticos, y todo esto contribuyó a una 'descompresión', con un consiguiente despertar de la fe en el pueblo, que había vivido los horrores de la guerra.[221]

El tal despertar del evangelio sorprendió aún a las autoridades, que solo estaban ganando tiempo. Tan pronto terminó la guerra, volvieron a instaurarse los antiguos patrones de represión.[222]

Por su vinculación con la iglesia es necesario acotar la conducta seguida con los judíos. Pese a que muchos de ellos habían sido colaboradores estrechos del movimiento bolchevique y líderes de la socialdemocracia, alimentando obviamente los odios de Hitler,[223] Stalin los incluyó en la lista de los destinados a "purgas" y eliminó a miles de ellos, en una abierta campaña dirigida a extinguir todo vestigio de la cultura y religión judía.

La guerra paralizó la atención de este asunto, pero terminada la contienda, Stalin se enfureció con la bienvenida que dieron los judíos soviéticos a Golda Meyer,[224] primera embajadora judía ante la Unión Soviética. Poetas, escritores, artistas, intelectuales en general, de origen judío, fueron de inmediato ejecutados.

Stalin exhortó a los países bajo su influencia con relación a que hicieran lo mismo y el mundo se asombró cuando Slansky, stalinista incondicional checoslovaco judío, fue acusado de traición y ahorcado.[225]

En 1953 Stalin anuncia el descubrimiento de un complot para asesinarle. Éste estaba liderado por un grupo de doctores judíos. Ludmila Lufanov, antigua bibliotecaria rusa, que

---

221 Michael Bourdeaux. "Vanya, Report Story": Ibíd.

222 Ibíd.

223 En *Mi lucha*, p. 20, Hitler concluye un flujo de ideas antisemitas, escribiendo: "¡Judíos eran los dirigentes del partido socialdemócrata!".

224 Golda Meyer (1898-1978). Política, diplomática y, como estadista, la cuarta primer ministro de Israel. Fue la primera mujer en Israel y tercera en el mundo, en asumir tan alto cargo. (Artículo: "Golda Meyer", *Wikipedia*, Versión Kiwix 0.9 Rc2.)

225 Harold Willmington, *Auxiliar Bíblico Portavoz*, pp. 273, 274.

trabajó por años en los Archivos secretos de Moscú, y se exiló posteriormente en los Estados Unidos, desclasificó antiguos documentos, que hoy permiten conocer detalles de estos asombrosos hechos. Según esa fuente de información, el 1 de marzo de 1953, a las 12:00 horas, en reunión del Poliburó del Kremlin, José Stalin dijo:

> Los asesinos de bata blanca han admitido su culpabilidad. El 9 de marzo serán ahorcados en la Plaza Roja delante de todos, pero este castigo no será suficiente para satisfacer a nuestro pueblo… El enojo de las masas no quedará satisfecho, y habrá tres días en que nos veremos incapaces de controlar la justa ira popular que se desbordará sobre las cabezas de los judíos.[226]

Stalin terminaría aquellas palabras añadiendo que, transcurridos los tres días, el remanente judío rogaría al gobierno, previa confesión de culpabilidad, protección, con el fin de no ser aniquilado completamente, en favor de lo cual serían montados en vagones de ferrocarril y enviados a Siberia. En las estaciones intermedias la furia de los locales sería incontrolable y perecían las dos terceras partes. Solo un tercio cumpliría el destino de la muerte lenta, en el gélido destierro de la lejana Siberia.[227]

Ludmila Lufanov reporta que, cuando Stalin terminó aquella patética y diabólica descripción, se hizo un silencio sepulcral en el recinto de la reunión, silencio que nadie se atrevió a quebrar. Stalin, acostumbrado a sentir la ovación cerrada cuando hablaba, enfurecido ante la renuencia de apoyo por parte de los presentes, se levantó, más iracundo que nunca, maldijo a su gabinete, y dando un gran portazo, salió…, para nunca más entrar.[228]

Al día siguiente, 2 de marzo, sufrió una hemorragia cerebral. Su cadáver fue embalsamado y expuesto a la vista pública durante una semana, para luego ser inhumado el 9 de

---

226 Ibíd., p. 274.
227 Ibíd.
228 Ibíd.

marzo, justamente el día de la fiesta judía de Purim.[229, 230]

A la muerte de José Stalin asumió la dirección del Estado Nikita Khrushchov (1884-1971),[231] y haciendo contrastar su imagen popular, desató una fuerte campaña contra la religión que se extendió desde 1959 hasta su caída del poder, en 1964. Se calcula que en ese período la mitad de las iglesias ortodoxas fueron cerradas. Las iglesias evangélicas padecieron también grandemente la represión, especialmente las bautistas. Éstas últimas iniciaron en su seno proposiciones de reformas que tenían un origen estatal y existiendo gran desacuerdo dentro de las filas bautistas se promovió la organización de un congreso con el fin de tratar estos asuntos. La tal meta no se logró y en 1965 los bautistas se dividen.[232]

Uno de los dos grupos a los que dio origen esta escisión fue el Concilio de Iglesias de los Bautistas Cristianos Evangélicos. A este movimiento pertenecía Vanya Moiseyev. Sus dirigentes demandaban: inflexible lealtad a Cristo, continuada renovación espiritual e indetenible evangelización. En materia social pedían justicia para los cristianos soviéticos, apelando a la Constitución soviética y a los derechos originales presentados por Lenin y tan diabólicamente torcidos por Stalin.[233]

Los bautistas fueron los primeros que, de un modo altamente organizado, editaron y publicaron riesgosamente documentos no oficiales, y periódicos regulares —*El Cristiano*— para hacer conocer sus problemas. Según Michael Bourdeaux, constituyeron el único grupo de la Unión Soviética que hizo conocer listas regulares de sus miembros en prisión, y dieron información detallada de centenares de campos de

---

229 Ibíd.

230 La fiesta judía de Purim quedó establecida como una festividad nacional judía a celebrarse el 14 y 15 del mes de Adar. Conmemoraba la victoria judía para las alturas del día en que fueron salvados de ser aniquilados por los odios de Amán, bajo el mandato del rey persa Asuero, identificado por algunos historiadores como Jerjes I, alrededor del 450 a. C. El libro bíblico de Ester narra la historia. (Samuel Vila y Santiago Escuain, *Nuevo Diccionario Bíblico Ilustrado*, p. 971.)

231 Artículo: "Nikita Jrushchov", *Wikipedia*, Versión Kiwix 0.9 Rc2.

232 Michael Bourdeaux. "Vanya, Report Story": Ibíd.

233 Ibíd.

trabajos forzados donde éstos estaban recluidos.[234]

En este revuelto ambiente tiene lugar la muerte violenta de Vaselievich (Vanya) Moiseyev; tenía dieciocho años y la autora del libro, Myrna Grant, desarrolla, a través de sus páginas,[235] un conmovedor relato acerca de la vida de este joven ruso que sufrió, en límites extremos, las consecuencias que le impusieron aquellos que, de su arbitrio, le negaron el derecho a la fe en Jesucristo. Como miembro del Ejército Rojo, sus compañeros fueron testigos de los múltiples milagros que Dios hizo a través de su ministerio. Varios de estos soldados conocieron y recibieron a Cristo por su ferviente ministración.

Vanya llegó a convertirse en uno de los mártires de la cristiandad moderna y uno de los símbolos de la persecución religiosa en la Unión Soviética. Estos hechos y consideraciones son innegables.

Consecuencias siguientes

La lectura de esta publicación, que entró a Cuba como ejemplar único, causó una conmoción en la familia pastoral de Onelio González; todos la leyeron.[236] Les resultaba un material altamente inspirador, con el que se sentían identificados, toda vez que Onelio, "cuando no estaba preso lo estaban buscando";[237] de modo que encontró en Vanya Moiseyev algunos puntos de concordancia con su propia vida.

El entusiasmo despertado por este libro y su deseo de compartirlo con otros llegó a tal grado que Bernabé González inició de inmediato su transcripción a máquina. "Muchos querían leerlo",[238] afirma, y agrega más adelante: "Y como Yoel Sotolongo escribía a máquina también, yo le invité para que me ayudara a copiar el libro (...). Él fue el único, fuera de

---

234 Ibíd.

235 http://editorialdesafio.com/wp-content/uploads/2014/03/vanya.jpg Accedido el 26 de agosto de 2015, 2:45 PM.

236 Bernabé González González, entrevistado por O. Ríos, vía electrónica, 30 de julio de 2015, 10:00 AM. Usada con permiso.

237 Frase popular cubana. (Nota del autor.)

238 B. González, entrevistado por O. Ríos, vía electrónica, 30 de julio de 2015, 10:00 AM. Usada con permiso.

nuestra familia, que me vio escribiendo el libro esa noche, cuando yo comencé el proyecto".[239]

Fue un acto de ingenuidad que llevó de inmediato al autor de este libro a calcular en qué año de la vida se encontraba el noble y entusiasmado Bernabé; era de esperar: quince años. No lo culpe. A esa edad no se sabe todavía cuán vigilado se está en una estructura así; todavía no se ha aprendido que Dios nos dio dos oídos y una sola boca para que oigamos el doble de lo que hablamos; aún no es posible controlar el desenfreno del alma, cuando tenemos algo bueno, acerca de querer compartirlo con todo el mundo; a esa edad somos entusiastas planificadores pero muy malos previsores: somos jóvenes.

Borbotean las aguas cantarinas en la gran fiesta de la cascada, olvidando que, terminado el salto, se necesitan fuerzas para que el río recorra el resto del camino, no fenezca de fatiga, y llegue al mar…

Un joven que vivía en la barriada de la Iglesia, de pésima extracción social, es detenido por las autoridades. Supuestamente se evade, y toca a la puerta posterior de la casa pastoral a las 2:00 AM. El pastor Onelio González dormía; así es que se incorporó, abrió la puerta y escuchó al joven. Éste le dijo que huía de la policía y tenía necesidad de esconderse el resto de la noche allí. Onelio le explicó que en eso no le podía servir. Se retiró el muchacho y el pastor, muy preocupado por lo extraño del hecho y la nula cercanía de aquel joven a la comunidad cristiana de Gerona, se dirigió a la guardia del CDR.[240] Ésta era cubierta esa noche por un vecino apodado Papito, que vivía frente al Templo. Onelio le explicó lo sucedido; al ver que no hubo reacción alguna en aquel hombre pensó que no existiría trascendencia para la Iglesia, y el pastor

---

[239] B. González, entrevistado por O. Ríos, 5 de agosto de 2015, 4:14 PM.

[240] Comité de Defensa de la Revolución (CDR). Creados en la noche del 28 de septiembre de 1960 en una actividad multitudinaria que se congregó en el entonces Palacio Presidencial. Artículo: "Comité de Defensa de la Revolución", *Ecured portable,* versión 1.5. Fuente documental del 24 de diciembre de 2013.

se fue de nuevo a dormir.[241]

A las 6:00 AM llegó la policía a la casa pastoral. Fundamentaban una orden de registro alegando que aquel prófugo que les había visitado en la noche había dejado allí un arma. Bernabé González refiere:

> Lo curioso es que cuando comenzaron el registro buscaban el arma dentro de papeles, no en gavetas de ropas, ni en lugares donde pudiera ser obvio que se escondería. Solo revisaban papeles. En cuanto encontraron las copias del libro *Vanya*, cesó el registro.
>
> De aquel muchacho, prófugo de la justicia, nunca supimos nada más; lo desaparecieron de la zona.[242]

Rompiendo todos los records nacionales de detenciones, entre los pastores de las Asambleas de Dios, nuevamente Onelio va a la cárcel...[243] Permanece en condiciones de reclusión y gran presión durante tres días. Es liberado y fuertemente circulado.

El gobierno de Cuba, a través de todas sus instancias, solicita una reunión con el Comité Ejecutivo de la Iglesia Evangélica Pentecostal de Cuba (Asambleas de Dios). Le daban a la Organización dos alternativas para el camino a seguir con Onelio González, y solo dos: ocho años de cárcel o el cese del pastorado y el retiro definitivo de la credencial de ministro.[244, 245, 246]

El Comité Ejecutivo al que le correspondió juzgar y decidir acerca de este penoso asunto, fue electo en la Cuarenta

---

[241] B. González, entrevistado por O. Ríos, 5 de agosto de 2015, 4:14 PM.

[242] Ibíd.

[243] B. González, entrevistado por O. Ríos, vía electrónica, 30 de julio de 2015, 10:00 AM. Usada con permiso.

[244] Ibíd.

[245] René Figueredo, entrevistado por O. Ríos, vía telefónica, 18 de julio de 2015, 9.00 PM.

[246] Eliseo Villar Acosta, entrevistado por O. Ríos, Oficina Nacional de la Iglesia Evangélica Pentecostal de Cuba (Asambleas de Dios), La Habana, Cuba, martes 30 de junio de 2015, 9:30 AM. Usado con permiso.

y Tres Convención Anual[247] de la Iglesia Evangélica Pentecostal de Cuba (Asambleas de Dios), la cual tuvo lugar en el Templo de Infanta y Santa Marta, La Habana, entre los días 22 y 25 de junio de 1982. Estaba formado por:

Oficiales

Rev. Humberto Martínez Sabó. Superintendente
Rev. Héctor Pereira Sánchez. Vice-Superintendente
Rev. Hugo Vidal Vidal. Secretario
Rev. Héctor Antonio Hunter Wright. Vice-Secretario
Rev. Herminio Edilberto Pupo González. Tesorero
Rev. Alvio García Marcelo. Vice-Secretario

Presbíteros

Rev. Hugo Reyes Hidalgo. Presbítero de Occidente
Rev. Reynerio Hidalgo. Presbítero de Centro
Rev. Luis Llanes Serantes. Presbítero-Camagüey Occidental
Rev. Dagoberto Jane Gómez. Presbítero-Camagüey Oriental
Rev. Efraín Acosta Acosta. Presbítero Oriente Occidental
Rev. Martín Oliva Baró. Presbítero Oriente Central

---

[247] Se recuerda al lector que entre los años 1940-1994, las reuniones del cuerpo ministerial de la Iglesia Evangélica Pentecostal de Cuba (Asambleas de Dios) se hacían todos los años, en junio, y se les llamaba convenciones anuales. Entre 1996-2011 éstas se comenzaron a hacer cada dos años, en enero, tratándose de un mes menos caluroso, y se les llamó, desde entonces, conferencias generales bienales. A partir de 2015, en que se comienzan a hacer cada cuatro años, se les llama conferencias generales cuatrienales. Éstas últimas están fijadas para enero también. Los distritos surgen en 1994. Antes de esta fecha los presbíteros formaban parte del comité ejecutivo. A partir de esa fecha al comité ejecutivo se le empieza a llamar comité ejecutivo general, al superintendente: superintendente general, al secretario: secretario general, y así también con los demás cargos. A partir de 1994 el comité ejecutivo, devenido ahora en comité ejecutivo general, quedaría integrado por los oficiales (ahora llamados oficiales generales), los superintendentes de distritos y los secretarios de distritos. Los presbíteros, a partir de entonces, formarían parte del comité ejecutivo distrital, no del general. (Archivos de Historia. Asambleas de Dios. Cuba.)

Rev. Osías Rosell Marzo. Presbítero Oriente Oriental

La penosa reunión que tuvo en su haber ventilar este asunto, tuvo lugar el lunes 22 de noviembre de 1982 y en el orden del día solo contempló aquella situación, acerca de la cual las autoridades esperaban inmediata respuesta. Explica el Rev. Herminio Pupo González, testigo vivencial de aquellos días:

> Lo que acabábamos de recibir era "una orden militar" que, de parte de aquellos que nos la daban, no estaba sujeta a reconsideraciones: cese del pastorado de Onelio González en la Isla de la Juventud e inhabilitación definitiva como pastor; eso implicaba el retiro de la credencial de ministro ordenado. La alternativa era ocho años de cárcel para Onelio y su hijo Bernabé.
>
> Era una situación dura y crítica. El Comité Ejecutivo se reunió en la Oficina Nacional que, a las alturas de ese año, 1982, se encontraba en la actual Oficina Pastoral del Templo de Infanta y Santa Marta, la primera que usted se encuentra al entrar al edificio del Templo, a la derecha suya. Nos reunimos por el día. Fue convocado todo el Comité Ejecutivo: oficiales y presbíteros. Ponernos de acuerdo no fue fácil. Hubo mucha discusión en torno a aquella disyuntiva: la cárcel o la inhabilitación definitiva de Onelio. Recuerdo que fue una discusión muy traumática. Algunos de los presentes preferían asumir una actitud de mártires, es decir, negarnos como Organización a aceptar aquello; otros veían en peligro no solo a Onelio, sino a toda la Obra.
>
> El debate fue cruento y poco a poco fue primando la necesidad de proceder a tomar las decisiones amargas y difíciles que finalmente se acordaron.[248]

No tenemos impronta escrita del curso de las

[248] Herminio Pupo González, entrevistado por O. Ríos, vía electrónica, 31 de julio de 2015. 5:00 PM. Usada con permiso.

discusiones. Apenas ha quedado la breve esquela de aquella triste acta manuscrita:

> Iglesia Evangélica Pentecostal de Cuba (Asambleas de Dios) Acta No. 37. Folio No. 101.
>
> Acuerdo tomado por el Comité Ejecutivo de la Iglesia Evangélica Pentecostal de Cuba (Asambleas de Dios) en la reunión celebrada en el Templo de Infanta No. 1253, esquina a Santa Marta, Centro Habana, Ciudad de La Habana, el día 22 de noviembre de 1982.
>
> Acuerdo: El Comité Ejecutivo acuerda que el hermano Onelio González Figueredo cese en el pastorado de la Iglesia de la Isla de la Juventud. El hermano debe salir de la localidad y queda separado del Cuerpo Ministerial.
>
> Y no habiendo otro asunto que tratar, se dio por terminada la reunión siendo las cuatro y treinta minutos pasado meridiano del día veintidós de noviembre de mil novecientos ochenta y dos.
>
> De todo lo cual doy fe en mi carácter de Secretario Nacional de la Iglesia Evangélica Pentecostal de Cuba (Asambleas de Dios).
>
> Hugo Vidal Vidal. Secretario Nacional.
>
> Vto Bueno: Humberto Martínez Sabó. Superintendente.[249]

Un análisis necesario

¿Era el libro *Vanya*, estrictamente hablando, una publicación contrarrevolucionaria?

En lo que a Cuba se refiere no lo era. Trataba un tema foráneo de amplio conocimiento mundial: la persecución religiosa en la Unión Soviética. Hoy día, pasada esa etapa de la

[249] *Libro de Actas de la Iglesia Evangélica Pentecostal de Cuba (Asambleas de Dios).* Acta No. 37. Folio No. 101. Archivos de Historia. Asambleas de Dios. Cuba.

historia que se llamó "desestalinización", a ninguna autoridad social cubana le molesta escuchar hablar de las "purgas sangrientas de Stalin". En tales términos se proyectó el propio estado soviético en boca de su último presidente, Mijaíl Gorbachov. La más alta dirección del actual gobierno cubano ha usado epítetos críticos acerca de ese triste pasado de "colectivizaciones forzosas",[250] "violaciones flagrante de principios",[251] "ocupación de tierras foráneas",[252] "decisiones impopulares y antipáticas",[253] "depuración tremenda, terrible, cruenta...".[254, 255] En cualquier punto de venta de DVDs, en La Palma, El Vedado, en toda la calle San Lázaro, por doquier, el lector puede encontrar videos acerca de este tema ante cuyo contenido el libro *Vanya* parecerá un infante de cuna. Sin embargo, para la época en que están teniendo lugar los hechos descritos, la Guerra Fría[256] se encontraba en su punto de temperatura más bajo y en Cuba existía una sanción para todo el que hablara algo contra la Unión Soviética. Por extraño que parezca, esa reclamación penal existía y se aplicaba de forma variable según la intensidad del suceso, la persona y el contexto.

El lector joven no vivió esos días, felizmente superados ya, y para que pueda tener una idea de lo que el asunto significaba, debe escuchar las vivencias de Orgelina Rodríguez Domínguez, importante líder laica de las Asambleas de Dios en Las Tunas, para 1967:

---

[250] Tomás Borge, *Un grano de maíz*, p. 65.

[251] Ibíd., p. 69.

[252] Ibíd., p. 71.

[253] Ibíd.

[254] Ibíd., p. 73.

[255] Para una visión del stalinismo, contextualizada a la Cuba actual se remite al lector a: Tomás Borges, *Un grano de maíz*. La Habana: Oficina de Publicaciones del Consejo de Estado, 1992, pp. 61-75. El autor está evitando fuentes bibliográficas que estorben la publicación de este libro en Cuba. (Nota del autor.)

[256] Se denomina Guerra Fría al enfrentamiento político, ideológico, económico, social, tecnológico, militar, informativo e incluso deportivo que tuvo lugar durante el siglo XX, desde 1945, terminada la Segunda Guerra Mundial, hasta el fin de la URSS, que ocurrió entre 1989 con la caída del muro de Berlín y 1991 con el golpe de Estado en la URSS. (Artículo: "Guerra Fría", *Wikipedia*, Versión Kiwix 0.9 Rc2.)

En junio de 1967, en el contexto de la Guerra de los Seis Días,[257] profetizo en un culto que lideraba, la victoria de Israel. Este triunfo era humanamente imposible, pero bíblicamente Israel no podía ser aniquilado y su establecimiento allí iniciaba el curso de los tiempos del fin (Mt. 24), de modo que mi profecía estaba en armonía con la Biblia. A los pocos días me avisan, soy citada y se me anuncia que seré entrevistada. Yo me asusté mucho porque el hombre que se ocupaba de estas cosas allí era una persona muy mala y dejaba presa a la gente. Oré y pronto supe que habían cambiado al entrevistador y habían enviado a uno de Holguín. Éste era un muchacho joven y hasta afable, y no me trató mal. Al llegar y sentarme, se dirigió a mí y me dijo: "Usted tiene una acusación; ha sido denunciada; la denuncia es por hablar mal de la Unión Soviética". Iba entendiendo; la Unión Soviética apoyaba a la coalición árabe en la Guerra de los Seis Días. "Yo no mencioné siquiera a la Unión Soviética. Solo dije que esa guerra no la va a perder Israel", repliqué lo más tranquila que pude. "¿Y cómo usted lo sabe?", me preguntó con mucha curiosidad el instructor. "Yo creo que la Biblia siempre se cumple y yo creo en el Dios de la Biblia. Israel no puede perder esa guerra", argumenté. Se quedó muy pensativo aquel joven de expresión serena y mirada inteligente, y después de un instante, me preguntó lentamente: "¿...Y si la pierde?" Le dije, finalmente: "No la perderá". Pronto se dio cuenta el instructor que el tema de la Unión Soviética estaba muy forzado en la acusación; sin dudas él tenía cosas más importantes que hacer y me dejó ir. Al despedirme, en su rostro, más que molestia, indignación u otra de esas cosas, lo que vi fue una profunda curiosidad.

---

257 La Guerra de los Seis Días fue un conflicto bélico que enfrentó a Israel con una coalición árabe formada por la República Árabe Unida —denominación oficial de Egipto por entonces—, Jordania, Irak y Siria. Ocurrió entre el 5 y el 10 de junio de 1967 y terminó con una aplastante victoria israelí. (Artículo: "Guerra de los seis días", *Wikipedia,* Versión Kiwix 0.9 Rc2.)

Israel ganó esa guerra el 10 de junio de 1967, y al instructor joven lo trasladaron inmediatamente de allí.[258]

Nótese con esto lo sensible que se era al tema de la Unión Soviética. Para la historia que estamos analizando debe añadirse que si la desestalinización[259] había comenzado en 1956 para la Unión Soviética, a Cuba no llegarían sus efectos hasta treinta años después, en 1989-90. Los sucesos tratados se están desarrollando en el año 1982.

¿El paquete de libros recibido por Onelio González era contrarrevolucionario?[260]

Absolutamente no. Contenía biblias, himnarios y dos libros adicionales que tenían un carácter apologético: uno era *Las monerías de Darwin* —el título se explica por sí solo— y el otro era el célebre *Vanya*. Comenta Bernabé González:

> Recuerdo que junto a ese libro [*Vanya*] vino otro titulado *Las monerías de Darwin*. El libro [Vanya] era nuestro y para ese tiempo lo habían leído dos hermanas más de la

---

[258] Orgelina Rodríguez Domínguez, entrevistada por O. Ríos, vía telefónica, 4 de agosto de 2015, 6:00 PM. Usada con permiso.

[259] La desestalinización fue un proceso consistente en eliminar el culto a la personalidad y el exceso de poder del período estalinista (1924-1953), y comenzó técnicamente en 1953, tras la muerte de Stalin, pero no fue oficial hasta 1956, con los informes secretos de Nikita Jrushchov, entonces Presidente de la Unión Soviética, divulgados después del XX Congreso del PCUS. (Artículo: "Desestalinización", *Wikipedia*, Versión Kiwix 0.9 Rc2.)

[260] El autor está usando la semántica del contexto en que vive. Si nos atenemos a los conceptos literarios contemporáneos un libro no es moral o inmoral; está bien o mal escrito. Punto. Ese es el criterio literario secular generalizado ya, particularizado hace cien años en el controvertido Oscar Wilde. El autor no está totalmente de acuerdo con esta posición extrema, pero su amor a la libertad de información le lleva a mirar con animadversión toda restricción literaria que se levante bajo la forma de slogans: "Índice de libros prohibidos", para la Iglesia católica, "libros prosemitas", para los árabes, libro de un tipo o de otro. Es cierto que a un niño se le debe controlar el contenido de su lectura, pero un adulto tiene derechos de elección en materia de selección literaria y deben ser respetados. (Nota del autor.)

Iglesia cuando yo comencé a escribirlo a máquina. La idea era hacer aquella copia, la cual sería más fácil de fotocopiar.[261]

¿Era Onelio González un predicador político?

Orgelina Rodríguez Domínguez, importante líder de las Asambleas de Dios en Las Tunas, en la década de 1970, nos dice: "Conocí todo el pastorado de Onelio González en Las Tunas, y yo le digo a usted que jamás su predicación tuvo contenido político. Era un pastor bíblico".[262]

¿Quién hizo la denuncia? Bernabé González contesta:

> Cuando sucedió lo del arresto de mi papá, uno de los muchachos reclutas que solían venir a casa llamado Alexis, no recuerdo su apellido, vino por última vez y nos dijo que Yoel Sotolongo lo había tratado de una forma muy rara en la Unidad Militar... Fue lo que nos puso la sospecha sobre él. Esa fue la última vez que vimos a esos muchachos. Nunca más regresaron a casa; a Sotolongo tampoco lo vimos más...[263]

En 1862, Víctor Hugo escribió: "Los animales no son sino las figuras de nuestras virtudes y de nuestros vicios, errantes ante nuestros ojos, los fantasmas visibles de nuestras almas".[264] Visto así, ¿qué animal proyectó el alma de Yoel? Deberá buscarse uno que en su haber tenga el innoble instinto de morder la mano que le alimenta. Tal vez la hiena...

Acuden entonces los que, en su favor, alegan que era un ideólogo, y tal cosa estaba por encima de todo. ¿Lo era? Sígalo en la historia, como Bernabé lo siguió: "Supe que había venido

---

[261] Bernabé González, entrevistado por O. Ríos, 11 de agosto de 2015, 5:46 PM. Usada con permiso.

[262] Orgelina Rodríguez Domínguez, entrevistada por O. Ríos, vía telefónica, 4 de agosto de 2015, 6:00 PM. Usada con permiso.

[263] Bernabé González González, entrevistado por O. Ríos, 5 de agosto de 2015, 4:14 PM. Usada con permiso.

[264] Víctor Hugo, *Los miserables*, T. I, p. 294.

para Estados Unidos. Un sobrino de mi esposa lo conoció en el campo de detención en Guantánamo, cuando la crisis de 1994.[265] Se destacó allí como una persona de baja conducta y eso lo hizo resaltar entre la gente".[266]

¿Qué le pasó en 1994 a Yoel Sotolongo? ¿Qué lo hizo renegar de todo lo que creyó?, si es que alguna vez creyó. Solo hay una respuesta: tenía hambre...; tenía hambre y ya no estaba Onelio, aquel que se abstenía de un plato de comida para saciarlo a él. Yoel lo entregó a la muerte y obtuvo a cambio el premio que esperaba: un pase adicional, un aplauso... Ahora tiene hambre, pero ya Onelio no está, y aquel cobarde carroñero descubre su verdadero rostro..., y se lanza al mar.

Una hiena... No hay otra imagen que se refleje en su alma; es el único animal que ríe, mientras ladra.

¿Cuán bien actuó el Comité Ejecutivo?

No puede contestarse con justicia esa pregunta si no se analiza bajo qué contexto de presiones se encontraba el liderazgo de la Organización. Debe recordarse que el año 1965 inició un mar de tensiones entre el Estado revolucionario, devenido marxista, y el mundo eclesiástico en general. La Iglesia toda, aplaudió la revolución cubana, pero reaccionó contra su orientación marxista, confesionalmente atea, y en esto último estribaba la génesis de toda la tensión. Para hacer más rígidas las cosas la ley No. 1173 del 17 de marzo de 1965, colocó el Registro de Asociaciones bajo la dirección del Ministerio del Interior; todas las iglesias empezaron a sentirse fiscalizadas desde una perspectiva militar. La preocupación

---

[265] La crisis a la que se refiere Bernabé González, es la llamada "crisis de balseros". El 11 de agosto de 1994 el gobierno de Cuba declara que no impedirá la salida a los cubanos que deseen abandonar el país. Miles de personas se lanzaron al mar. En septiembre de ese año el autor hizo un viaje misionero a los Estados Unidos, y recuerda una mañana en que se reportaron nueve mil balsas cubanas distribuidas entre las costas de Pinar del Río y Matanzas, tratando de alcanzar el litoral norteamericano. (Memorias del autor.)

[266] Bernabé González González, entrevistado por O. Ríos, 5 de agosto de 2015, 4:14 PM. Usada con permiso.

creció al advertirse que el Departamento de Prevención Social de dicho Ministerio era el encargado de esa labor. El Registro de Asociaciones volvió al Ministerio de Justicia con la entrada en vigor de la Constitución Socialista, el 24 de febrero de 1976, pero en la mentalidad de los pastores palpitaba la cercana remembranza de un Registro de Asociaciones que les controlaba militarmente desde la perspectiva del Ministerio del Interior.[267] Los líderes del citado Comité Ejecutivo, todos, sin excepción, fueron formados con esa mentalidad.

El Rev. Onelio González Figueredo fue llamado por el Comité Ejecutivo con el propósito de hacerle partícipe del acuerdo. "Él dijo que quería ir a la cárcel; que le enviaran allí", relata el Rev. Eliseo Villar Acosta, actual Superintendente General de la Iglesia Evangélica Pentecostal de Cuba (Asambleas de Dios).[268] "Mi padre siempre lamentó que aquella decisión se hubiese tomado unilateralmente. Él prefería la cárcel por causa del nombre de Jesús", argumenta Bernabé González.[269]

"El problema era —explica el Rev. Héctor Pereira Sánchez— que, aun yendo a prisión, cuando saliera, el gobierno de Cuba, tampoco le iban a permitir pastorear. Quisimos evitarle ese sufrimiento innecesario".[270] "Finalmente —recuerda Herminio Pupo— Onelio acató la decisión que se tomó".[271] El Rev. Héctor Pereira Sánchez evalúa los momentos finales de aquella situación, cuando dice: "Nos pusieron un puñal en las manos y nos exigieron usarlo. Fue muy duro cuando tuvimos que llamar a Onelio para notificarle acerca de la decisión tomada, y escucharlo. Prácticamente lloramos con

[267] Alberto I. González Muñoz. *Y vimos su gloria*, p. 82.

[268] Eliseo Villar Acosta, entrevistado por O. Ríos, Oficina Nacional de la Iglesia Evangélica Pentecostal de Cuba (Asambleas de Dios), La Habana, Cuba, martes 30 de junio de 2015, 9:30 AM. Usada con permiso.

[269] Bernabé González González, entrevistado por O. Ríos, vía electrónica, 2 de agosto de 2015, 2:35 PM. Usada con permiso.

[270] Héctor Pereira Sánchez, entrevistado por O. Ríos, vía electrónica, 31 de julio de 2015. 7:40 PM. Usada con permiso.

[271] Herminio Pupo González, entrevistado por O. Ríos, vía electrónica, 31 de julio de 2015. 5:00 PM. Usada con permiso.

él".[272]

En la lectura futura que de estos hechos harían Onelio González y familia, gravitaría un reclamo: el Comité Ejecutivo tomó una decisión, y para hacerlo oyó a ateo 1, a ateo 2 y a ateo 3, y al siervo…, al siervo no lo escucharon.

Lo juzgaron sin haberlo oído; ese es tal vez el único reclamo que les pueda hacer la historia a treinta años de aquellos días; el resultado puede ser que hubiese sido el mismo, pero el camino que se siguió resulta polémico al análisis porque vienen a la memoria las palabras de Nicodemo: "¿Juzga acaso nuestra ley a un hombre si primero no le oye, y sabe lo que ha hecho?" (Jn. 7:51).

El Rev. Herminio Pupo, en defensa del Comité Ejecutivo que allí actuó, y con gran honestidad, afirma:

> Era un ambiente de presión desmedida y premura. No puedo asegurar que él estuviese detenido —lo estuvo tres días— y se esperara, para soltarlo, por la aplicación de la medida nuestra, pero sin dudas estaba peligrosamente circulado y el ambiente era de extrema tensión.
>
> Hoy, a treinta y tres años de aquellos días es difícil entender cuán tenso fue aquello.[273]

Los miembros de aquel Comité Ejecutivo eran grandes hombres de Dios, algunos de ellos habían sido probados en los hornos de la UMAP, pero se encontraban bajo una presión desmedida y la presión es una condición desde donde es muy difícil encontrar el equilibrio.

La derogación de la credencial de ministro ordenado, que tan dignamente ganó, con una incomparable hoja de servicios, la recordará siempre Onelio González como una de las experiencias más dolorosas de su vida. Acerca de ello, diría: "El día que me quitaron la credencial me arrancaron el

---

[272] Héctor Pereira Sánchez, entrevistado por O. Ríos, vía electrónica, 31 de julio de 2015. 7:40 PM. Usada con permiso.

[273] Herminio Pupo González, entrevistado por O. Ríos, vía telefónica, 10 de agosto de 2015, 11:00 AM. Usada con permiso.

corazón…”[274, 275]

Rocafort. 1982-1984

Su entorno geográfico

Rocafort es actualmente un Consejo Popular del municipio capitalino San Miguel del Padrón.[276] Tiene escasamente 2.1 km^2 y en ellos acomoda a sus 23.380 habitantes.[277]

Siguiendo el contexto geográfico de su municipio, está incluido en el grupo de las Alturas Habana-Matanzas. Limita al norte con el municipio Regla, al sur con el Consejo Popular Luyanó Moderno, al este con el municipio Guanabacoa y la Ocho Vías y al oeste con el Consejo Popular Jacomino. Es atravesada por el río Martín Pérez.[278]

El Consejo Popular Rocafort se distingue por ser un área céntrica que logra mucha concentración pública. Tiene una función vial conectora en dirección a La Habana Vieja, Plaza, Diez de Octubre, Regla y Guanabacoa. Su Parque de la Herradura y el Cabaret El Globo atraen un alto volumen de

---

274 René Figueredo Coronado, entrevistado por O. Ríos, vía telefónica, 18 de julio de 2015, 9.00 PM. Usada con permiso.

275 María Victoria Alderete Oliva, entrevistada por O. Ríos, Universidad Teológica Pentecostal de Cuba, 3 de junio de 2015, 10:00 AM. Usada con permiso.

276 Los Consejos Populares surgieron como concepto territorial el 10 de octubre de 1990. Éstos se crearon como una estructura nueva de los órganos locales del Poder Popular, intermedia entre la circunscripción y el municipio. Su gobierno está compuesto por los delegados de las circunscripciones de una localidad, entre los cuales elige un presidente y un vicepresidente, más los representantes de las organizaciones de masas y de entidades económicas de las demarcaciones donde actúan. En el momento en que se escribe este libro, el municipio San Miguel del Padrón está dividido en seis consejos populares: Rocafort, Luyanó Moderno, Diezmero, San Francisco de Paula, Dolores-Veracruz y Jacomino. (Artículo: “Rocafort”, *Ecured portable*, versión 1.5. Fecha de fuente documental: 24 de diciembre de 2013.)

277 Artículo: “Rocafort”, *Ecured portable*, versión 1.5. Fecha de fuente documental: 24 de diciembre de 2013.

278 Ibíd.

jóvenes cuando se planifican eventos musicales.[279]

Belkis González. Pastora en Rocafort. 1983-1984

La Organización Nacional de la Iglesia Evangélica Pentecostal de Cuba (Asambleas de Dios) no le da la espalda al Rev. Onelio González y familia. En una decisión que suponía cierto riesgo, aprovechándose el hecho de que Belkis González, la esposa del pastor Onelio, era ministro de la Organización, graduada en el Instituto Bíblico Pentecostal de Manacas en 1956, es nombrada ésta última pastora del Templo nacional de las Asambleas de Dios en Rocafort. En esta humilde locación permanecieron los González trabajando entre 1983 y 1984. Bernabé González recuerda acerca de aquellos días:

> Fuimos obligados a abandonar la Isla de la Juventud y vinimos para La Habana. Luego de algunos meses se les pidió a mis padres que atendieran la Iglesia Evangélica Pentecostal de Cuba (Asambleas de Dios) en Rocafort, La Habana. Mi padre había sido despojado de sus credenciales de ministro, pero mi mamá no, por lo que bajo las credenciales de ella ambos atendieron esa Iglesia.
>
> Nuestra familia vivió en casa del hermano Luis Mejías, en Marianao, por un tiempo, y luego fuimos para la casa pastoral de Lotería, Cotorro, donde mi tío, el Rev. René Calvo[280] vivía. Éste último pastoreaba la Iglesia de El Cotorro.[281]

En 1984, Belkis González no se sentía cómoda como pastora principal y el matrimonio González declina ante la Organización Nacional el pastorado de Rocafort.[282]

---

[279] Ibíd.

[280] El Rev. René Calvo era esposo de Guillermina González Figueredo; ésta última es hermana natural del Rev. Onelio González. (Nota del autor.)

[281] Bernabé González González, entrevistado por O. Ríos, vía electrónica, 30 de julio de 2015, 10:00 AM. Usada con permiso.

[282] Loyda Calvo González, entrevistada por O. Ríos, vía electrónica, 16 de agosto de 2015, 9:51 PM. Usada con permiso.

En la cruz, en la cruz... 1984-1986

La entrega del pastorado de Rocafort, inicia para el matrimonio González un tiempo de recorridos nacionales, de ir y venir, en el descanso de los que esperan en Dios. Bernabé González recuerda: "En el tiempo que vivieron en La Habana mis padres visitaron varias iglesias. No estuvieron contantemente asistiendo a ninguna; donde más tiempo pasaron fue en El Cotorro".[283]

¿Qué hizo Onelio González en esos dos años de silencio pastoral? El Rev. Alcides Duque nos ayuda a saberlo, cuando cuenta su testimonio:

> Trabajaba en el Ministerio de Educación Municipal [en la Isla de la Juventud] realizando funciones de profesor, jefe de cátedra, subdirector docente y metodólogo en diferentes etapas durante unos nueve años.
>
> Como es conocido, en ese tiempo con esa filiación laboral tenía temor de asistir a la Iglesia por la posible expulsión del trabajo por razones ideológicas; no obstante, visité la casa del pastor Onelio González en La Habana y me continuó hablando del Señor. Me consiguió una Biblia en un tiempo en que era casi imposible hacerlo.
>
> En los dos primeros años no entendía mucho, lo que cambió tiempo después, cuando comencé a asimilar la Palabra de Dios y a aplicarla en mi vida.
>
> Más tarde me incorporé a una Iglesia en Ciudad de La Habana, pero al reencontrarme con el pastor Onelio empecé a asistir a la sede de las Asambleas de Dios en la calle Infanta. Y allí, a la par de visitarle en su casa, continuó instruyéndome con la Palabra viva del Señor, que fue fructífera y poderosa para cambiar todo mi ser.
>
> Dios el Padre, usó también al pastor Onelio para que me diera a conocer a mi querida esposa cristiana, la pastora

---

283 Bernabé González González, entrevistado por O. Ríos, vía electrónica, 30 de julio de 2015, 10:00 AM. Usada con permiso.

Ofelia Álvarez Barrios, de la Iglesia del pastor Jorge Wilson,[284] comenzando a disfrutar de la dicha hogareña como nunca antes.

Además, comenzó nuestra preparación para el ministerio pastoral después de un llamado genuino y confirmado por el Señor, graduándonos del Instituto Bíblico con resultados sobresalientes, y bajo la inspiración del pastor Wilson, amigo del pastor Onelio, comenzamos la labor evangelística en varios puntos de la capital y fuera de ella, estableciéndose la primera Iglesia en la calle 86 y 13, en Playa. Se abrieron obras en San Agustín, Henequén y otros puntos. Se mantienen después de más de veinte años.

Quiero destacar que el trabajo pastoral que realizó Onelio conmigo fue muy excepcional y completo en todas las áreas; en casi treinta años de relación con su ministerio, mantuvo contacto conmigo y familia de forma periódica. Me visitaba dondequiera que estuviera para aconsejarme y velar por el desarrollo de mi vida espiritual, incluso me llegó a visitar donde yo era profesor y dirigente de educación; me llamaba por teléfono regularmente desde cualquier país en que se encontraba, e incluso nos enviaba ofrendas para nuestras necesidades más perentorias.

También aprendí a evangelizar a las almas con él. Después de los cultos del domingo nos íbamos a la Habana del Este a hacer la Obra en ayuno y oración y al final regresábamos con gozo y alegría de corazón infinitos, con un batido de frutas por toda comida y como premio.[285]

Aunque se congregaba fielmente y asistía a todos los eventos de la Organización, por momentos sentía hondo pesar. A veces, veía que el predicador no hacía ni siquiera alusión al

[284] Pastor Jorge Wilson, de origen jamaicano, por muchos años presidente en Cuba de la Organización evangélica “Fe Apostólica”. (Nota del autor.)

[285] Alcides Duque, entrevistado por Bernabé González, EUA, 5 de agosto de 2015.

lema de la actividad que se celebraba; advertía seguramente, como predicador experimentado que era, las aristas de una mala exégesis en otro, y acerca de esto, reservadamente, diría un día: "Llegué a llorar, y las lágrimas me caían por el dolor de pensar que no me dejaran ya predicar".[286, 287]

Vivía momentos críticos, pese a lo cual no se borró de su boca y alma una de las actitudes que más le caracterizó: la alabanza a Dios. El pastor Alcides Duque recuerda, al evocar aquellos difíciles momentos:

> Me impactó mucho su forma de cantar alabanzas e himnos a nuestro Señor amado. No he conocido a nadie, dentro ni fuera de la iglesia, que cantara al Rey la Gloria con aquella fuerza, hondura, amor y belleza espiritual. Me recuerdo siempre de uno de aquellos himnos: "Las 99"[288] y otras decenas de ellos. Esto fue glorioso y de total bendición para mi vida.[289]

Tiempo de partir…1985

Migdalia González Figueredo, hermana del pastor Onelio González, había salido de Cuba rumbo a los Estados Unidos en 1970, y tras varios años allí logró la ciudadanía. Su primer pensamiento fue su hermano; se comunicó con él y le preguntó si quería venir con ella. "Él me contestó que no pensaba en esa posibilidad ya que tenía mucho trabajo en la Obra allá [en Cuba]. A cada rato se lo volvía a preguntar y siempre me contestaba lo mismo".[290]

En 1985 Onelio González escribió a su hermana Migdalia. Le dijo: "Es el tiempo…"

---

286 Caridad Collazo Torres, entrevistada por O. Ríos, vía telefónica, 2 de agosto de 2015, 6:00 PM. Usada con permiso.

287 Orgelina Rodríguez Domínguez, entrevistada en su hogar por O. Ríos, 3 de agosto de 2015, 6:00 PM. Usada con permiso.

288 "Las noventa y nueve", es un célebre himno del Rev. Juan Carlos Romero, de México. (Nota del autor.)

289 Alcides Duque, entrevistado por Bernabé González, EUA, 5 de agosto de 2015. Usada con permiso.

290 Migdalia González Figueredo, entrevistada por Bernabé González González, EUA, 7 de agosto de 2015. Usada con permiso.

Desde los días en que fue inhabilitado como pastor han pasado tres años... Siente que, muy a su pesar, Cuba ha terminado para él...

Bernabé González explica:

> ...Mi tía Migdalia González, contactó en el Departamento de Misiones de las Asambleas de Dios, en Estados Unidos, al hermano Lorenzo Triplett;[291] éste se encargó de gestionar una visa misionera para nuestra familia que nos permitiera salir del país. Debido a esta gestión se obtuvo la visa misionera para el Ecuador. ¿Sería casualidad o plan de Dios? Estoy seguro de lo segundo.[292]

Migdalia González Figueredo reconstruye las gestiones realizadas en función de la salida del país de la familia González:

> En marzo de ese mismo año hice la petición de visa, aunque sabía que una petición para hermanos tenía una tardanza de diez años, sabía que si el Señor estaba en el asunto todo saldría bien. Para la gloria del Señor el día 4 de mayo yo tenía en mis manos la aprobación de la visa. Ahora había que buscar el país por donde habría de salir, pues no había salida directa de Cuba a Estados Unidos. Fue una tarea ardua...
>
> Me comuniqué con los hermanos Peterson[293] que fueron misioneros en Cuba, y por quien nosotros habíamos conocido al Señor. Ellos me pusieron en contacto con el hermano Lorenzo Triplett, Directivo de Misiones las Asambleas de Dios para América Latina, un hermano muy amable y muy comprometido en la obra del Señor. Ya para ese momento yo había conseguido una visa para

---

[291] Lorenzo Triplett era el secretario de Misiones de las Asambleas de Dios para América Latina y el Caribe. (Acta No. 52. Folio No. 131. *Libro de Actas*. Iglesia Evangélica Pentecostal de Cuba (Asambleas de Dios).

[292] Bernabé González González, entrevistado por O. Ríos, vía electrónica, 3 de agosto de 2015, 4:40 PM. Usada con permiso.

[293] Einar y Rachel Peterson. Ver capítulo: Allí se convirtió. (Nota del autor.)

Ecuador, pero no había vuelo Cuba-Ecuador. Entonces el hermano Triplett me dijo que sería posible comunicarse con un hermano misionero que estaba en Perú para conseguir una visa de tránsito a Ecuador. Esta fue una verdadera odisea; todavía mi hermano no sabía a dónde iría. Cuando le dije que tenía una visa de salida para Ecuador, lloró conmigo por teléfono, ya que cuando estaba en el Instituto de Manacas, Las Villas, en el año 1958 había leído el libro *Portales de Esplendor*, que tenía la historia de los cinco misioneros que habían matado los indígenas Aucas; esa historia lo impresionó mucho, y dijo que si el Señor lo sacaba de Cuba para servirle en otro país le gustaría ir a Ecuador; así que pensó que el Señor estaba encaminando todo.

En diciembre de 1986 salió de Cuba rumbo a Ecuador, vía Perú. Allá fue recibido por un hermano que había sido misionero en Cuba en los años 50: Verlin Stewart y otro hermano llamado Ben Lafon, misionero también en el Ecuador. Todos fueron muy amables con mi hermano y familia; además debo decirle que el hermano Triplett pagó todos los gastos, sin yo pedírselo. [294]

¿Quién es Ben Lafon?

Al tiempo de la preparación de esta revisión el autor se vio súbitamente situado en el epicentro de una recia batalla en favor de una publicación internacional de la Organización. Entre los amigos de Misiones Mundiales que ayudaban a desenredar esta madeja se encontraba uno llamado Robert Lafon, a quién pregunté acerca de una posible relación familiar con Ben Lafon, el aludido misionero que asistió a Onelio González. "Soy su hijo", me contestó. Amablemente nos puso en comunicación electrónica con su padre y éste, nos contó:

> ...Sentí el llamamiento misionero pronto, después de aceptar a Cristo como mi Salvador, en 1944.

[294] Migdalia González Figueredo, entrevistada por Bernabé González González, EUA, 7 de agosto de 2015. Usada con permiso.

En los meses de junio y julio de 1953, nos reunimos nuestro sostén financiero y salimos para Costa Rica a estudiar español. Después de siete meses en la escuela de idiomas en Costa Rica, volamos a Tegucigalpa, Honduras. Los fundadores de las Asambleas de Dios en Honduras, los Perry Dymond, nos encontraron en el aeropuerto y nos llevaron al sur de Honduras, donde comenzamos el primer año de nuestra carrera misionera.

Un año después, en nuestra conferencia anual, fui nombrado como director del Instituto Bíblico en Santa Rosa de Copán en el occidente de Honduras. Durante los próximos diez años trabajamos haciendo discípulos del Señor y plantando iglesias. Vimos un crecimiento en la Obra del Señor, especialmente alrededor del Instituto Bíblico.

En los años de 1963 y 1964 los líderes de las Asambleas hondureñas sentimos que era necesario colocar el Instituto Bíblico en un lugar más céntrico. Escogieron la ciudad de San Pedro Sula. De modo que compramos [una] propiedad y en 1965 construimos un nuevo Instituto Bíblico. Vimos la mano del Señor en todo esto. En el año 1972 de los cincuenta y dos alumnos varones que había, diecinueve no eran pastores y estaban en primer año. Con estos diecinueve estudiantes pudimos abrir nueve obras nuevas en cuatro meses. Muchas de estas llegaron a ser iglesias madres. ¡A Dios sea toda la gloria!

Por nuestro propio llamamiento del Señor y el nombramiento de la misión fuimos enviados al Ecuador en 1975, y nos quedamos allí hasta 1989.

Los primeros cuatro años [los] pasamos plantando iglesias y enseñando en el Instituto Bíblico de Guayaquil También abrimos un Instituto Bíblico en el área de Cuenca, en el sur del Ecuador.

En 1979 el Cuerpo Misionero Ecuatoriano nos pidió que fuéramos a Quito (la capital) para ayudar allí. De modo que durante los próximos diez años trabajamos en Quito con el Instituto Bíblico y plantando iglesias. Por unos milagros financieros, Dios nos ayudó a nosotros y [a] los otros misioneros de Quito a comprar una buena propiedad, y de 1983 a 1988 construimos un bello Instituto Bíblico.

(...) La obra del Señor ha experimentado mucho crecimiento en los dos países (Honduras y Ecuador). ¡Dios es bueno y a Él sea toda la honra y gloria! [295]

Ben Lafon y su esposa Florine. Imagen de la década de 1950. Cortesía del Rev. Robert Lafon. Usada con permiso.

La despedida. 1986

Cuando le pregunté a Bernabé González cuál creía había sido la hora más dolorosa y difícil de la vida de su padre, me contestó: "Cuando tuvo que abandonar Cuba; fue desgarrador para él".[296]

---

[295] Ben Lafon, entrevistado por O. Ríos, vía electrónica, 9 de septiembre de 2015, 12:03 PM. Usada con permiso.

[296] Bernabé González González, entrevistado por O. Ríos, vía electrónica, 2 de agosto de 2015, 2:35 PM. Usada con permiso.

En la fría noche del miércoles 10 de diciembre de 1986, parten, rumbo a Ecuador, a través de Perú, Onelio González, su esposa Belkis, y Belkis Beatriz, su hija.[297] Bernabé, el primogénito, permanecería en Cuba cumpliendo la ley del Servicio Militar General. Le acompañarían acá su esposa Ibis y su hijo mayor, Alejandro.[298]

Los que bien les quisieron, miraron aquel momento con nostalgia y sobrecogimiento. La Revda. María Hernández de Quesada recuerda: "Nosotros sentimos muchísimo su partida; con tristeza tuvimos que aceptarlo como lo mejor para él".[299]

---

[297] Bernabé González González, entrevistado por O. Ríos, vía electrónica, 16 de julio de 2015. Usada con permiso.

[298] B. González, entrevistado por O. Ríos, vía electrónica, 2 de agosto de 2015, 2:35 PM. Usada con permiso.

[299] María Hernández de Quesada, entrevistada por O. Ríos, vía telefónica, 31 de julio de 2015, 7:15 PM. Usada con permiso.

SU VIDA PASTORAL EN EL EXTERIOR

Quito, Ecuador. 1987-1991

Bernabé González nos cuenta:

> Desde 1987 hasta mayo de 1991 mi padre estuvo pastoreando una Iglesia que él fundo en un lugar llamado Valle San Rafael, en las afueras de Quito. Cuando decidió venir para los Estados Unidos dejó a mi hermana con mi cuñado al frente de esa Iglesia que se llama Iglesia Betesda del Valle.[300]

Dejaría su huella ministerial en cientos de vidas tocadas por la oración y la ferviente ministración de aquellos años. Le impresionará mucho en el tiempo, especialmente, el testimonio de una pareja que no podía tener hijos. Fortaleciendo la fe de René Figueredo le contaría años después, acerca de esos días. "…El hermano tenía sus espermatozoides muertos y no tenía posibilidades de tener hijos, pero oramos y el Señor les dio un hijo que ya es un joven. ¡Qué maravilloso es el Dios que servimos! Él se complace en darnos las peticiones de nuestros corazones. ¡Gloria a su nombre!"[301]

Bernabé González logra llegar a Estados Unidos

Para el matrimonio González, personas tan familiares, con tanta necesidad de devoción, dejar atrás a Bernabé, esposa e hijos, fue duro. Cinco años demoró el completamiento de la unificación familiar. En 1991 Bernabé dice adiós a su terruño, leva ancla y en minutos, embargados todos por la emoción del reencuentro, se abrazan.

Durante los siguientes cuatro años Bernabé González se

---

300 Bernabé González González, entrevistado por O. Ríos, vía electrónica, 30 de julio de 2015, 10:00 AM. Usada con permiso.

301 Onelio González Figueredo, carta a René Figueredo Coronado, Capelo, 9 de octubre de 2006, 9:30 PM. Cortesía de René Figueredo. Archivos de Historia. Asambleas de Dios. Cuba. Usada con permiso.

abriría paso en la Obra de Dios, como ministro de alabanza de una floreciente congregación bautista. Luego descubrirían su esposa Ibis y él, un mundo de servicio en las Asambleas Americanas, en la Christian Life Center, de la ciudad de Fort Lauderdale, Estado de Florida, donde actualmente perseveran. Su ministerio ha evolucionado allí desde maestro de Escuela Dominical y diácono, hasta el cuidado espiritual de los hispanos. En 2015 se les ve enfrascados en el despuntar de un ministerio en español, bajo la cobertura de su Iglesia Madre y Pastor, el Rev. Tom Manning.[302]

Familia González. De izquierda a derecha: Bernabé (Bernie), Belkis, Onelio y Belkis Beatríz (Betty). Cortesía de René Figueredo Coronado. Usada con permiso.

El matrimonio González rumbo a los Estados Unidos

Por razones difíciles de entender, el matrimonio González parte rumbo a los Estados Unidos, donde se propone

---

[302] Bernabé González González, entrevistado por O. Ríos, vía electrónica, 3 de agosto de 2015, 4:40 PM. Usada con permiso.

iniciar un ministerio prolongado.[303] El lector deberá pesar esta decisión y aprender de sus consecuencias. Elías Tisbita tuvo que desandar sus pasos desde Horeb, el monte de Dios, y regresar... (I Re. 19). Algo parecido le sucederá a Onelio González.

Houston, Texas. 1992-1994

Iglesia Pentecostal de Katy, Houston. Texas. 1992-1994

El matrimonio González se trasladó para Katy, Texas, en febrero de 1992.

Katy es una ciudad ubicada en los condados de Harris, Waller y Fort Bend, en el Estado norteamericano de Texas. En el censo de 2010 tenía una población de 14.102 habitantes y una densidad poblacional de 481,93 personas por km^2. Tiene una superficie total de 29.26 km^2, de los cuales 29.15 km^2 corresponden a tierra firme y 0.11 km^2 al agua.[304]

En esta ciudad vivieron un tiempo con el misionero Verlin Stewart. Luego rentaron una casa pequeña y Onelio González comenzó a trabajar para Walmart[305] de 10:00 PM a 6:00 AM.[306]

Según relata Bernabé González, la Iglesia Pentecostal de Katy, Houston, Texas, donde pastoreó el matrimonio González, entre 1992 y 1994, fue fundada con el apoyo de una Iglesia americana de las Asambleas de Dios de esa ciudad. El misionero Verlin Stewart[307] fue la persona que hizo los

---

303 Bernabé González González, entrevistado por O. Ríos, vía electrónica, 30 de julio de 2015, 10:00 AM. Usada con permiso.

304 Artículo: "Katy (Texas)", *Wikipedia*, 2014, Versión Kiwix 0.9 Rc2.

305 Walmart Stores. Corporación multinacional de minoristas de origen estadounidense, que opera cadenas de grandes almacenes de descuento y clubes de almacenes. La empresa es la tercera mayor corporación pública del mundo, según la lista Fortune Global 500 para el año 2012. (Artículo: "Wal-Mart", *Wikipedia*, 2014, Versión Kiwix 0.9 Rc2.)

306 Anelis Socorro Batista, entrevistada por vía electrónica, 14 de agosto de 2015, 6:41 PM. Usada con permiso.

307 Biria Legrá Jardines, entrevistada por O. Ríos Verdecia, 1 de enero de 2014, 1:00 AM. Templo "Palabras de Vida" en Santa Amalia, La Habana. Usada con permiso.

contactos para que el pastorado de Onelio González allí fuese posible.[308]

¿Quiénes fueron los Stewart?

Los esposos Stewart, que tanto significado tuvieron en la vida de Onelio González y su esposa Belkis, fueron misioneros para Cuba.

Verlin Emerson Stewart nació el 16 de mayo de 1923, en Coyle, Oklahoma, Estados Unidos. Fue ordenado el 9 de octubre de 1947 por el Distrito de Oklahoma. Partió para estar con el Señor el 27 de octubre de 2002.[309]

Ethel Pauline Stewart nació el 15 de diciembre de 1924, en Cache, Oklahoma. Fue ordenada el 5 de octubre de 1949 por el Distrito de Oklahoma. Partió para estar con el Señor el 12 de agosto de 1990.

Ambos se unieron en matrimonio el 6 de agosto de 1949 y tuvieron dos hijos: Charlotte Verline, nacida el 29 de agosto de 1950, matrimoniada con Dale Hendrix el 20 de diciembre de 1968, y Charles Ray, nacido el 7 de abril de 1954.

El matrimonio Stewart atendió la Obra de las Asambleas de Dios en Sancti Spíritus, Las Villas, entre noviembre de 1951 y junio de 1952. Entre 1952 y 1954 trabajaron en la Obra misionera de Baracoa, oriente cubano. Regresaron a trabajar en Cienfuegos durante un año y medio y luego regresaron a la provincia oriental otro año y medio, ejerciendo funciones de presbítero, atendiendo como pastor-misionero la Iglesia de Santiago de Cuba. Ethel Stewart fue tesorera nacional del Concilio Misionero Femenil.

El matrimonio Stewart fue transferido a Colombia en enero de 1959, a Bolivia en septiembre de 1972, a Colombia nuevamente en 1973 y finalmente a Ecuador, escenario misionero que les acerca a Onelio González, en junio de 1979.

Biria Legrá Jardines, pionera del movimiento pentecostal en Baracoa y expresidenta presbiterial de los

---

[308] Bernabé González González, entrevistado por O. Ríos, vía electrónica, 3 de agosto de 2015, 4:40 PM. Usada con permiso.

[309] Verlin y Ethel Stewart, *Expedientes misioneros*, Archivos de Historia. Asambleas de Dios. Cuba.

Ministerios Femeniles en el Presbiterio 10 de octubre-Boyeros, conserva recuerdos indelebles de los Stewart en Baracoa, para las alturas del1952. Al respecto dice:

> Tenían el lugar de predicación y evangelismo en El Güirito, Barrio Zamora; eso está situado después de El Jamal, entre El Jamal y Arrancadero, en Baracoa. Era como una nave, pero grande, como del tamaño del Templo de Infanta y Santa Marta, en La Habana. El techo era de zinc metálico, las paredes y el suelo eran de madera. Allí nos íbamos todos. Éramos como doscientas personas; aquello se llenaba. Los Stewart llevaban un acordeón para acompañar a los himnos que cantábamos. Ese instrumento lo tocaba una misionera que les acompañaba cuyo nombre yo pronunciaba como Hauer, algo así. Fue en ese contexto que aprendí: "En las olas inmensas", "Sembraré", "En la cruz" y "La bandera de la cruz", entre otros.
>
> Los Stewart dirigían el culto. Su predicación era breve y sencilla pero llena de Cristo. Recuerdo el día en que me convertí. Era una noche de 1949 y todos estábamos en esa humilde nave de El Güirito. El espacio se alumbraba de noche con los cerca de diez faroles que los misioneros llevaban. Se parecían a los faroles que usaron después los alfabetizadores en Cuba, en 1961, pero daban mucha más luz. Eran de fabricación norteamericana; le vertían el combustible en una abertura que tenían debajo y le daban presión luego. Ponían aquello de día. Esa noche Verlin Stewart predicó. Usó el texto de Juan 3:16. Habló de la muerte de Cristo. Yo me conmoví y lloré mucho. Cuando Verlin Stewart hizo el llamado a salvación pasé adelante con todos los que se convirtieron esa noche; hacíamos un grupo como de treinta personas. Subí llorando a la plataforma porque fui impactada profundamente. Él oró por todos nosotros. Quien crea que un niño no se convierte cree mal, porque yo me convertí. Nunca he olvidado esa noche. Había estado varias veces allí, pero hasta ese día no había sido impactada. El mensaje de la

muerte de Cristo por nosotros tocó profundamente mi vida. La plataforma se llenó de convertidos. Eso llegó a ocurrir mucho. La gente se convertía y cambiaba.

Frente y dorso de una imagen de la familia Stewart que se conserva en los Archivos de Historia de las Asambleas de Dios de Cuba

Mi hermano Aquiles y yo nos volvimos compañeros de viaje y evangelización de los Stewart. Ellos tenían una camioneta blanca; detrás cabíamos unas seis u ocho personas. Íbamos Aquiles, los dos hijos de los Stewart y yo. Delante, en la cabina del chofer, iba Verlin Stewart manejando, a su lado su esposa y al lado de la esposa hacia la ventanilla, una hermana norteamericana que les hacía de nodriza; se llamaba Helen; tiempo después se casaría con un cubano.

Así llegábamos con la camioneta a los lugares a donde íbamos a trabajar, que estaban generalmente distribuidos entre Yumurí, Los Alemanes, Niña Bonita, El Jamal, Las Cuchillas y el resto de las comunidades y campos de Baracoa. Nos bajábamos y los Stewart hacían un culto sencillo a dónde venían muchos niños. Al finalizar esos servicios ellos repartían golosinas, juguetes, ropas y zapatos. Siempre recordaré la muñeca que me regaló la pastora Stewart. Le puse Loreta porque ese era el nombre que tenía el envase en que venía. Lloraba cuando uno la acostaba. Todos los niños alcanzábamos algo. Entiéndase el ambiente de pobreza que existía, lo que resaltaba aquellos acontecimientos.

Hoy podemos entender mejor lo que los Stewart estaban haciendo: ellos no llevaban el mensaje del evangelio solamente; llevaban con ellos el mensaje de la compasión en Cristo, que se duele de la pobreza de la gente, y aquella camioneta llena de cosas la vaciaban con amor entre todas aquellas personas.

Verlin Stewart era un hombre más bien alto. Vestía con sencillez y usaba un pantalón resistente de corduroy cuando iba con nosotros a los campos a predicar. Cuando lo hacía de modo oficial en El Güirito se ponía una camisa blanca de mangas largas. En eso era cuidadoso. Los Stewart eran personas maravillosas, nobles, cariñosas; ella era especialmente tierna. Era una mujer blanca, alta, su pelo era rubio y se lo recogía con trenzas; tenía los ojos azules. Era muy elegante. Realmente cuando la miraba parecía que tenía delante a una artista. Vivían en Niña Bonita, Baracoa, con sus hijitos, en una casa de madera, muy bonita, que estaba pintada de verde y tenía las ventanas blancas.

Recuerdo esos tiempos de mi infancia como los momentos

más felices de mi vida.[310]

El 26 de julio de 1993, el pastor Onelio González, escribe desde Texas a su hermana Marta González, en Holguín, Cuba, contándole:

> … Tenemos una pequeña iglesia hispana que hace un año comenzamos, rentamos una casa para la iglesia y la estamos terminando de arreglar, el grupo, de veinticinco está muy animado, esperamos grandes cosas del Señor.
>
> Yo estoy con los achaques de los sesenta años, ¿pero eso es verdad? ¿Que tengo sesenta años? Oye, si yo hubiera sabido que la vejez dolía tanto no me meto en eso. ¡Qué barbaridad, no tengo un hueso que no me duela! Belkis está igual, ya comenzamos a chuecar como Pedro (…). Bueno el apóstol Pablo dijo que este hombre exterior se va desgastando, pero el interior se renueva de día en día,[311] ya se acercan dos cosas: la venida del Señor y la partida de esta vida, solo que estemos preparados para el glorioso encuentro con nuestro amado Señor, ¡Aleluya!...
>
> … Sigo trabajando en la tienda donde ya hace diez meses que trabajo, el trabajo es duro, pero el Señor me fortalece. Trabajo de noche, pues así tengo la tarde libre para la Obra del Señor, si trabajo de día no me queda tiempo…[312] (Sic.)

---

[310] Biria Legrá Jardines, entrevistada por O. Ríos, Templo "Palabras de Vida" de la Iglesia Evangélica Pentecostal de Cuba (Asambleas de Dios), 1 de enero de 2014, 1:00 AM. Usada con permiso.

[311] "Por tanto, no desmayamos; antes aunque este nuestro hombre exterior se va desgastando, el interior no obstante se renueva de día en día" (II Co. 4:16).

[312] Onelio González, carta a Marta González, 26 de julio de 1993, transcripción de Anelis Socorro. Usada con permiso. Archivos de Historia. Asambleas de Dios. Cuba.

Templo Calvario, Las Cruces, Nuevo México. 1995-1997

El Rev. Onelio González Figueredo pastoreó la Iglesia Templo Calvario, en Las Cruces, Estado de Nuevo México, donde fue posible escucharle entre mayo de 1995 y el 28 de julio de 1997. Esta era una congregación independiente.[313]

Las Cruces es una ciudad ubicada en el condado de Doña Ana en el Estado norteamericano de Nuevo México. En el censo de 2010, tenía una población de 97.618 habitantes y una densidad poblacional de 491,85 personas por km². Es la segunda ciudad más grande del Estado, después de Albuquerque. Se levanta como el centro de una región agrícola regada por el Río Grande, el cual fluye al oeste de la ciudad. Es a un tiempo sede de la Universidad Estatal de Nuevo México y congrega a más de veintitrés mil estudiantes.[314]

Nuevo México, por su parte, es un estado del suroeste de los Estados Unidos de América. Limita al norte con el Estado de Colorado, al noreste con el Estado de Oklahoma, al este y sureste con el Estado de Texas, al suroeste con los Estados de Chihuahua y Sonora (México), al oeste con el Estado de Arizona y al noroeste con el Estado de Utah, siendo uno de los llamados "Estados de las Cuatro Esquinas".[315]

Allí el buscador de almas de los campos de Cuba demostró que lo seguía siendo en las urbes norteamericanas. Pronto alcanza para el Señor a Ron Johnson; este hijo espiritual se convertiría en su mano derecha todo el tiempo que estuvo en esa ciudad. Hasta hoy día persevera en la fe y es diácono de la primera iglesia de las Asambleas de Dios en la ciudad de Las Cruces.[316]

Se encontraba Onelio González acompañado de Ron Johnson, en un restaurante de comida rápida en Nuevo México,

---

[313] Bernabé González González, entrevistado por O. Ríos, vía electrónica, 3 de agosto de 2015, 4:40 PM. Usada con permiso.

[314] Artículo: "Las Cruces", *Wikipedia*, Versión Kiwix 0.9 Rc2.

[315] Artículo: "Nuevo México", *Wikipedia*, Versión Kiwix 0.9 Rc2.

[316] B. González, entrevistado por O. Ríos, vía electrónica, 5 de agosto de 2015, 4:25 PM. Usada con permiso.

en el contexto de su pastorado allí, cuando advirtió que tras él se encontraba en la fila un hombre alto y fornido. Por alguna razón del Espíritu, Onelio le preguntó: "¿Conoces a Jesucristo?" La respuesta fue un desafío lacerante: "¡A usted no le interesa…!" Esta escena dio lugar a un momento de gran tensión, que evolucionó mientras todos hacían sus pedidos.

Johnson se sentó a la mesa, para advertir de pronto que Onelio González no estaba. Al buscarle con la vista descubre con pavor que éste camina fuera del restaurante, rumbo a aquel descortés ser que, a su vez, se preparaba para abordar el auto. Rápido, como pudo, Johnson corrió en dirección a los dos, pensando que todo iba a empeorar. Logró llegar a tiempo, para escuchar a Onelio decirle resueltamente: "A mí sí me interesa saber si conoces a Jesucristo, porque si no lo conoces tu vida no tiene esperanza". En aquel instante que, a Johnson, muy asustado, le pareció un siglo, el hombre se detuvo y escuchó todo lo que Onelio le quiso decir.[317]

De aquellos días difíciles de enculturación y adaptación al modo de vida norteamericano, recuerda Bernabé González los escollos a los que hubo de enfrentarse su padre. Acerca de eso nos cuenta:

> Como mi padre llegó a los Estados Unidos con cierta edad, el aprender a manejar fue un reto. Recuerdo cuando se fue a vivir a la ciudad de Las Cruces, Nuevo México que, andando él una noche por las carreteras aledañas a la ciudad, se incorporó a una autopista y al entrar a la rampa de acceso se dio cuenta que la calle estaba muy oscura y pensó: ¡Qué oscura está esta calle...! Él no se había percatado que las luces del auto habían estado apagadas a lo largo de su trayecto hasta que llegó a ese punto.
>
> Estando en esa misma ciudad se fue a visitar a unos hermanos que vivían en las afueras, en una finca. En ese lugar desértico hay muchos canales por donde se mueve el agua para regar las plantaciones de nueces. Al salir de la casa de los hermanos mi padre tenía que girar en un

---

[317] Bernabé González González, entrevistado por O. Ríos, vía electrónica, 16 de julio de 2015, 1:00 PM. Usada con permiso.

recodo donde le quedaba un canal delante. Como el camino era de tierra, al no tener experiencia manejando, no se percató de que no podía doblar muy de prisa pues el carro podía resbalar en la tierra. Pues efectivamente, al hacer el giro hacia la derecha el auto resbaló y cayó en el canal. Gracia al cielo que ese día el canal había sido vaciado y no tenía agua. Unos veinte minutos más tarde llegaba mi papá a casa de los hermanos, los que muy extrañados por su aparición en la puerta de su casa, le preguntaron qué había sucedido. Allí se rieron un poco con todo el suceso y luego el hermano salió con su camioneta a socorrer al pastor que había caído en el canal. Todo terminó bien con solo algunos rasguños en la pintura del carro. Ellos le animaron para que comprara un auto más nuevo y así sucedió.[318]

El 1 de febrero de 1996, Onelio González escribe a su hermana, Marta González desde Las Cruces, Nuevo México:

> … Estamos pasando unos días de duras pruebas en la iglesia con un grupo de hermanos que se han rebelado contra nosotros y se han ido de la Iglesia y eso nos hace sufrir mucho pues sabemos que eso no le agrada al Señor, pero esta es la señal de los últimos días, la gente quiere un club y no una iglesia, pero la iglesia del Señor tiene que estar concentrada en Su palabra. Creíamos que nos tendríamos que salir de aquí ahora, pero el Señor ha querido que sigamos. La mayoría de los hermanos nos han apoyado y nos hemos quedado aquí, así que estamos orando y les pedimos [que] nos respalden con sus oraciones, este es un momento muy difícil y necesitamos la fortaleza del Señor, Su gracia y sabiduría…[319] (Sic.)

Como si el Señor usara la adversidad ministerial para

---

318 Bernabé González, entrevistado por O. Ríos, vía electrónica, 16 de agosto de 2015, 3:14 PM. Usada con permiso.

319 Onelio González, carta a Marta González, 1 de febrero de 1996, transcripción de Anelis Socorro. Usada con permiso. Archivos de Historia. Asambleas de Dios. Cuba.

orientar los pasos de su siervo, las cosas empeoran en esa sede. El matrimonio González resiste aquellos embates veinte meses más. El 31 de diciembre de 1997, Onelio González escribe, desde Miami, a su hermana Marta González, aquí en Holguín, La Habana:

> ...Quiero contarles una historia de la bondad de Dios para con nosotros en este año que finalizará dentro de pocas horas. El 28 de julio pasado, día del cumpleaños de Eva, fue que se celebraron en Las Cruces, Nuevo México, las elecciones para ratificar nuestro pastorado en ese lugar, cosa que salió todo lo contrario; cuando se dio el resultado de esas elecciones y supimos que teníamos que salir de ese lugar nos quedamos como Abraham, sin saber a dónde ir, pero con un Dios muy grande que tiene el mundo en una mano. Una hermana de la iglesia de Katy, donde habíamos estado pastoreando antes, se enteró de que teníamos que salir de esa iglesia; ella nos llamó y nos dijo que su casa era nuestra casa, que podíamos ir a vivir con ella todo el tiempo que quisiéramos; así que el día 13 de agosto salimos para ese lugar. Cuando llegamos allá pensamos que podíamos trabajar en esa iglesia que habíamos establecido hacía tres años, pero no parecía saludable, habíamos salido de una iglesia con problemas y no pensaba que el Señor nos llevara a un lugar con problemas parecidos; empezamos a orar; había un hombre que habíamos conocido cuando estábamos en esa pequeña ciudad de Katy y que su esposa me había regalado el primer carro que usé en los Estado Unidos, ese hombre había llamado una vez, hacía como un año, yo no pensaba salir de Las Cruces, y él me preguntó que si yo quería volver a Katy a vivir; yo le dije que no que yo estaba pastoreando una Iglesia en Nuevo México. No tomamos su teléfono ni su dirección, así que no tenía manera de comunicarme con él, llegamos a Katy a casa de la hermana que nos había invitado y como sentía que el pastor de la Iglesia no se sentía bien con nosotros allí, procuré el teléfono del americano, lo conseguí y lo llamé. Cuando me oyó me preguntó que si estaba paseando por

Katy, cuando le dije que me había movido definitivamente él me dijo que viniera donde él estaba que tenía casa y trabajo para mí. Belkis y yo hicimos un viaje a su casa y conocimos el lugar, la casa que nos prometía, esa casa que nos prometió era sin pagar renta; él ha pagado la luz desde que estamos con ellos, él comenzó un negocio que es un restaurante de comida rápida y una gasolinera. Belkis y yo vamos a trabajar juntos con él. Ya Belkis comenzó en la cocina y yo voy a freír los pollos y las papas. Un día su esposa fue a visitar su familia, él quedó en casa y lo invitamos a comer con nosotros, ese día nos dijo que estaba orando y que el Señor le dijo: "Tú tienes que cuidar de Belkis y Onelio". Él nos dijo eso llorando, yo le pregunté: "Bob, ¿Tú no crees que nos estás ayudando? Yo creo que sí". Él nos preguntó: "¿Ustedes están enfermos?" Le dijimos que si la vejez no es enfermedad, no. Hemos tomado esto como los hijos que no podemos tener cerca y el Señor nos ha dado esa familia como nuestros hijos; ellos tienen dos niños, uno de siete años y uno de año y medio. Ellos se han apegado con nosotros como si de veras fueran familia. Esa es la bendición que el Señor nos ha dado.[320] (Sic.)

El matrimonio González. Navidades de 1996. Estados Unidos.

[320] Onelio González, carta a Marta González, 31 de diciembre de 1997, transcripción de Anelis Socorro. Usada con permiso. Archivos de Historia. Asambleas de Dios. Cuba.

Grapevine, Texas. 1998-2000

En agosto de 1998 el matrimonio González decide ayudar a un misionero que conocieron en Ecuador, y que se encontraba ministrando a un grupo hispano. La sede de esta Obra quedaba a una hora de distancia en auto. Todos los domingos iban hasta allá para apoyarlo, ya fuese con la predicación y o con los himnos; éstos últimos los dirigía Belkis.[321]

Dicen que el dolor es el altavoz de Dios. El 2 de septiembre de 1998, mientras Onelio González trabajaba, levantando cajas pesadas, sufre un súbito cuadro doloroso en el brazo; sigue trabajando, pensando que era solo una contracción muscular, pero empeora la situación. El dolor crece a límites insoportables y tiene que dejar de trabajar el día 18. El 22 debe ser intervenido. Once puntos en la sutura anuncian la severidad del daño que padeció el músculo y el tendón.[322]

En febrero de 1999, el matrimonio González inicia el pastorado de la Iglesia Aposento Alto, en Grapevine, Texas. Esta era una Iglesia independiente.[323]

Grapevine es una ciudad ubicada en el condado de Tarrant, en el Estado norteamericano de Texas. En el censo de 2010, tenía una población de 46.334 habitantes y una densidad poblacional de 503,17 personas por km². Tiene una superficie total de 92.08 km², de la cual 82.71 km² corresponden a tierra firme y 9.38 km² al agua.[324]

Allí, en El Aposento Alto permanecieron hasta el año 2000, aquel tremendo 2000 en que deberían tomar decisiones que tocarían para bien los destinos de miles de personas...

---

[321] Anelis Socorro Batista, entrevistada por vía electrónica, 14 de agosto de 2015, 6:41 PM. Usada con permiso.

[322] Ibíd.

[323] Bernabé González González, entrevistado por O. Ríos, vía electrónica, 3 de agosto de 2015, 4:40 PM. Usada con permiso.

[324] Artículo: "Grapevine (Texas)", *Wikipedia*, Versión Kiwix 0.9 Rc2.

SU VIDA MISIONERA

El alba de una vida misionera

Grandes resoluciones del corazón

Entre las familias de Rubén hubo grandes resoluciones del corazón.
Jue. 5:15.

Demoran.

Demoran porque implican muertes. Demoran porque algo dentro de nosotros se niega a morir.

La metáfora bíblica análoga para la tal muerte es la cruz: "Si alguno quiere venir en pos de mí, niéguese a sí mismo, tome su cruz cada día, y sígame" (Lu. 9:23). Pablo afirmaba: "Os aseguro, hermanos, por la gloria que de vosotros tengo en nuestro Señor Jesucristo, que cada día muero" (I Co. 15:31).

Kathryn Kuhlman,[325] anciana ya, decía: "Hace mucho tiempo que morí".[326] Después de muchos traspiés, altibajos, crisis, en esos términos se refería a aquella tarde de 1944 en que '*murió*':

> Tuve que tomar una decisión. (…) Yo sabía que no podía servir a Dios y vivir con Míster [Burroughs Waltrip].[327] Nadie conocerá jamás el dolor de la muerte como yo, pues lo amé más que a la misma vida. Y por un tiempo le amé más que a Dios mismo. Finalmente le dije que tenía que marcharme. Dios nunca me había librado de aquel llamamiento original. (…) Cansada, una tarde abandoné el apartamento —era en las afueras de Los Ángeles — y me encontré caminando por una calle bajo la sombra de los árboles. El sol trataba de colarse a través de las grandes ramas que se extendían sobre mí. Al final de la cuadra vi un letrero que decía simplemente: "Final de la Calle". Hubo un dolor en mi corazón, un dolor tal que imposible

---

325 Ver al final: Control de nombres.

326 Benny Hinn, *La Unción*, p. 179.

327 Esta unión era adúltera. (Ver Ibíd., p. 65.)

ponerlo en palabras. Si alguien piensa que es fácil ir hasta la cruz, es solo porque nunca ha estado allí. (...) Solo sabía que eran las cuatro de la tarde de un sábado y que había llegado a un punto en mi vida donde estaba lista para rendirlo todo —hasta a Míster — y morir. Lo dije en voz alta: "Querido Jesús, te lo doy todo. Te lo entrego a ti. Toma mi cuerpo. Toma mi corazón. Todo lo que soy es tuyo. Lo pongo en tus maravillosas manos".[328, 329]

Son las grandes resoluciones del corazón.

Desde que Onelio González llegó a los Estados Unidos, destino final más común del emigrado cubano, solo ha tenido tropiezos y frustraciones. Se vio obligado a trabajar arduamente, restando al ministerio la consiguiente eficacia, tuvo que enfrentar un duro rechazo en Las Cruces, Texas; ahora accidentes, operaciones... el pudor familiar solo nos muestra la punta del iceberg, pero Bernabé González hace una valiente confesión:

Los años de mi padre en los Estados Unidos, aunque con todo el deseo de servir a Dios en cualquier lugar, fueron años muy difíciles, llenos de diversas pruebas que de manera personal creo que vinieron sobre su vida por no estar en el perfecto propósito de Dios para él. Nunca conversé esto directamente con él, pero al pasar el tiempo he podido ver como Dios le fue poniendo en condiciones de gran estrechez para que él tomara la decisión de ir a donde Dios le necesitaba.[330]

"El lugar más seguro para alguien es el centro de la voluntad de Dios, no importa lo que pueda implicar", declararon Alva y Luisa Walker, Administrador y Profesora del Instituto Bíblico Pentecostal de Manacas, Las Villas, Cuba, en 1961, dejando un memorable impacto en los que les

---

[328] Ibíd., pp. 65, 66.
[329] Jaime Buckingham, *Hija del Destino*, p. 78.
[330] Bernabé González González, entrevistado por O. Ríos, vía electrónica, 3 de agosto de 2015, 4:40 PM. Usada con permiso.

escuchaban.[331] En los Estados Unidos, Onelio disfrutaba el obvio confort que allí se encuentra. Pero algo faltaba...

Onelio se remontó en lejana remembranza hasta llegar al día en que leyó *Portales de Esplendor*, de Elisabeth Elliot. Recordó su oración en Manacas, aquel 1958: "Señor, si algún día me sacas de Cuba, quiero que me envíes a Ecuador a trabajar con esos indígenas".[332, 333] Visitó a una de las viudas de los misioneros norteamericanos muertos, a manos de los indios huaoraníes en 1956...[334]

Es en este contexto que tiene lugar en los Estados Unidos, una reunión en la que fueron convocados descendientes de aquellos misioneros muertos y de los indígenas que perpetraron los hechos. Fue allí que, al escucharlos y ser testigo de aquellas vívidas escenas de confesión, historia, perdón y amor en Cristo, Onelio sintió que su vida estaba llegando a un punto de inflexión. Así lo diría: "En aquel instante supremo sentí alas en el corazón, y volviéndome a mi esposa le dije: 'Nos vamos a la selva del Ecuador'".[335]

Costaría a esta abnegada esposa la decisión de ir un día a la selva, pero, siguiendo los cauces de Dios para la vida de aquel que fue escogido como guía de su hogar, a Ecuador le siguió.

El 3 de abril de 1999, en un lenguaje prospectivo, que anuncia un cambio definitivo en los derroteros ministeriales, Onelio González escribe desde Grapervine, Texas, a su hermana Marta González, en Holguín:

> ... Pensamos ir en diciembre al Ecuador, creemos que ese es el campo donde Dios nos envió cuando salimos de

---

[331] Alva y Luisa Walker, "Foreing Missions, Inside Cuba", *The Pentecostal Evangel*, 15 de enero de 1961, p. 18.

[332] Bernabé González González, entrevistado por O. Ríos, vía electrónica, 2 de agosto de 2015, 2:35 PM. Usada con permiso.

[333] Herminio Pupo González, entrevistado por O. Ríos, vía electrónica, 1 de agosto de 2015, 7:00 PM. Usada con permiso.

[334] B. González, entrevistado por O. Ríos, vía electrónica, 2 de agosto de 2015, 2:35 PM. Usada con permiso.

[335] René Figueredo, entrevistado por O. Ríos, vía telefónica, 18 de julio de 2015, 9.00 PM. Usada con permiso.

Cuba, era lo que le había pedido al Señor cuando estaba en el seminario…

… Desde el mes de febrero estamos pastoreando una Iglesia que se llama "Aposento Alto". Ellos quieren que nos quedemos, pero como vamos al Ecuador no nos hemos comprometido con ellos. Ya tenemos una familia de siete y una muchacha soltera que han venido desde que estamos ayudando. ¡Gloria al Señor!... [336]

Tiene entonces lugar una emotiva despedida. No solo Onelio González estaba diciendo adiós a su ministerio en El Aposento Alto, en Grapevine, Texas, también estaba diciendo adiós al ministerio pastoral en los Estados Unidos. Bernabé González, entre sus recuerdos, confiesa:

Puedo decir que escucharle a él predicar en la Iglesia Aposento Alto el día de su despedida fue algo muy emotivo para mí pues su prédica fue basada en la despedida del apóstol Pablo en Mileto. Fue algo muy impactante para mí en lo personal y para la Iglesia la cual llegó a apreciar mucho el ministerio de mi padre en el año y medio que estuvo con ellos. Fue una mañana de muchas lágrimas.[337]

A principios del año 2000, Onelio González llegó a Ecuador con un llamamiento claro y una visión bien establecida de trabajar con los indígenas de la Amazonía. A su llegada —muy oportunamente— estaba teniendo lugar la Convención Nacional de las Asambleas de Dios de Ecuador. Es así que tuvo la oportunidad de dirigirse al cuerpo ministerial haciéndoles conocer los propósitos que le movían para estar allí. Pidió a un tiempo el concurso de alguien que le ayudase a dar los primeros pasos. Un misionero norteamericano que

---

336 Onelio González, carta a Marta González, 26 de julio de 1993, transcripción de Anelis Socorro. Usada con permiso. Archivos de Historia. Asambleas de Dios. Cuba.

337 Bernabé González González, entrevistado por O. Ríos, vía electrónica, 3 de agosto de 2015, 4:40 PM. Usada con permiso.

llevaba años trabajando en el Ecuador, llamado Timothy Anderson se le acercó y le dijo: "Hermano Onelio, estaba esperando a alguien como usted para que me asista en la Obra que hacemos en la selva". El hermano Anderson estaba encargado del ministerio Teen Challenge Ministry, y no podía dedicarse al trabajo en la selva a tiempo completo; sintió, por ende, que acababa de encontrar a la persona que se haría cargo de continuar llevando el evangelio a los indios shuar de la selva amazónica.[338]

El 4 de abril de 2000, desde Lauderhill, Onelio González escribe a su hermana Marta González, en Holguín:

> Querida, te diré que tuvimos que regresar del Ecuador para obtener la visa de misioneros que necesitábamos para poder estar (...) por tiempo indefinido, pues como nos fuimos con una visa de turistas, no nos quisieron cambiar el *status* de visa estando en el territorio nacional y tuvimos que venir a los Estados Unidos para hacer el cambio de visa... Ya tenemos la visa de misioneros por un año (...), esta visa es renovable cada año pero lo podemos hacer en el Ecuador, aunque como no tengo la ciudadanía todavía tenemos que viajar cada año para no perder la residencia, es un gasto bastante grande pero si pierdo la residencia, después va a ser un problema poder entrar en los Estados Unidos.
>
> ...Yo voy a trabajar en una escuela para indígenas que está fuera de la ciudad de Quito, es en otra provincia, pero voy a pasar diez días en ese lugar y veinte en nuestra casa. Belkis va a trabajar en una casa para mujeres abusadas y madres solteras, así que necesitamos que oren mucho por nosotros, pues este trabajo es fuerte. Lo que me ha dado paz en todo esto es que cuando salimos para el Ecuador yo le dije a Belkis que yo llevaba la visión de trabajar dentro de los indígenas y cuando le dije esto al misionero que me habló de este trabajo, él me dijo: "Tú eres la respuesta a nuestra oración", así que creemos que esto es de Dios.

[338] Bernabé González, entrevistado por O. Ríos, 16 de julio de 2015, 1:00 PM. Usada con permiso.

> Belkis me había dicho que ella no sentía trabajar más en el pastorado sino ayudar a gente necesitada y esta es la posibilidad para trabajar dentro de gente verdaderamente necesitada, así que vamos felices a hacer la Obra del Señor…[339] (Sic.)

Regresa a Ecuador y entra Onelio González a la selva. De este trabajo inicial y del choque cultural inevitable, dan fe sus palabras, escritas el 4 de noviembre de 2000, mientras se encontraba en Miami otra vez, completando trámites relacionados con la adquisición de la ciudadanía norteamericana, la cual consiguió tener.[340] En esta misiva escrita por Onelio González a su hermana Marta González, en Holguín, le relata:

> …Del trabajo que estamos haciendo te puedo contar que yo estoy viajando a la selva una semana cada fin de mes y atiendo a un grupo en la ciudad de Quito. El ministerio de las mujeres como te había dicho no se ha consumado todavía. Belkis tiene dos células de hogar, una en el lugar donde vivimos y otra en Quito. Ella no ha sentido ir a la selva conmigo, como allá hay que comer monos y toda clase de animales de la selva ella dice que no ha sentido ese llamamiento. El trabajo de la selva es duro, pero uno siente la bendición del Señor al ayudar a gente tan pobre y necesitada como esa gente. Yo ayudo a un misionero que me pidió mi ayuda con los indígenas y trabajo en dos lugares diferentes dentro de la selva. Hago un viaje de cinco horas por carretera y llego a un pueblo donde paso la noche y al día siguiente me recoge una avioneta que me lleva a la selva, llego al primer lugar donde paso tres días y la avioneta vuelve a buscarme y me lleva al segundo lugar donde paso el resto de la semana para estar un fin de semana en cada lugar (…). Comienzo la semana en uno de

---

339 Onelio González, carta a Marta González, 4 de abril de 2000, transcripción de Anelis Socorro. Usada con permiso. Archivos de Historia. Asambleas de Dios. Cuba.

340 René Figueredo, entrevistado por O. Ríos, vía telefónica, 18 de julio de 2015, 9.00 PM. Usada con permiso.

los dos lugares y el viaje siguiente lo hago en el otro lugar para pasar un domingo con cada uno, en la selva lo mismo da lunes que domingo, para ellos es igual...[341] (Sic.)

La Amazonía ecuatoriana

Su flora y fauna

La más impresionante y grandiosa de las formaciones vegetales es la selva, a la que también llaman bosque tropical húmedo o ecuatorial.[342] Muchos supimos por primera vez del tema leyendo las novelas de Salgari.[343] El célebre escritor italiano de aventuras juveniles compone y recompone las escenas de *El Corsario Negro* en la selva amazónica, a la que hace desbordar de formidables y feroces enemigos: pumas[344] de garras agudísimas, con las que trepaban la dimensión de cualquier altura; no importa cuánto se eleve el árbol donde estaba su presa, allí llegaban.[345] Sigiloso y emboscado, aguardaba el temible jaguar de tierras bajas y húmedas, el más peligroso carnicero de las selvas americanas, "más temible que el puma y más sanguinario que el oso gris de las Montañas Rocosas";[346] circundaban tigrillos y ocelotes; manadas de pájaros se levantaban anunciando la cercanía de la ciénaga, donde había que cuidarse porque allí estaban los predios del caimán; indios hostiles por doquier, arco y flecha, cerbatana de dardos envenenados... Era la selva de las aventuras, y Salgari, magistralmente, llevaba al lector a pensar acerca de qué

---

341 Onelio González, carta a Marta González, 8 de noviembre de 2000, transcripción de Anelis Socorro. Usada con permiso. Archivos de Historia. Asambleas de Dios. Cuba.

342 Departamento de Geografía de la Dirección de Enseñanza Secundaria del Ministerio de Educación, *Geografía Física*, p. 258.

343 Emilio Salgari (1862-1911) Escritor y periodista italiano; célebre por sus novelas de aventuras juveniles que lanzaron al mundo a personajes como Sandokán o el Corsario Negro. (Artículo: "Emilio Salgari", Wikipedia portátil-2014, Versión Kiwix 0.9 Rc2.)

344 El puma es también llamado por los hispanoamericanos mizgli o león americano. (Emilio Salgari, *El Corsario Negro*, p. 153.)

345 Emilio Salgari, *El Corsario Negro*, p. 153.

346 Ibíd., p. 159.

enemigo era más hostil, si aquel que perseguían en la persona del Duque de Wan Guld, aristócrata flamenco al servicio de España, o la selva que atravesaban.

A más de cien años de aquellos días la selva amazónica sigue siendo la selva amazónica, y esta no es una afirmación tautológica sino enfática. La Amazonía, como suele llamársele, es una región inmensa de la parte central y septentrional de América del Sur y comprende la selva tropical de la cuenca del Amazonas. Es el bosque tropical más extenso del mundo; tiene seis millones de kilómetros cuadrados repartidos entre ocho países: Brasil, Perú, Colombia, Bolivia, Ecuador, Guyana, Venezuela y Surinam.[347] Se desarrolla alrededor del río Amazonas. Esta arteria hídrica se levanta como el río más caudaloso del mundo; desafía al Nilo de Egipto, al Yangtsé de China y al Mississippi de los Estados Unidos, juntos los tres; generoso prodiga al planeta la quinta parte del agua dulce corriente. Su cuenca hidrográfica tiene 7.05 millones de kilómetros cuadrados. Hace un impresionante recorrido de 6.450 kilómetros y en temporada húmeda, en algunas zonas, puede alcanzar cuarenta y ocho kilómetros de ancho.[348] Muchos le llaman el río-mar. El volumen de agua que lleva al océano Atlántico es enorme y promedia anualmente 230.000 m^3/s, llegando a 300.000 m^3/s en la temporada lluviosa. Esa agua es sorprendentemente potable mar adentro, aún a una distancia en la cual la costa ya no es visible. La salinidad del océano es notablemente inferior en un radio de varios miles de kilómetros alrededor de aquel punto de su desembocadura.[349]

El río Amazonas es el sustento y la vida de la selva, que le rinde tributo en derredor, y en cuyo seno se ordena el equilibrio de toda la flora y la fauna de la selva intertropical húmeda americana, de vegetación tupida y exuberante, siempre verde, favorecida por la humedad y la alta temperatura, a cuya complicidad se debe un permanente proceso de crecimiento activo de los árboles que se disputan increíblemente cada centímetro de tierra para elevarse, con la noble meta de

---

[347] Artículo: “Amazonia”, *Wikipedia*, Versión Kiwix 0.9 Rc2.
[348] Departamento de Geografía, *Geografía Física*, p. 238.
[349] Artículo: “Río Amazonas”, *Wikipedia*, Versión Kiwix 0.9 Rc2.

encontrar el sol, a cincuenta metros de altura.[350]

Bajo esa extraordinaria frondosidad, convive la mayor diversidad genérica del mundo animal. Su fauna, en orden a su riqueza, ha hecho incompleta la clasificación actual; ésta exhibe desde cuatrocientas especies de mariposas hasta grandes mamíferos como el jaguar, el puma, el tapir y varias especies de venados. En sus árboles trepan, como animados acróbatas, el 20% de las especies de primates del planeta; reptiles como tortugas, caimanes, babillas y serpientes; anfibios como ranas, sapos, tritones y salamandras; mil setecientas especies de aves con todo un caleidoscopio de colores en sus plumajes, que guacamayos y tucanes muestran orgullosas, cuando vuelan por sus aires, a las tres mil especies de peces que nadan en las aguas dulces de sus ríos y lagos. Es que también la Amazonía provee la mayor cantidad de especies piscícolas que pueblan los comercios y acuarios de todo el mundo, lo que llevó al oceanógrafo francés Jacques-Yves Cousteau[351] a decir, emocionado, que hay más especies de peces en el Amazonas que en el océano Atlántico.[352]

Si logras apartar las lianas y enredaderas que te cierran el paso, podrás ver florecer en sus lagunas la Victoria Regia; Dios lo hizo como el más grande de todos los lirios de agua, como nenúfar de hojas circulares destinadas a asombrarte cuando las veas cubrir, flotando, un metro de diámetro, a veces cinco.[353]

La selva Amazónica es una de las ecorregiones con mayor biodiversidad en el mundo. El 11 de noviembre de 2011

---

[350] Departamento de Geografía, *Geografía Física*, p. 258.

[351] Jacques-Yves Cousteau (1910-1997). Oficial naval francés, explorador e investigador. Estudió el mar y sus formas de vida. Se le recuerda por haber sido junto a Émile Gagnan, en 1943, inventor de los reguladores utilizados todavía en el buceo autónomo. Fue además fotógrafo y cinematógrafo subacuático y el primero en popularizar las películas submarinas, rodadas durante sus exploraciones a bordo de su buque Calypso. Éstas han sido presentadas por televisión durante años, haciendo de Cousteau el más célebre de los divulgadores del mundo submarino. (Artículo: "Jacques-Yves Cousteau", *Wikipedia*, Versión Kiwix 0.9 Rc2.)

[352] Artículo: "Río Amazonas", *Wikipedia*, Versión Kiwix 0.9 Rc2.

[353] Ibíd.

fue declarada como una de las siete maravillas naturales del mundo.[354]

Su gente

Innumerables comunidades indígenas han poblado la inmensa selva Amazónica. Ya tenían historia cuando los colonizadores españoles y portugueses llegaron. Se pierde en los mares insondables del pasado aquel instante supremo cuando el primer hombre llegó, cruzando el canal de Bering, extendido en sus ochenta y dos kilómetros de frías aguas.[355]

El verdadero descubrimiento de América

Quiero pensar que fue un siberiano...

Le precedieron tal vez cientos de ellos que nunca llegaron. Movidos a una por el instinto expansivo de los humanos, buscaban puertos nuevos, y sus delgadas piraguas eran asiento seguro solo durante el corto tiempo en que los golpes de agua le permitían flotar. Carentes de brújulas, astrolabios, sextantes, toda la orientación dependería de discernir entre los rumbos de las aves viajeras, el movimiento de las manchas de peces y los sutiles instintos marinos, aguzados a fuerza de estudiar el color del mar.

Muchos perecieron, hasta un día...; aquel en que sorprendido por la vista de una costa que se insinuaba, aquel navegante arreció el movimiento de su remo, hasta el instante supremo en que su canoa encalló. Anduvo vagando rumbo sur los hielos de Alaska y llegando a tierra verde, quedaría deslumbrado por los acantilados que precipitaban desde sí cascadas de ignotos ríos, a cuyas orillas se humedecían jardines de flores naturales. Tocaría con sus manos la tierra nueva, e inclinado sobre ella, daría gracias...

En aquel siberiano, asombrado y agradecido, estuvo el verdadero descubrimiento de América.

---

[354] Ibíd.

[355] Artículo: "Estrecho de Bering", *Wikipedia*, Versión Kiwix 0.9 Rc2.

Sus comunidades

Se extenderían en el inmenso Nuevo Mundo y, a la par que crecían, se aislaban cientos de años del mundo civilizado, del papel, la tela, aun los incas de la rueda y la escritura,[356] y todos del evangelio...

Crecieron sus pueblos en la barbarie; los españoles, que eran difíciles de impresionar, se escandalizarían a su llegada con los sacrificios humanos y la antropofagia.[357] Un abismo cultural, difícil de zanjear dividiría a los dos mundos. Con los siglos las culturas indígenas que se insertaron en las ciudades y bajo la influencia colonizadora asimilaron la cultura occidental, pero aquellas que permanecieron en las selvas, conservaron todos los matices de su penoso atraso.

Ecuador, eco de aquellos tiempos ancestrales y blanco del accionar misionero de Onelio González Figueredo, se comporta hoy día como un estado pluricultural y multiétnico, donde conviven las comunidades indígenas:

- Shuar. Son el pueblo amazónico más numeroso; lo integran unas ochenta mil personas. Habitan las selvas de Ecuador y Perú. Se extienden por las estribaciones de la cordillera hacia el oeste hasta las cuencas de los ríos Pastaza, Upano, Zamora y parte de los tributarios del Morona. En 1490 rechazaron a los incas y en 1549 hicieron fracasar las primeras incursiones españolas. En 1599 los Shuar, dirigidos por Kirup, expulsaron definitivamente de su territorio a los españoles, quienes les dieron el nombre de jíbaros como sinónimo de salvajes, porque después de matar a sus enemigos practicaban el ritual del tzantza, consistente en cortar y reducir la cabeza. Este místico procedimiento momificaba y conservaba las cabezas de los enemigos como talismán y trofeo de guerra.[358, 359] Los

---

356 Tomás Eloy Martínez, "Entrevista a José Lezama Lima", Ver en: Ciro Bianchi Ross, *Así hablaba Lezama Lima*, p. 52.

357 Artículo: "Sacrificios humanos en la época precolombina", *Wikipedia*, Versión Kiwix 0.9 Rc2.

358 Artículo: "Shuar", *Wikipedia*, Versión Kiwix 0.9 Rc2.

359 Artículo: "Tzantza", *Wikipedia*, Versión Kiwix 0.9 Rc2.

Shuar creían en la existencia de tres espíritus fundamentales: Wakani, éste lo consideraban innato del ser humano, por lo que sobrevivía a su muerte; Arutam, literalmente significa visión o poder, y protegía a los humanos de una muerte violenta y Mésak, espíritu vengativo, emerge cuando una persona portadora del espíritu Arutam es asesinada. La práctica de la reducción de cabezas se realizaba para bloquear los poderes de este último espíritu. Muchas cabezas se utilizaron posteriormente en las ceremonias religiosas y las fiestas que celebraban las victorias de la tribu.[360]

- Achuar. Tribu perteneciente a la familia jivaroana como los Shuar, Shiwiar, Awajunt y Wampis (Perú). Asentados en las riberas del río Pastaza, Huasaga y en las fronteras entre Ecuador y Perú; el vocablo Achuar tiene su origen en el nombre de las grandes palmeras Achu (Mauritia flexuosa) que existen en los diversos pantanos de su territorio. Fueron guerreros temidos por los Shuar. En 1982 lingüistas japoneses quedaron asombrados al escuchar grabaciones de conversaciones achuar y percatarse de que hablaban el 30% de una lengua extinta de la isla de Okinawa, Japón. Sus costumbres son casi similares a los de los Shuar pero difieren en cuanto a la forma de practicarlos. A pesar de la creciente colonización en la Amazonía ecuatoriana siguen sus costumbres ancestrales como la práctica de la poligamia, la pintura de guerra, el discurso de guerra, y la tradicional toma de guayusa (Wayus), las visitas y las alianzas. Su forma de vestir ha sido sustituida por la vestimenta occidental. Los ancianos usan todavía el tradicional Itip y llevan el pelo largo, adornado con la tradicional corona de plumas de vistosos colores llamada Tawasap.[361]
- Huaorani. También llamados sabela, auishiri, auca y huao, habitan al noroccidente de la Amazonía, al oriente de Ecuador. Por siglos han defendido su territorio de incursiones tribales y coloniales. Actualmente están

---

[360] Ibíd.

[361] Artículo: "Ashuar", Ibíd.

amenazado por la exploración petrolífera y las prácticas ilegales del registro de tierras. Tienen un gran conocimiento de las plantas y una de sus habilidades más notables es la extracción de curare, neurotoxina potente que usan en dardos de cerbatanas, con destino a la caza y la guerra. Para la cosmovisión huaorani no hay distinción entre el mundo físico y espiritual y los espíritus están presente a través del mundo. Creen que alguna vez el mundo entero era un bosque ömë. La selva es la base esencial de su supervivencia física y cultural. Para ellos, el bosque es la casa, mientras que el mundo exterior es inseguro: El vivir en el bosque ofrece la protección contra la brujería y los ataques de la gente vecina. Al respecto dicen: "los ríos y los árboles son nuestra vida". El bosque teje la tela de la vida y de los conceptos de cada huaorani acerca del mundo.[362]

- Chachi
- Epera
- Kichwa
- Siona
- Secoya
- Awa
- Tsáchila y Cofán
- Zápara[363]

El esfuerzo de las misiones cristianas por alcanzarlas ha dejado huellas profundas en la historia.

Operación Auca

Antecedentes

Operación Auca; parece un nombre militar. De cierta forma lo era la acometida que se proponían. Suponía la penetración misionera en una de las tribus más hostiles de la Amazonía: la temible comunidad indígena huaorani, también

---

362 Artículo: "Huaorani", *Wikipedia*, Versión Kiwix 0.9 Rc2.
363 Artículo: "Indígenas en Ecuador", *Wikipedia*, Versión Kiwix 0.9 Rc2.

conocida como Auca; de ahí el nombre de la Operación.[364] Esta acción se planeó para llevarse a efecto entre 1955 y 1956, por los misioneros evangélicos norteamericanos:

- Philip James "Jim" Elliot (1927-1956).[365]
- Peter Sillence Fleming (1928-1956).[366]
- Edward "Ed" McCully (1927 -1956).[367]
- Natanael "Nate" Saint (1923-1956).[368]
- Roger Youderian (1924-1956).[369]

Jim Elliot supo de esta comunidad indígena en 1950, a través de un misionero que había estado en Ecuador. Las historias recogidas de aquellas incursiones le llevaron a una experiencia con Dios, y un sentir misionero se despertó. Es así que escribió a su amigo Peter Sillence Fleming expresándole su deseo inicial de servir como ministro evangélico en Ecuador y en 1952 se les ve a los dos partir hacia Guayaquil, como misioneros de "Hermanos de Plymouth".[370]

Vivieron seis meses en Quito aprendiendo español y posteriormente se mudaron a Shandia, población de mayoría quechua ubicada dentro de la selva ecuatoriana. Trabajaron allí

---

[364] Artículo: "Operación Auca", *Wikipedia*, Versión Kiwix 0.9 Rc2.
[365] Artículo: "Jim Elliot", *Wikipedia*, Versión Kiwix 0.9 Rc2.
[366] Artículo: "Peter Fleming", *Wikipedia*, Versión Kiwix 0.9 Rc2.
[367] Artículo: "Ed McCully", *Wikipedia*, Versión Kiwix 0.9 Rc2.
[368] Artículo: "Nate Saint", *Wikipedia*, Versión Kiwix 0.9 Rc2.
[369] Artículo: "Roger Youderian", *Wikipedia*, Versión Kiwix 0.9 Rc2.
[370] Hermanos de Plymouth, o simplemente Los Hermanos, fueron los nombres con que se conoció a un conjunto de grupos cristianos independientes que practicaban una misma doctrina, constituyéndose en un movimiento diferenciado de las distintas denominaciones de la época. Surgieron en Irlanda a comienzos del siglo XIX, como reacción en contra de la división creciente que se daba en la iglesia cristiana. Se les llamó Hermanos de Plymouth debido a que en esta ciudad inglesa alcanzaron su mayor desarrollo. Se caracterizaron por la unidad, la ausencia de un líder único que ostentara el título de pastor, el amor fraternal entre todos los creyentes en Cristo, el estudio de la Palabra de Dios y el evangelismo, con el objetivo de expresar una unidad cristiana visible y poner en práctica los principios que guiaban la iglesia primitiva. (Artículo: "Hermanos de Plymouth", *Wikipedia*, Versión Kiwix 0.9 Rc2.)

bajo la supervisión de Wilfred Tidmarsh, misionero de la Mission Aviation Fellowship, familiarizándose con la cultura y la lengua nativa.[371]

Jim Elliot

Edward McCully, amigo de Jim Elliot desde los tiempos en que ambos asistían al Wheaton College en Illinois, casado tras su graduación con Marilou Hobolth e inscrito en un programa de tratamiento médico básico de un año en la School of Missionary Medicine, en Los Ángeles, se mudó a Quito con su familia el 10 de diciembre de 1952. Llegaban también como misioneros de los "Hermanos de Plymouth", y tenían la intención final de unirse a Philip James Elliot y Peter Sillence Fleming, en Shandia. En 1953, Shandia fue devastada por una inundación, razón por la cual tuvo que retrasar su viaje hasta septiembre de ese mismo año.[372]

Aquel que sería piloto del equipo, Nate Saint, había participado en la Segunda Guerra Mundial y tenía entrenamiento de vuelo como miembro del cuerpo aéreo del Ejército de los Estados Unidos. Tras ser desmovilizado en 1946, estudió en el Wheaton College, abandonó la carrera y en 1948 hizo un curso para unirse a la Mission Aviation Fellowship (MAF). Junto con su esposa Marj, viajó a Ecuador hacia finales de ese año, y ambos se establecieron en las oficinas centrales de la MAF en Shell Mera. Poco después de su llegada, Saint empezó a transportar provisiones y equipos a los misioneros dispersos por toda la selva. Este trabajo fue el que lo llevó a conocer a los otros cuatro misioneros a los que uniría sus fuerzas en la Operación Auca.[373]

El último miembro del equipo, Roger Youderian, misionero de treinta y dos años, estaba trabajando en Ecuador desde 1953. Bajo la dirección de la Gospel Missionary Union,

---

371 Ibíd.
372 Ibíd.
373 Ibíd.

junto a su esposa Barbara y su hija Beth se estableció en Macuma, sur de la selva ecuatoriana, donde trabajó en la evangelización de los shuar, aprendiendo su lengua y transcribiéndola. Tras trabajar con ellos durante un año, Youderian y su familia empezaron a evangelizar a los achuar. Colaboró con Nate Saint para proveerle suministros médicos importantes, pero después de un tiempo, sintiendo que sus esfuerzos eran infructuosos y algo deprimido, consideró la posibilidad de regresar a los Estados Unidos. Fue durante ese tiempo que Natanael Saint le propuso unirse a su equipo para estudiar el alcance evangélico a los huaorani. Roger Youderian aceptó.[374]

Contexto

En 1955 los huaorani eran una tribu pequeña, integrada por cerca de seiscientas personas, distribuidas en el oriente ecuatoriano entre los ríos Napo y Curaray; esto comprendía un área de unos veinte mil kilómetros cuadrados. La tribu estaba dividida en tres grupos, con manifiesta hostilidad entre sí: los Geketaidi, los Baïidi, y los Wepeidi. Se dedicaban a la recolección y cultivo de plantas como la yuca y el plátano; pescaban y cazaban con lanzas y cerbatanas. El clan familiar consistía de un hombre, con su esposa o esposas, hijos solteros, hijas casadas, yernos y nietos. Todos residían en una vivienda comunal, separada por varios kilómetros de otra vivienda similar, de parientes cercanos. Los matrimonios siempre eran endógamos, usualmente entre primos, y arreglados por los padres de los jóvenes.[375]

Antes de su primer contacto pacífico con forasteros —a los que llamaban cowodi— en 1958, los huaorani defendían ferozmente su territorio. Viendo a todos los cowodi como caníbales, a inicios del siglo XX asesinaron extractores de caucho y en los años cuarenta a empleados de la Royal Dutch Shell; cualquier forastero que ingresara en sus territorios corría el peligro de morir. Manifestaban una gran tendencia hacia la

---

[374] Ibíd.
[375] Ibíd.

violencia aun dentro de la propia tribu, asesinando frecuentemente por venganza a otros huaorani. Violentas incursiones de grupos de hombres atacaban viviendas comunales de aquellos elegidos como víctimas; usaban la noche y luego huían. A pesar de que se realizaban intentos de tregua frecuentemente a través de regalos y de intercambios de esposas, el ciclo de violencia se hacía perenne; la población huaorani demográficamente disminuía y las tribus se fragmentaban.[376]

La Operación Auca

Es este el contexto de la Operación Auca. Su primera etapa tuvo lugar en septiembre de 1955. Natanael Saint, Edward McCully, Philip James Elliot y su compañero misionero Johnny Keenan decidieron iniciar el contacto con los huaoraníes y empezaron a hacer intentos para localizarlos desde el aire. A fines de mes ya habían identificado algunos claros en la selva. Mientras tanto, Philip James Elliot aprendía algunas frases en huaorani a través de Dayuma, una joven huaorani que abandonó su tribu y se hizo amiga de Rachel Saint, misionera y hermana de Nate Saint. Los misioneros esperaban que, mediante el intercambio regular de regalos y la comunicación en su lengua, podrían crear una atmósfera de amistad ante los ojos de aquella tribu hostil.[377]

En vista de la dificultad y riesgo que implicaba contactar a los huaorani por tierra, los misioneros decidieron lanzar paquetes con regalos desde el aeroplano. La técnica que utilizó Nate Saint, consistía en volar cerca del lugar de entrega en pequeños círculos concéntricos mientras se acercaba el regalo desde el avión a tierra por medio de una soga. Esto, en una buena medida, mantenía el bulto en la misma posición a medida que se acercaba al suelo. El jueves 6 de octubre de 1955 hicieron la primera entrega, soltando una pequeña olla que contenía botones y sal de roca. La incursión con la entrega de regalos continuó durante las siguientes semanas; machetes,

[376] Ibíd.
[377] Ibíd.

lazos, ropas, vasijas y varios dijes, formaban parte de las bendiciones que dejaban caer.[378]

Tras varias visitas a aquella locación, que los misioneros comenzaron a llamar "Terminal City", los huaorani comenzaron a expresar cierta empatía hacia sus visitantes aéreos, hasta el punto de que en noviembre les empezaron a atar regalos en la soga donde los misioneros les hacían descender presentes. A través de un altavoz los misioneros les hacían oír pequeñas frases en huaorani.[379]

Los misioneros consideraron el intercambio de regalos un gesto positivo de amistad y entendieron que era la hora de tocar tierra. Nate Saint localizó un espacio prolongado de tierra despejada de ciento ochenta metros a través del río Curaray, a siete kilómetros de Terminal City y decidieron usarla como pista de aterrizaje, despegue y campamento. Le llamaron "Palm Beach".[380]

Hasta este momento Peter Sillence Fleming no se había decidido a participar y Roger Youderian seguía trabajando más al sur de la selva. El 23 de diciembre, los Fleming, Nate Saint, Philip James Elliot y Edward McCully, elaboraron un plan para aterrizar en Palm Beach y construir un campamento; esta acción estaba prevista para el martes 3 de enero de 1956. Acordaron llevar armas que solo usarían persuasivamente con disparos al aire si había un enfrentamiento peligroso; construyeron una especie de casa de árbol que podía ser montada al llegar y juntaron regalos, equipos de primeros auxilios y escritos sobre la lengua huaorani, entre otras cosas.[381]

En la víspera del lunes 2 de enero llegó Roger Youderian; Peter Sillence Fleming a un tiempo, confirmó su participación, así que los cinco se reunieron en Arajuno para preparar su salida al día siguiente. Tras un pequeño problema mecánico con el avión, Nate Saint y Edward McCully despegaron a las 8:02 horas del martes 3 de enero y aterrizaron con éxito en la playa, junto al río Curaray. Nate Saint regresó y

---

[378] Ibíd.
[379] Ibíd.
[380] Ibíd.
[381] Ibíd.

luego de trasladar a James Elliot y Roger Youderian al campamento realizó algunos vuelos más, transportando equipos. Al finalizar, voló sobre el asentamiento huaorani, y usando un altavoz, les pidió que visitasen el campamento de los misioneros. Luego regresó a Arajuno, y al día siguiente, él y Peter Sillence Fleming partieron en avión hacia Palm Beach.[382]

El viernes 6 de enero de 1956, después de pasar varios días esperando y gritando frases básicas en huaorani, llegaron los primeros visitantes; se trataba de un hombre joven y dos mujeres; éstos aparecieron en el banco opuesto del río alrededor de las 11:15 horas. La más joven de las dos mujeres había ido en contra de la voluntad de su familia, y el hombre, llamado Nankiwi, enamorado de ella, le siguió. La mujer mayor, con unos treinta años, venía acompañando a la pareja.[383]

Los misioneros les agasajaron con varios regalos, que incluían un modelo de avión a escala; los visitantes pronto se sintieron a gusto y comenzaron a hablar libremente, sin advertir el rudimentario manejo de su idioma por parte de los misioneros. Nankiwi, a quien los misioneros apodaron George, mostró interés en el avión que les había transportado, de modo que Saint lo subió consigo a bordo. Al principio volaron alrededor del campamento, pero Nankiwi parecía estar ansioso por realizar un segundo viaje, así que volaron hacia Terminal City. Al llegar a un claro familiar en la selva, Nankiwi reconoció a sus vecinos, y sacando parte de su cuerpo del avión, empezó a saludar y gritar festivamente.[384]

Avanzada la tarde la muchacha manifestó tener sueño; los misioneros les ofrecieron hospedaje, pero Nankiwi y la muchacha abandonaron el lugar. La mujer mayor, más interesada en conversar con los misioneros, se quedó en el campamento durante gran parte de la noche.[385]

Ver a Nankiwi en el avión, motivó a un pequeño grupo de huaoraníes y decidieron vitar Palm Beach, partiendo a la

---

382 Ibíd.
383 Ibíd.
384 Ibíd.
385 Ibíd.

mañana del siguiente día, sábado 7 de enero. Desgraciadamente, en el camino, encontraron a Nankiwi y a la muchacha; regresaban solos. El hermano de la joven, llamado Nampa, se enfureció y, según Nankiwi, para calmar la situación y evitar ser el centro de atención, aseguró que los extranjeros les habían atacado en la playa y que, en la premura de huir, se habían separado de la mujer mayor, designada para acompañarlos. Gikita, un miembro veterano del grupo, cuya experiencia con los forasteros parecía haberle enseñado que no se podía confiar en ellos, recomendó asesinarlos. El regreso de la mujer mayor y su relato de la amabilidad de los misioneros no fue suficiente para disuadirlos, y pronto avanzaron hacia la playa.[386]

Los misioneros confiaban en que un grupo más numeroso de la tribu huaorani llegara durante la tarde, movidos por la curiosidad de ver a su coterráneo volar en avión. Nate Saint hizo varios vuelos sobre los asentamientos huaorani, y en la mañana divisó un grupo de hombres de la tribu desplazándose hacia Palm Beach. Emocionado, a las 12:30 horas comunicó por radio la novedad a su esposa, prometiendo contactarla de nuevo a las 16:30 horas.[387]

Los hombres de la tribu huaorani, avistados por Nate Saint desde los aires, llegaron a Palm Beach alrededor de las 15:00 horas, del mismo día sábado 7 de enero de 1956. Tenían la intención de dividir a los extranjeros antes de atacarlos y enviaron a tres mujeres al otro lado del río. Una de ellas, llamada Dawa, se quedó oculta en la selva; las otras dos se mostraron. Dos de los misioneros vadearon el río con el propósito de acercarse para saludarlas, cuando de pronto son atacados por el indígena Nampa; su lanza hiende los aires y alcanza a James Elliot, a cuyas espaldas estaba. El otro misionero que vadeaba el río, Peter Sillence Fleming, antes de ser alanceado por el indígena Kimo,[388] reiteró desesperada e insistentemente sus ofertas amistosas y les preguntó en inglés a los huaorani por qué los atacaban. Mientras tanto, los restantes

---

[386] Ibíd.

[387] Ibíd.

[388] Sería después de los primeros indígenas huaorani que se convirtió. Artículo: "Peter Fleming", *Wikipedia*, Versión Kiwix 0.9 Rc2.

guerreros, liderados por Gikita, arremetieron contra los tres misioneros que permanecían en la playa, alanceando primero a Nate Saint y después a Edward McCully, cuando éste último intentó detenerlos. En aquel ambiente de sorpresa, violencia y confusión, Roger Youderian corrió hacia el aeroplano con la intención de usar la radio, cuando fue alcanzado por una lanza en el instante en que apenas llegaba al micrófono.[389]

Los huaorani arrojaron los cadáveres y sus pertenencias al río y destrozaron la tela de la aeronave; regresaron a su pueblo y, en previsión de una posible venganza, lo quemaron todo, huyendo a la selva.[390]

Elisabeth Elliot, con la pequeña Valerie, entre dos miembros de la comunidad indígena huaorani.

El hecho de no recibir noticias de Nate Saint a las 16:30 horas, como estaba convenido, preocupó a su esposa Marj, que no contó a nadie sus temores hasta el anochecer. A la mañana del día siguiente Johnny Keenan voló sobre el campamento y a las 9:30 horas reportó por radio a las esposas de los misioneros que la tela del interior del avión estaba destrozada y que los hombres no se encontraban en el lugar. Se contactó inmediatamente al Comandante en Jefe del Comando del Caribe, Teniente General William K. Harrison, y la estación de radio HCJB de Quito difundió un boletín de prensa que anunciaba que cinco hombres estaban desaparecidos en territorio huaorani.[391]

Aeronaves del servicio de rescate aéreo de los Estados Unidos, con base en Panamá, sobrevolaron la selva y se organizó un grupo de búsqueda por tierra formado por misioneros y personal militar. Los primeros dos cadáveres fueron encontrados el 11 de enero; el jueves 12 el cadáver de Edward McCully fue identificado por un grupo de quechuas

---

389 Artículo: "Operación Auca", *Wikipedia*, Versión Kiwix 0.9 Rc2.
390 Ibíd.
391 Ibíd.

quienes tomaron su reloj como evidencia del hallazgo, pero no movieron el cuerpo de su posición en el banco del río Curaray, siendo después arrastrado por la corriente. Dos cadáveres más fueron encontrados el 12 de enero. El grupo de búsqueda suponía que uno de los cuerpos sin identificar fuera el de Edward McCully, porque tenían esperanzas de que uno de los misioneros hubiera escapado. No obstante, el 13 de enero, los cuatro cadáveres hallados fueron identificados gracias a sus relojes y anillos de boda. El cuerpo de Edward McCully no estaba entre ellos, confirmando la suposición de que los cinco misioneros estaban muertos. Las esperanzas de encontrar a alguno vivo habían quedado disipadas. Sus cuerpos habían sido alanceados y cercenados por armas blancas,[392] posiblemente usando los mismos machetes que días antes, con amor, les habían regalado.

En medio de una tormenta tropical, los cuatro cadáveres fueron enterrados en una fosa común en Palm Beach, el 14 de enero, por miembros del grupo de búsqueda por tierra.[393]

Días después, las viudas de los misioneros fueron invitadas a sobrevolar Palm Beach y tuvieron la oportunidad de ver, por unos instantes, la tumba común de sus esposos. Al regresar Marj Saint, la viuda de Nate, dijo: "Ese pequeño cementerio es el más hermoso del mundo".[394]

En las declaraciones que hicieran a los medios de prensa, aquellas mujeres declararon: "El Señor ha cerrado nuestro corazón para el dolor y la histeria, y lo llena con Su paz perfecta."[395]

---

[392] http://www.iglesiatesalonica.org/jim-elliot-1927-1956/ Accedido el 21 de agosto de 2015, 10:00 AM.

[393] Artículo: "Operación Auca", *Wikipedia*, Versión Kiwix 0.9 Rc2.

[394] http://2.bp.blogspot.com/DC1vTOr5A2g/UbMf9QchY4I/AAAAAAAAAjQ/GqjSCByFvtM/s1600/ll.gif Accedido el 15 de agosto de 2015, 10:00 AM.

[395] http://www.iglesiatesalonica.org/jim-elliot-1927-1956/ Accedido el 21 de agosto de 2015, 10:00 AM.

La revista *Life* cubrió la muerte de los misioneros con un sentido ensayo, que incluía fotografías tomadas por Cornell Capa y los cinco misioneros antes de sus muertes. La consiguiente publicidad mundial les dio a varias organizaciones misioneras un poder de expansión significativo, especialmente en los Estados Unidos y América Latina. La más prominente de estas era el Summer Institute of Linguistics (Instituto Lingüistico de Verano, SIL),[396] organización para la cual trabajaban Elisabeth (Betty) Elliot, esposa de Philip James Elliot, y Rachel Saint, hermana de Nate Saint. Ésta última, que vio en el asesinato de su hermano un sacrificio en Cristo por los huaoraníes, se lanzó en 1957, junto a su compañera huaorani Dayuma de gira por los Estados Unidos y aparecieron en el programa de televisión "This is your Life", y posteriormente en una cruzada del evangelista Billy Graham en Nueva York. La popularidad de Saint entre los cristianos evangélicos creció, incrementándose significativamente las donaciones para el apoyo de SIL.[397]

Elisabeth Elliot, viuda de Jim Elliot. La pequeña Valerie, en sus brazos, nació el 27 de febrero de 1955. Tenía escasamente un año en el momento en que ocurrieron aquellos hechos.

396 Instituto Lingüístico de Verano, (Summer Institute of Linguistics, SIL) es una organización cristiana evangélica, sin ánimo de lucro, cuya finalidad principal es recopilar y difundir documentación sobre las lenguas menos conocidas, con el propósito de traducir a ellas la Biblia. Esta institución mantiene la base de datos Ethnologue, y se centra principalmente en las lenguas no escritas. (Artículo: "SIL International", *Wikipedia*, Versión Kiwix 0.9 Rc2.)

397 Artículo: "Operación Auca", *Wikipedia*, Versión Kiwix 0.9 Rc2.

En la imagen inferior: Elisabeth Elliot, ya octogenaria, con su hija Valerie, que sostiene el libro de las memorias de aquellos días entre sus manos. En la imagen superior, Elisabeth, con su hija Valerie a sus espaldas, abrazada por una niña huaorani

Rachel Saint y Elisabeth Elliot regresaron a Ecuador para trabajar entre los huaorani, creando un campamento llamado Tihueno cerca de un antiguo asentamiento de la tribu. Los primeros huaoraníes en establecerse ahí fueron principalmente mujeres y niños de un grupo llamado Guiquetairi; en 1968 se les unió un grupo huaorani enemigo, conocido como Baihuari. Elisabeth Elliot había regresado a los Estados Unidos a inicios de la década de 1960, así que Rachel Saint y Dayuma trabajaron juntas para aliviar el conflicto resultante y consiguieron asegurar la convivencia de los dos grupos por medio de varios matrimonios intergrupales. Los enfrentamientos se detuvieron.[398]

Rachel Saint y Dayuma, junto con el SIL, negociaron con el gobierno de Ecuador la creación de una reserva oficial huaorani en 1969. En 1973 vivían en Tihueno (Tewaeno) más de quinientas personas, de los cuales más de la mitad había llegado durante los seis años anteriores. [399]

En 1990, el gobierno ecuatoriano extendió legalmente la reserva inicial, negociada con SIL, a un área de 716.000 hectáreas, algo menos de la tercera parte de los dos millones de hectáreas que cubría el territorio huaorani antes de la penetración europea.[400]

Cinco comunidades, entre ellas los tagaeri, decidieron, sin embargo, permanecer aisladas en las partes más remotas de su territorio, rechazando todo contacto con los cowode (no huaorani).[401]

Se han escrito numerosos libros sobre la Operación Auca y varias biografías de los misioneros, siendo las más conocidas las de Elisabeth Elliot.[402] Ésta se convirtió en una célebre escritora y publicó cerca de treinta títulos, entre los que resaltan: *The shadow of the Almighty* (*La sombra del Todopoderoso*), *Through gates of Splendor* (*Portales de Esplendor*), *Passion and Purity* (*Pasión y pureza*), *The path of suffering* (*El camino del sufrimiento*) y *The liberty of*

---

398 Ibíd.
399 Ibíd.
400 Ibíd.
401 Ibíd.
402 Artículo: "Operación Auca", *Wikipedia*, Versión Kiwix 0.9 Rc2.

obedience (*La libertad de la obediencia*). Acuñó una frase relacionada con aquellos hechos que quedará para la posteridad: "No vale la pena vivir, por lo que no valga la pena morir".[403]

Los sucesivos aniversarios de aquellos tristes hechos se han recordado por medio de publicaciones, y su historia, así como la subsiguiente aceptación del evangelio entre los huaorani, se ha adaptado al cine. Entre los homenajes más destacados se encuentra el libro y documental *Portales de esplendor* (*Through Gates of Splendor*, 1967),[404] que incluye entrevistas a las familias de los misioneros y a varios miembros de la tribu que los atacó. Su continuación *Beyond the Gates of Splendor* (2004), y la película *End of the Spear* (traducida en España como *El final del espíritu* y en Latinoamérica como *A punta de lanza*),[405] de 2006, recaudó aproximadamente doce millones de dólares.[406]

Los sucesivos esfuerzos de Rachel Saint y de organizaciones misioneras como Mission Aviation Fellowship, Wycliffe Bible Translators,[407] HCJB World Radio, Avant Ministries (anteriormente Gospel Missionary Union), y a partir de la década de 1990 de Steve Saint[408] y otros, han dado

---

403 http://jeaninemartinez.blogspot.tw/jpg Accedido el 14 de agosto de 2015, 10:00 AM.

404 El libro *Portales de esplendor* puede ser adquirido en Amazon en: https://www.amazon.com/Portales-esplendor-Spanish-Elisabeth-Elliot/dp/0825412005/ref=sr_1_1?s=books&ie=UTF8&qid=1538258412&sr=1-1&keywords=Portales+de+esplendor (Nota del autor.)

405 Steve Saint es hijo de Nate Saint, el piloto de la Operación Auca. (http://bp3.blogger.com/_TlbRmgiCWUU/Rop4leaG1UI/AAAAAAAAANU/mAeVo-rN_XU/s1600-h/end-of-the-spear.jpg Accedido el 14 de agosto de 2015, 10:00 AM.)

406 Artículo: "Operación Auca", *Wikipedia*, Versión Kiwix 0.9 Rc2.

407 Wycliffe Bible Translators es una organización sin ánimo de lucro dedicada a traducir la Biblia a toda lengua viva en el mundo, especialmente para culturas con una pequeña influencia cristiana. Fue fundada en 1942 por William Cameron Townsend. Actualmente trabaja en cincuenta países. (Artículo: "Wycliffe Bible Translators", *Wikipedia*, Versión Kiwix 0.9 Rc2.)

408 http://bp1.blogger.com/_TlbRmgiCWUU/Rop4waG1VI/AAAAAAAAANc/_rOQ9ZHq6gM/s1600-h/endspr3.jpg Accedido el 14 de agosto de 2015, 10:00 AM.

resultados loables. Resaltan el declive de la violencia entre los miembros de la tribu huaorani, sus numerosas conversiones al evangelio y el crecimiento de una comunidad eclesial local.[409]

Elisabeth Elliot (1926-2015)

El trabajo del Summer Institute of Linguistics pacificó a los huaoraníes durante los años 1960. Los antropólogos seculares están de acuerdo en que los misioneros contribuyeron decisivamente a la disminución de la práctica huaorani de la venganza. Con el mensaje de perdón, amor y vida que allí llevaron apagaron para siempre la violencia.

El sacrifico de aquellos inolvidables misioneros fue un detonante y produjo un fruto de transformación en la vida de toda la comunidad huaorani. La sangre derramada por sus vidas, cercenadas en su temprana juventud, hizo de la Amazonía un lugar diferente.

En *Portales de esplendor*, Elisabeth Elliot, viuda de Jim Elliot, citó palabras de él que han quedado para la posteridad, y llenan el mundo: "No es tonta la persona que entrega lo que no puede retener, para ganar lo que no puede perder".[410, 411, 412]

El pastor bautista John Piper,[413]

---

409 Artículo: "Operación Auca", *Wikipedia,* 2014, Versión Kiwix 0.9 Rc2.

410 http://www.iglesiatesalonica.org/jim-elliot-1927-1956/ Accedido el 21 de agosto de 2015, 10:00 AM.

411 Jaime Dobson, *Cuando lo que Dios hace no tiene sentido*, p. 23.

412 http://www.amazon.com/Portales-esplendor-SpanishElisabethElliot/dp/0825412005/?tag=thegospcoal-20 Accedido el 15 de agosto de 2015, 10:00 AM.

413 John Stephen Piper. Nacido el 11 de enero de 1946, en Tennessee, Estados Unidos. Predicador, evangelista, autor, escritor y pastor Bautista de Bethlehem en Minneapolis, Minnesota. (Artículo: "John Piper", *Wikipedia.* Versión Kiwix 0.9 Rc2.)

escribió:

Hace poco volvió a publicarse en la *revista Christianity Today* (*Cristianismo hoy*)[414] un artículo que relata la historia de Jim Elliot, Nate Saint, Pete Flemming, Roger Youderian, y Ed McCully, y que da testimonio de lo que estamos diciendo. Steve Saint narra el evento en que su padre fue alcanzado por las flechas de los nativos aucas en el Ecuador. Lo relata después de haberse enterado de nuevos detalles de intriga en el interior de la tribu auca, que fueron la causa de esta matanza que no debió haber ocurrido, y que al parecer no debía ocurrir y no hubiera podido ocurrir. Pero ocurrió. Y cuando supo de esas intrigas, escribió este artículo. (Sic.)

Quiero transcribir un párrafo que me hizo ponerme de pie de un salto cuando estaba leyendo. Dice así: "Mientras [los nativos] relataban sus recuerdos, se me ocurrió pensar que era en extremo improbable que hubiera podido ocurrir la matanza en la playa. Es una anormalidad que no puedo explicar fuera de la intervención divina. (...) Solo puedo explicar que a mi padre le dispararon la flecha por virtud de una intervención divina". ¿Te das cuenta de lo que dice este hijo? "Dios mató a mi padre". Él lo cree, y yo lo creo.

Según Apocalipsis 6:10, al darnos un vislumbre del trono y de los mártires que dieron su sangre por el evangelio, les oímos decir: "¿Hasta cuándo, Señor, santo y verdadero, no juzgas y vengas nuestra sangre en los que moran en la tierra?" La respuesta que reciben es: "Y se les dieron vestiduras blancas, y se les dijo que descansasen todavía un poco de tiempo, hasta que se completara el número de

---

414 *Christianity Today* (*Cristianismo hoy*) es un periódico cristiano evangélico que tiene su sede en Carol Stream, Illinois, Estados Unidos. Es la principal publicación de Christianity Today International. Publica 145.000 ejemplares con un público lector de 304.500. Su fundador, Billy Graham, declaró que él quería "plantar la bandera evangélica en la mitad del camino, tomando la posición teológica conservadora, pero con un acercamiento más liberal a los problemas sociales". (Artículo: "Christianity Today", *Wikipedia*. Versión Kiwix 0.9 Rc2.)

sus consiervos y sus hermanos, que también habían de ser muertos como ellos".

Dios dice: "hasta que se complete el número." Él tiene el número de los mártires. Cuando el número se haya completado, llegará el fin.[415]

Steve Saint es hijo de Nate Saint, piloto de la Operación Auca. Nació en 1951 en Ecuador. Tenía cinco años cuando ocurrieron aquellos hechos. En la imagen aparece abrazando a Mincaya, a quien considera un padre. Éste fue el indígena que mató al padre de Steve en 1956.

Más adelante este pastor completa la impresionante idea, cuando escribe:

Hay una sola explicación por la cual estos cinco hombres jóvenes murieron y dejaron un legado que ha inspirado a miles de personas. Dios intervino. Esta es la clase de soberanía a la que nos referimos cuando decimos que nadie, absolutamente nadie, puede frustrar los designios de Dios en cuanto al cumplimiento de sus planes misioneros para las naciones. En los momentos más oscuros de nuestro sufrimiento, Dios está poniendo explosivos en las líneas enemigas. Todo lo que ocurre en la historia contribuirá a este propósito tal como lo expresa el Salmo 86:9: "Todas las naciones que hiciste vendrán y adorarán delante de ti, Señor, y glorificarán tu nombre".[416]

---

[415] John Piper, *Una ambición santa*, p. 76.
[416] Ibíd, p. 104.

Imágenes de aquellos inolvidables misioneros.[417]

[417]http://2.bp.blogspot.com/DC1vTOr5A2g/UbMf9QchY4I/AAAAAAAAAjQ/GqjSCByFvtM/s1600/ll.gif Accedido el 15 de agosto de 2015, 10:00 AM.

Cenit

Onelio González en la Amazonía

Escollos y peligros

La Amazonía tiene un contenido romántico solo en los libros y películas; pronto el que penetra en ella advierte con creces su rostro siniestro.

Onelio ha luchado por las almas en los contextos más inimaginables y diferenciados. Cual epílogo de su apostolado Dios le empuja al lugar más hostil; supone un enfrentamiento para el que pocos califican.

En la evaluación que hace la historia de la obra literaria de Víctor Hugo se define una trilogía: *Los Miserables*, representa la lucha del hombre contra la sociedad; *Nuestra Señora de París*, la lucha del hombre contra la superstición; *Los trabajadores del mar*, la lucha del hombre contra la naturaleza.[418, 419] A las tres cosas se enfrentaría Onelio en la selva y lo haría con entusiasmo y alegría. Belkis Beatriz González, su hija, cuenta acerca de eso:

> ...Su pasión por las tribus indígenas creció y decidió comenzar a trabajar a tiempo completo con ellos, pasando largas semanas interno en esos lugares inhóspitos por el amor del Padre derramado en su corazón para esas personas. (...) Cada viaje preparado por él era una aventura llena de emociones, felicidad y entusiasmo. Podía disfrutar de esos momentos en casa donde siempre, con una canción en los labios preparaba su gigante mochila, llena de provisiones para él y los indígenas. Muchas veces lo acompañé a hacer sus compras y me admiraba verlo con cuanta alegría lo hacía como si estuviera preparando un viaje para Europa.[420]

---

418 Víctor Hugo, *Los trabajadores del mar*, comentarios editoriales.

419 Víctor Hugo, *Nuestra Señora de París*, comentarios editoriales.

420 Betty González, entrevistada por O. Ríos, 13 de agosto de 2015, 6:38 PM. Usada con permiso.

Animales

La fauna de la Amazonía no solo tiene un interés biológico para el estudioso del tema, su conocimiento es vital para la supervivencia del que allí entra. Pronto Onelio González comenzó a escuchar historias de serpientes, de sus mordidas letales, comentarios sobre la importancia de identificarlas a tiempo, toda vez que la celebridad alcanzada por los ofidios, como peligro mayor, no es exagerada. Con todo esto en mente Onelio oraba: "Señor, líbrame de las serpientes", y este era un ruego especial. Debía andar a pie distancias considerables, selva adentro, y se veía expuesto a sus ataques que no siempre se pueden predecir. La capacidad de estos animales para enmascararse en el tronco de los árboles o simular lianas que cuelgan, su naturaleza reptante que les favorece a la hora de disimular la presencia aun cuando la yerba es baja, todo esto refuerza el potencial letal de su temido ataque.

Dios le guardó, pero Onelio jamás olvidó una experiencia que tuvo. La contaría a los miembros de la Iglesia de El Vedado, a los de la congregación de "Sembradores de Fe", en Lawton y a los de la misión de las Asambleas de Dios en Fontanar, La Habana, en 2009, en ocasión de su última visita a Cuba. Andaba el misionero lo intrincados caminos de la selva, moviéndose de una comunidad a otra, cuando sintió que a su lado pasó veloz, dejando un zumbido en el aire algo que le pareció una lanza. Era un cuerpo prolongado en el espacio y a los rayos oblicuos del sol le pareció cobriza. Reaccionó al instante; no había dudas: era una serpiente; había lanzado un ataque contra él; el cálculo de la distancia fue errado para el animal y éste siguió de largo.

Al consultar con los indígenas la experiencia, éstos le explicaron que esa especie es de las peores. Entonces Onelio recordó su oración, y dio gracias a Dios, que le guardó. Aquella vivencia fue única. Por la gracia del Señor nunca más se repitió.[421]

---

[421] René Figueredo, entrevistado por O. Ríos, Oficina de Historia de las Asambleas de Dios de Cuba, 7 de agosto de 2015, 1:00 PM.

El Rev. Efraín Paz cuenta para esta publicación:

> Ya dentro de la Amazonía, Onelio debía trasladarse a pie de una comunidad a otra. Ese era un esfuerzo grande y una acción peligrosa, por los animales propios del lugar. Me enseñaba en 2009, cuando vino a La Habana, fotografías. En una se veían serpientes, y él me decía que era importante verlas en el camino y calcular si se podía pasar en ese momento por allí, porque eran especies muy peligrosas. Las retrataba.[422]

Serpientes saliendo al paso de Onelio González. Imágenes tomadas por el misionero en su andar de una comunidad indígena a otra. Cortesía de Bernabé González. Usada con permiso.

A las experiencias con estos seres en que un día tomara cuerpo Satanás se unían aquellas que son propias de la inmensa cantidad de insectos que allí viven. La pastora María Hernández de Quesada recuerda, entre risas, de las visitas que le hiciera Onelio González, en ocasión de sus viajes por la isla, viviendo ya en Ecuador:

---

422 Efraín Paz Gálvez, entrevistado por O. Ríos, vía telefónica, 2 de agosto de 2015, 6:00 PM. Usada con permiso.

Onelio vino a Cuba varias veces e iba a vernos; nos narraba sus vivencias allá. Me contaba que cuando llegaba a la casa, desde la selva, en la que había pasado varias semanas, la esposa lo esperaba con una muda de ropa en la puerta y lo obligaba a cambiarse y a desinfectarse porque venía lleno de piojos, garrapatas y de cuanto insecto se le quisiera encaramar arriba. En boca suya eran historias divertidísimas.[423]

Onelio González, en plena selva, sudado, mojado, enfangado, sucio, golpeado..., pero feliz, inmensamente feliz.

El Rev. Dr. Daniel E. Tamayo Carballido, visitó Ecuador en varias ocasiones, y habiendo interactuado con la familia del pastor Onelio González, nos cuenta: "Su hija Betty nos relataba que, cuando llegaba de la selva, ella tenía que sacarle de la piel, a este valiente hombre de Dios, pequeños restos de insectos, hasta huevos que allí tenía, algo doloroso pero que lo soportaba con valor por el amor que tenía por los indígenas a los que atendía".[424]

Comidas

Uno de los retos más difíciles para todo misionero es el enfrentamiento a los hábitos alimenticios de la comunidad

---

[423] María Hernández de Quesada, entrevistado por O. Ríos, vía telefónica, 31 de julio de 2015, 7:15 PM. Usada con permiso.

[424] Daniel E. Tamayo Carballido, entrevistado por O. Ríos, vía electrónica, 10 de agosto de 2015, 6:09 PM. Usada con permiso.

donde va a trabajar. Para el caso de los indígenas existe un gravamen adicional y es que el rechazo a la comida que ofrecen es una ofensa grave que puede implicar un rechazo, y en situaciones extremas un ataque. Onelio era un hombre del campo, fuerte, acostumbrado a enfrentar retos que implicaran cambios de costumbres, pero para algunas cosas no estaba preparado, porque el hombre civilizado, en general, no lo está. René Figueredo Coronado, lo explica:

> Todo sucedió cuando le dieron a comer un gran gusano. Él trataba de desviar la atención y pensar en otra cosa pero una y otra vez las náuseas venían y estaba pronto a vomitar. Me contaba que en ese contexto sintió la voz de Dios, que le dijo: "Come sal"; "¿Sal? —pensó—, ¿de dónde?" Y al volverse a su lado vio una vasija llena. Hundió allí su puño y se lo llevó a la boca; en seguida se calmaron las náuseas. Las lágrimas le corrían, pero pudo soportar. Eso él me lo contó.[425]

El esfuerzo de adaptación a las normas de alimentación del pueblo indígena de la selva fue grande. Hermida Figueredo recuerda: "Onelio me dijo que lo que más trabajo le costó aprender a comer fue mono".[426]

Le correspondería "entrenar" a los misioneros norteamericanos que le acompañarían después, en las andanzas misioneras. En una ocasión entró a la selva con un grupo de estos queridos hermanos, y como es costumbre los nativos les ofrecieron una pantagruélica mesa selvática donde el plato del día era un gran gusano de palmito. Uno de los misioneros se llevó el gusano a la boca y mirando oblicuamente a Onelio, le preguntó suplicante: "Pastor: ¿qué hago ahora?" Éste le contestó: "Trágatelo".[427]

---

425 René Figueredo, entrevistado por O. Ríos, Oficina de Historia de las Asambleas de Dios de Cuba, 7 de agosto de 2015, 1:00 PM. Usada con permiso.

426 Hermida Figueredo Pi, entrevistada por O. Ríos, vía telefónica, 30 de julio de 2015, 9:00 PM. Usada con permiso.

427 Bernabé González González, entrevistado por O. Ríos, vía electrónica, 5 de agosto de 2015, 4:25 PM. Usada con permiso.

Onelio González cocinando en la selva para un grupo de niños. Cortesía de Bernabé González. Usada con permiso.

Onelio preparaba a todo misionero que conducía con él a la selva respecto al plato de bienvenida: la chicha. Miles de veces él tuvo que probarla y contaba que su sabor no era desagradable, lo que afectaba a la persona común —no indígena— no era el sabor, sino el conocimiento de su historia.

Más valía no explicar a la gente cómo se hacía aquello. El asunto es que la chicha, plato típico de las culturas centro y suramericanas, la elaboran de yuca y palma chonta; colocan estos naturales ingredientes en una vasija, y hasta ahí todo está bien para el curioso que observa; el problema comienza cuando el hombre citadino ve que empiezan las indígenas a escupir todas en la vasija, a la par que mastican y escupen fragmentos de yuca, y mezclan aquella masa de la que pronto usted no querrá saber. La saliva en la yuca orienta aquello por los caminos de la fermentación; en síntesis, aquello se vuelve una bebida alcohólica. En estas culturas es un alimento básico hasta el punto de que sustituye a veces al agua y llega a convertirse en una adicción. La consumen desde que nacen alternándola con la leche materna.

El misionero cubano permanente en la Amazonía, Víctor Oxiel Noja explica a esta publicación que el enfoque misionero para con el indígena convertido es que pueden tomarla pero no usarla como una bebida embriagante por los obvios inconvenientes que esto supone. Entre los nativos la chicha es causa frecuente de gastritis. Oxiel Noja nos confiesa: "En ocasiones, cuando estoy muy cansado del camino, siento que me hace bien un poco de chicha; es el momento en que creo se justifica un poco su consumo. Los nativos nos dicen: 'Ella nos da fuerzas'. Con el tiempo puede llegar a gustarte; tendrías que probarla".[428]

El autor preguntó a la Revda. Bárbara Alonso de Villar, recién llegada de un viaje misionero a la Amazonía, cuál de los treinta y cinco sabores que aquello debe tener le pareció que predominaba. Contestó: "el del yogurt de soya".[429]

Todo estaría bien si uno no conociera la historia del procedimiento. Estas consideraciones llevan al autor, como historiador de la Organización, a una posición antitética, al tener que afirmar que a veces no es bueno conocer la historia...

---

428 Oxiel Noja, entrevistado por vía electrónica, 17 de agosto de 2015, 12:47 PM. Usada con permiso.

429 Bárbara Alonso de Villar, entrevistada por O. Ríos, Oficina Nacional de la Iglesia Evangélica Pentecostal de Cuba (Asambleas de Dios), 7 de julio de 2015, 10:00 AM. Usada con permiso.

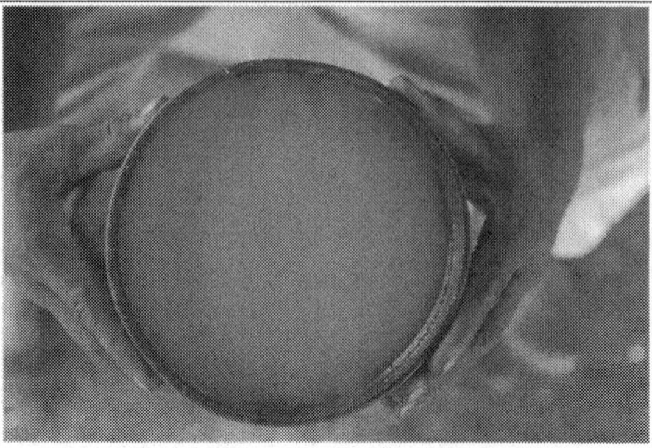

Chicha. Bebida típica en las culturas centro y suramericanas. Imagen tomada por el Rev. Onelio González. Cortesía de Bernabé González. Usada con permiso.

Accidentes

Nadie sale ileso de la Amazonía. Sus caminos son inextricables. El cruce de los ríos, el paso de las alturas, la lluvia que visita a deshora, la falta de referencias útiles para el viajero en camino, todo esto hace de la Amazonía el lugar más propenso del mundo a la accidentalidad; de modo que quien sobrevive a los ataques animales y logra vencer las insufribles costumbres culinarias, debe enfrentar otro peligro: el de las caídas, los golpes y los ríos que, con extraño entusiasmo, arrastran a los que tienen el infortunio de caer. Belkis Beatriz González cuenta acerca de su padre:

> Sufrió grandes accidentes como una caída en el río Pastaza,[430] en una zona donde la corriente es tan fuerte que nadie sobrevive. El cayó con su gran mochila de espaldas en el río y entregó su vida al Señor porque sabía que de esa no saldría vivo, pero Dios tenía otros planes: después de correr mucho rato, río abajo, su mochila se enredó en un gran tronco y pudo de esa manera salvarse.

[430] Bernabé González, entrevistado por O. Ríos, vía electrónica, 25 de agosto de 2015, 9.06 AM. Usada con permiso.

> Luego de algunas horas fue rescatado por los indígenas.
>
> En otra ocasión cayó por un precipicio y un tronco detuvo su caída final, golpeándose muy fuerte su cuerpo, pudiendo salvarse.
>
> Unas de las experiencias más dolorosas que tuvo fue una fractura del pie muy grave. Estuvo así por más de tres días sin que pudieran sacarlo al hospital. En esas condiciones, arrastrándose, preparaba sus alimentos y se atendía hasta que la avioneta pudo llegar en su rescate. En esta ocasión yo, con lágrimas en los ojos, en el hospital, le pedí que ya no regresara a esa misión, que dejara que Dios levantara a otro siervo que haría su trabajo, y él, poniendo sus grandes manos sobre mis mejillas, y secando mis lágrimas, me decía: "No hija; estaré allí hasta que llegue ese hombre que tú dices que Dios levantará; mientras no tenga mi relevo seguiré allí con ellos. Así fue...[431]

Bernabé González, tiene memorias cargadas de sentido dramatismo acerca de los avatares del Rev. Onelio González en la selva:

> Estando en la selva tuvo que trasladarse de una comunidad a otra bajo una grande lluvia y andaba solo. Tratando de subir una pequeña ladera se resbaló y cayó al suelo y mientras su cuerpo resbalaba por el lodo su pierna derecha se metió entre dos arbustos haciendo que el hueso se quebrara debido al impulso y peso de su cuerpo. Con esa pierna fracturada tuvo que caminar, apoyado en un palo, por más de tres horas hasta llegar al centro de la comunidad donde debía llegar. No encontró a nadie allí y por el dolor no pudo continuar buscando ayuda; tuvo que esperar dos días más hasta que llegó alguien y pudo saber de la condición en que estaba; entonces se llamó a las avionetas de rescate para que vinieran a socorrerle.[432]

---

[431] Betty González, entrevistada por O. Ríos, 13 de agosto de 2015, 6:38 PM. Usada con permiso.

[432] Bernabé González González, entrevistado por O. Ríos, vía electrónica, 16 de julio de 2015. Usada con permiso.

En otra ocasión una caída loma abajo le costó la fractura de un brazo.

Usaba una vara para caminar. René Figueredo le preguntó por qué. Onelio le contestó: "Aquella caída que tuve cuando resbalé con las lajas del río...Desde esa caída tuve que usarla, Renecito, hijo".[433]

Onelio González oraba: "Señor, líbrame de los lugares altos", que en la Biblia son centros de adoración, pero que él veía como lugares de peligro físico.[434]

Los relatores de aquellas faenas, al construir la historia, no encontrarán un lugar del cuerpo donde el misionero no pudiera ostentar las marcas del Señor Jesús.[435] "De aquí en adelante nadie me cause molestias; porque yo traigo en mi cuerpo las marcas del Señor Jesús" (Gá. 6:17).

Hechicería

La hechicería indígena es célebre. Sus pactos son milenarios y el apego de la comunidad al brujo local es grande. Éste, de su parte, une a sus prerrogativas espirituales un liderazgo tribal cuyo *status* no está obviamente dispuesto a ceder. En este orden de cosas, muchas veces la llegada de Onelio González fue la de un intruso que penetraba inconsultamente los predios de la selva, cuya jurisdicción, en materia de hechizo, se debía respetar. Marta González comenta: "[Onelio] contaba la dependencia de estas personas del brujo del lugar y lo difícil que era que entendieran el mensaje de la Palabra de Dios".[436]

Belkis Beatriz (Betty) González, relata para esta publicación: "Fue en esos lugares tan recónditos donde vivió

---

433 Bernabé González González, entrevistado por O. Ríos, vía electrónica, 5 de agosto de 2015, 4:25 PM. Usada con permiso.

434 Ibíd.

435 B. González, entrevistado por O. Ríos, vía electrónica, 9 de agosto de 2015, 4:01 AM. Usada con permiso.

436 Marta González Figueredo. Documento enviado por Marta González Figueredo a la Comisión Nacional de Historia. 13 de septiembre de 2015. Usado con permiso.

grandes guerras espirituales con el infierno, encuentros muy fuertes con brujos donde solo el poder del Espíritu Santo lo libró de morir".[437]

Bernabé González recuerda, de las memorias que su padre le contó:

> En muchas ocasiones sufrió amenazas de muerte por los enemigos del evangelio, mayormente chamanes o brujos.[438]
>
> Recuerdo la anécdota de una ocasión cuando mi papá fue a visitar a una anciana que estaba siendo atormentada por el diablo y hubo una lucha espiritual muy fuerte en esa cabaña. Mi padre cuenta que luego de un rato librando esa lucha espiritual, él quedó inconsciente. No supo qué tiempo sucedió aquello, pero me contó que no recordó nada hasta que volvió en sus sentidos reprendiendo al enemigo.[439]

Choques culturales

La pastora Hermida Figueredo Pi, escuchó de boca del Rev. Onelio González, interesantes historias que transparentan los choques culturales que enfrentó con los indígenas. Los que modernamente defienden el criterio de que se debe respetar toda expresión social indígena, verán en estos hechos formas poco convencionales de hacer las cosas. El Profesor Larry McNeill (1942-2015), Rector de la Facultad de Teología de las Asambleas de Dios de América Latina entre 2000 y 2011, recientemente con el Señor, en fundamento a estas ideas, le contaba al autor:

> Impartí en cierto país de América Latina un módulo de la

[437] Betty González, entrevistada por O. Ríos, 13 de agosto de 2015, 6:38 PM. Usada con permiso.

[438] Bernabé González, entrevistado por O. Ríos, vía electrónica, 9 de agosto de 2015, 4:01 AM. Usada con permiso.

[439] B. González, entrevistado por O. Ríos, vía electrónica, 5 de agosto de 2015, 4:25 PM. Usada con permiso.

Maestría en Teología Práctica y tenía que tratar asuntos relacionados con la ética familiar. Los alumnos me refutaban y me decían: "Entre nosotros cierto grado de violencia familiar es muy normal. Algunos golpes a la esposa no se ven mal". Les refuté semejante cosa. En horas de la tarde se me acercó el representante estudiantil, me pidió una reunión y en ella me dijo: "Usted tiene que entender que esa es nuestra cultura". "El evangelio —le contesté— es supracultural".[440]

Onelio les enseñó a cantar y a adorar a Dios. En sus manos sostiene un *Himnario de Gloria*. Cortesía de Bernabé González. Usada con permiso.

Siguiendo este mismo camino, asombrada, la pastora Hermida Figueredo nos contó:

Onelio nos explicaba, mientras le oíamos predicar en Miami, en la Iglesia del Rev. Dagoberto Jane, que uno de los caciques convertidos con él, raptó a una joven, como era costumbre en esa comunidad indígena, y se la llevó.

[440] Larry McNeill, Escuela Dominical, Templo "Palabras de Vida" de la Iglesia Evangélica Pentecostal de Cuba (Asambleas de Dios), 25 de enero de 2015, 12:00 M.

La muchacha estaba bajo la cobertura espiritual de Onelio, y él fue allá a hablar con el cacique; le explicó que un cristiano jamás haría eso, trayendo semejante carga de sufrimiento a un hogar. Era peligroso lo que estaba haciendo Onelio, pero el cacique lo oyó y terminó por entregarle la muchacha, a la que Onelio, habiendo enfrentado ese peligro, trajo de regreso.[441]

El esfuerzo económico

Uno de los escollos más difíciles que debió enfrentar el Rev. Onelio González fue el económico. El Rev. Efraín Paz recuerda: "Él debía sufragar los gastos de la avioneta que le transportaba hasta el interior de la selva".[442] Allí nunca llegaba con las manos vacías. Si ya era costoso llegar, considérese que debía pagar un precio adicional por todas las bendiciones que llevaba.

El pastor Samuel García Núñez, recuerda:

> Nunca olvidaré la última vez que lo vi. Fue en la casa del Rev. Hugo Reyes. Le pregunté: "Onelio, ¿cómo se las arregla para ir a la selva?" Me refería al esfuerzo económico. Me contestó: "Trabajé en los Estados Unidos y estoy usando el dinero de mi jubilación para ir a la selva".[443]

La posibilidad de morir

En la selva el tema de la muerte es recurrente en boca de sus hijos. Las personas mueren jóvenes, la accidentalidad infantil es muy alta; la posibilidad de evacuar a alguien mordido por serpientes, o bajo el azote inesperado de una enfermedad súbita y grave, es prácticamente nula.

---

[441] Hermida Figueredo Pi, entrevistada por O. Ríos, vía telefónica, 30 de julio de 2015, 9:00 PM. Usada con permiso.

[442] Efraín Paz Gálvez, entrevistado por O. Ríos, vía telefónica, 2 de agosto de 2015, 6:00 PM. Usada con permiso.

[443] Samuel García Núñez, entrevistado por O. Ríos, vía telefónica, 3 de agosto de 2015, 9:00 AM. Usada con permiso.

Con relación a esto Onelio le contaba a René Figueredo: "Había un árbol grande y yo les decía que si moría me enterraran allí. La avioneta demoraba en llegar una semana".[444]

El ministerio misionero

La expansión del reino de los cielos

El 2 de abril de 2001, desde La Armenia, Ecuador, Onelio González escribe a su hermana Marta González, en Holguín, Cuba:

> ...Querida, te diré que sigo trabajando en la selva con los indígenas; es una experiencia única; cuando volví al Ecuador venía con la visión de trabajar con los indígenas pero no tenía idea de ir a la selva, pero tan pronto como llegué, se abrió esta puerta y me encaucé en esta obra; no es fácil, pero siento la bendición de Dios en hacerlo.
>
> Los indígenas aquí en el Ecuador son una clase discriminada y abandonada, da lástima ver cómo viven, sin escuelas, sin ningún tipo de ayuda de los gobiernos que este país ha tenido; ellos no usan nada de los adelantos de la civilización; yo voy a la selva una semana cada mes, llevo una hamaca y estaba parando en una escuela que la misión hizo en una de las comunidades que visito, pero ya me hicieron una casita de caña mambú con piso alto de tabla de palma; estrené mi casita la semana pasada que fui a la selva; quisiera que hubieras visto lo felices que estaban cuando me mostraron la casa que me habían hecho; el techo es de guano, pero ellos no lo hacen igual que en Cuba, pero de todas maneras yo estaba muy contento pues estaba más limpia que la escuela donde yo paraba antes. Ya hay un gran grupo de convertidos y están contentos; ya aprendí a comer los animales de la selva, ellos cocinan sin especias y sin sal, cada vez que voy rebajo como cinco libras con dieta tan rigurosa, sin

---

[444] Bernabé González González, entrevistado por O. Ríos, vía electrónica, 5 de agosto de 2015, 4:25 PM. Usada con permiso.

especias, sin sal, sin grasa y después no hay quien se la coma, yo hago el esfuerzo de comer, pues si uno no acepta lo que le dan se resienten, así que para estar a bien con ellos hay que hacer el esfuerzo y comerse esos sambarotes. Las distancias que hay que caminar entre una comunidad y otra son de dos y hasta cuatro horas caminando por unos trillos como de venados y dentro del lodo, yo uso unas botas de caucho hasta las rodillas, porque muchas veces uno se atasca en el lodo más arriba de las rodillas, pero eso significa: "Id por todo el mundo y predicad el evangelio a toda criatura".[445] Para fines de abril vamos a tener una campaña en la selva con un evangelista para ministrarles el Espíritu Santo; ora por eso, que Dios los toque. ¡Aleluya![446] (Sic.)

El apoyo a esta importante misión evoluciona. Bernabé González relata: "Luego de un año de trabajo, Timothy Anderson terminó su apoyo a la obra misionera en la selva, por lo que mi padre comenzó a buscar apoyo de diferentes iglesias en los Estados Unidos para sostener el trabajo misionero que se hacía".[447]

Diferentes iglesias en el área de Miami, Texas, California y Filadelfia extendieron sus manos. Contribuyeron fielmente a esta labor misionera:

Rev. Israel Aguilera. Filadelfia
Rev. Jacobo Martínez. California
Rev. Max Yeary. Fort Lauderdale
Templo Aposento Alto, Grapevine. Texas
Familia López, Las Cruces. New Mexico
Familia Johnson, Las Cruces. New Mexico[448]

---

[445] Marcos 16:15.

[446] Onelio González, carta a Marta González, 2 de abril de 2001, transcripción de Anelis Socorro. Usada con permiso. Archivos de Historia. Asambleas de Dios. Cuba.

[447] Bernabé González, entrevistado por O. Ríos, 16 de julio de 2015, 1:00 PM. Usada con permiso.

[448] B. González, entrevistado por O. Ríos, 16 de julio de 2015, 1:00 PM. Usada con permiso.

La Iglesia Evangélica Pentecostal de Cuba (Asambleas de Dios), sensible al esfuerzo misionero del Rev. Onelio González, recogió ofrendas que les hizo llegar en algunas ocasiones. De esto da testimonio *La Antorcha Pentecostal*, en su número de julio-diciembre de 2003, p. 3. René Figueredo Coronado comenta :

Año 2003. Contexto de la entrega de una ayuda misionera procedente de las Asambleas de Dios de Cuba en apoyo al ministerio del Rev. Onelio González. De izquierda a derecha: Bernabé González González, Héctor Hunter Wright y Onelio González Figueredo. Archivos de Historia. Asambleas de Dios. Cuba.

Cuando recibía ayuda de Cuba me contaba que se sentía como David, en II Samuel 23:15-17, donde dice: "Y David dijo con vehemencia: '¡Quién me diera a beber del agua del pozo de Belén que está junto a la puerta!' Entonces los tres valientes irrumpieron por el campamento de los filisteos, y sacaron agua del pozo de Belén que estaba junto a la puerta; y tomaron, y la trajeron a David; mas él no la quiso beber, sino que la derramó para Jehová, diciendo: 'Lejos sea de mí, oh Jehová, que yo haga esto. ¿He de beber yo la sangre de los varones que fueron con peligro de su vida?' Y no quiso beberla".

Por supuesto que aceptaba la ofrenda, pero con santo temor.[449]

En la primavera de 2003, Onelio González viendo el

[449] René Figueredo, entrevistado por O. Ríos, vía telefónica, 18 de julio de 2015, 9.00 PM. Usada con permiso.

indiscutible crecimiento y la consolidación de su trabajo, presentó un atrevido proyecto de fabricación de algunos templos dentro de la selva a la Iglesia Christian Life Center en Fort Lauderdale, Florida. Esta desprendida comunidad cristiana acogió el proyecto y se recogieron fondos para construir tres templos. Con la ayuda del misionero Ricardo LaBouef quien llevaba varios años como misionero piloto en la ciudad de Shell y que contaba con un avión propio, pudieron transportar los materiales a la selva.

Con la ayuda de los nativos se cortó la madera y se comenzó, con gran entusiasmo, el trabajo de construcción. Requirió mucho sacrificio y esfuerzo la terminación del primer templo. Luego, con los mismos procedimientos se edificó el segundo templo y una escuela.[450]

El peso de la Obra y el desasosiego de una economía incierta que la sustente oprimen, por momentos, la fe de Onelio. El 28 de enero de 2003, desde Miami, escribe a su hermana Marta González en Holguín:

> … He tenido que venir, pues me falta un año de trabajo para mi jubilación y tengo que completar el año; si puedo canalizar las ofrendas que me dan para estar en el Ecuador a través de la Iglesia de René para que me paguen el seguro social, me regreso a fines de febrero, si no me tengo que quedar un año entero aquí, pero no quisiera pues tengo a mis indios solos allá y cuando vaya tendré que coger una soga y enlazarlos como ganado para tenerlos en los cultos. Ellos son muy inestables en las cosas del Señor. Estamos orando porque el Señor levante obreros ecuatorianos que quieran venir a la selva, pues ese país no ha sentido la carga por esos indios que viven abandonados por la civilización. Estoy trabajando en cinco comunidades distintas.[451] (Sic.)

---

[450] Bernabé González González, entrevistado por O. Ríos, vía electrónica, 16 de julio de 2015, 1:00 PM. Usada con permiso.

[451] Onelio González, carta a Marta González, 28 de enero de 2003, transcripción de Anelis Socorro. Usada con permiso. Archivos de Historia. Asambleas de Dios. Cuba.

El 25 de agosto de 2004, Onelio González, de nuevo en Quito, Ecuador, escribe a su hermana Marta González, en Holguín:

> ...Yo sigo mi trabajo en la selva, he comenzado a construir unas iglesias que pienso hacer en las comunidades indígenas donde trabajo. Es un trabajo muy costoso pues todo hay que llevarlo en avión y eso es muy caro, pero como no sé qué tanto tiempo más podré ir a la selva quiero hacer algo que le sirva al que venga tras de mí; necesito sus oraciones por este trabajo. El día seis de (ilegible) entraré en la selva otra vez; estoy llevando combustible para la motosierra, para acerrar la madera para las iglesias. Los grupos en las comunidades indígenas están muy entusiasmados con este proyecto que tenemos; queremos hacer dos escuelas pues hay dos comunidades que no tienen escuela y con la ayuda del Señor las queremos construir...
>
> Hay un grupo de convertidos en cada comunidad, ayúdennos a orar por esta necesidad...[452]

Un breve viaje a Cuba

En 2005, Onelio hace un breve viaje a Cuba e interactúa con sus familiares y hermanos en la fe. De aquellos días René Figueredo Coronado, recuerda :

> Onelio siempre fue famoso por saberse todos los himnos de todos los himnarios antiguos del mundo entero. Esos himnos que nadie se sabe, él se los sabía. Es así que todos le oímos cantar en el culto, en inigualable adoración —porque Onelio González era por encima de cualquier cosa un adorador— una canción cristiana bellísima, que decía:

---

[452] Onelio González, carta a Marta González, 25 de agosto de 2004, transcripción de Anelis Socorro. Usada con permiso. Archivos de Historia. Asambleas de Dios. Cuba.

Cristo te amo,
acércame a ti, Señor
Cristo te amo,
me entrego en adoración.
Levantaré mi voz
y en adoración
mi corazón mira a tu corazón;
palabras de verdad
que quieres escuchar
son solo para ti, Señor.[453]

Y mientras él atendía a la hermana Lesdia, nosotros nos decíamos: "No nos podemos saber esa canción porque debe de ser tan vieja que nadie se la sabe", y Onelio que, con una oreja atendía a Lesdia[454] y con la otra nos oía a nosotros, nos contestó: "No, hijos, esa canción es de Abel Zavala, la acabó de hacer y es tan nueva que ustedes no la conocen…"[455]

Todos pasamos un buen rato riéndonos de nosotros mismos.[456]

De regreso a la Amazonía

---

453 Este tema musical: "Palabras de Verdad" fue publicado por Abel Zavala en su álbum: "Jesús Mi Fiel Amigo", en el año 2002. (Puede ser adquirido en Amazon) Abel Zavala, joven adorador cristiano contemporáneo, nació en Ensenada, México. Impresionado el célebre canta-autor mexicano Jesús Adrián Romero con la calidad de sus composiciones, le ayudó en su promoción discográfica, desde Vástago) (http://www.musicacristianavip.net/abel-zavala/ Accedido el 26 de agosto de 2014, 10:00 AM) (Artículo: "Abel Zavala", *Ecured portable*, versión 1.5. Fecha de fuente documental: 24 de diciembre de 2013.) (Elízabeth Ríos de la Cruz, entrevistada en el Templo "Palabras de Vida" en Santa Amalia, La Habana, el 24 de agosto de 2015, 10:00 PM.)

454 Lesdia Núñez Gutiérrez. Esposa del Rev. Víctor García Martínez. (Nota del autor.)

455 http://letras.com/abel-zavala/fotos.html Accedido el 26 de agosto de 2015, 10:00 AM.

456 René Figueredo, entrevistado por O. Ríos, vía telefónica, el 21 de agosto de 2015, 2::00 PM. Usada con permiso.

El 27 de diciembre de 2005 entra Onelio González a la selva, acompañado de un hermano ecuatoriano y una hermana en preparación para misiones. Organizaron trescientas mudas de caramelos y galletas con el propósito de repartirlos a los niños indígenas de siete comunidades, lo cual lograron.[457]

Interrogando el autor a Belkis Beatriz González acerca de la barrera idiomática como obstáculo para la comunicación, ella explica, para esta publicación: "Algunas comunidades hablaban los dos idiomas: su dialecto y el español y en otras comunidades papá usaba traductores para predicar y enseñar. Tuve la oportunidad de acompañarle dos veces a la selva".[458]

Una y otra vez recaba ayuda internacional y lucha por despertar el llamado misionero en los demás. A René Figueredo le escribe el 4 de abril de 2006: "Quiero oír latir tu pecho junto a mi pecho con la pasión de la Obra de Dios y en especial por esos pobres indios que a nadie les interesan..."[459]

Se equivocaba Onelio. A Jesucristo le importaban. Los golpes de cincel que el Señor dio en su corazón, moldearon para siempre al misionero que estaba levantando por amor a aquellas almas.

---

[457] Onelio González, carta a René Figueredo Coronado. Quito, 12 de enero de 2006. Usada con permiso.

[458] Belkis Beatriz González González, entrevistada por O. Ríos, vía electrónica, 25 de agosto de 2015, 5:08 AM. Usada con permiso.

[459] Onelio González, carta a René Figueredo, 4 de abril de 2006. Cortesía de René Figueredo. Usada con permiso.

Imagen tomada el 11 de febrero de 2006. En el último plano, con espejuelos, puede verse a Onelio González. Cortesía de Bernabé González. Usada con permiso.

Una prueba para toda la familia

Como un rayo en cielo despejado el matrimonio González sufre un fuerte embate. El 23 de mayo de 2006, el Rev. Onelio González escribe desde Quito a René Figueredo Coronado. A través de sus propias palabras podemos conocer las dimensiones de aquella prueba:

> El día 5 de abril mi vida ha dado un vuelco de ciento ochenta grados; ese día miércoles a las ocho de la noche le dio una trombosis a mi esposa dejándola paralizada de la parte derecha del cuerpo y sin poder hablar; para colmo del mal al derribarse al piso con la trombosis se fracturó el pie derecho por dos partes y se lo dislocó; como si eso fuera poco ningún médico de los que la trataron se dio

> cuenta de que eso había sucedido y a los ocho días de la trombosis, la terapista que vino a la casa para hacerle la terapia física fue la que se dio cuenta del problema; la fractura necesitaba operación, pero como mi esposa tiene una afección cardiaca no se le podía poner anestesia y no se pudo operar, así que a sangre fría el médico le trató de arreglar la dislocación; todo eso fue muy terrible para ella y para nosotros; todavía está con el yeso, pero gracias al Señor ella va mejorando; ya dice algunas palabras; seguimos confiando en el Señor que le ayudará a superar esta tremenda crisis.
>
> ...Hace tres meses que no voy a la selva; estoy planeando para ir mañana; mi hija viene a estar con Belkis aquí en la casa en lo que voy y vengo de la selva.[460] (Sic.)

Es asombroso el celo con que Onelio González, no siendo un hombre de letras, mantenía correspondencia con su familia. Su caligrafía, menuda y ordenada, es clara y en el papel transparenta a los suyos las penas que le afligen y los vaivenes de la obra misionera.

El 7 de agosto de 2006, también desde Quito, en un tono de creciente esperanza, escribe a René Figueredo:

> Belkis se está recuperando mucho; está recuperando el movimiento de su pierna derecha y ha recuperado algo del habla; la mano derecha es la que todavía no mueve nada y le da mucho dolor cuando le hacen la terapia; luego nos toca hacerle terapia en la casa y me da mucho dolor en mi alma cuando la veo llorar del dolor que le da; es muy triste todo lo que estamos pasando, pero la gracia del Señor no nos falta nunca; su ayuda y su bendición están con nosotros siempre. ¡Gloria a su nombre! [461]

---

[460] Onelio González, carta a René Figueredo, 23 de mayo de 2006. Cortesía de René Figueredo. Archivos de Historia. Asambleas de Dios. Cuba. Usada con permiso.

[461] Onelio González, carta a René Figueredo, 7 de agosto de 2006. Cortesía de René Figueredo.

Onelio en acción. Cortesía de Bernabé González. Usada con permiso.

Tenía momentos de mucha aflicción cuando se sumaba, delante de sí, la carga por los indígenas dispersos "como ovejas que no tienen pastor" (Mt. 9:36), y la triste nueva de su esposa, invalidada por esta paralizante hemiplejía. René Figueredo, quien le conociera tan de cerca, relata: "Onelio se sentía muy solo, y a veces lloraba. Quería que me sumara al esfuerzo misionero que hacía en las selvas del Ecuador, y me escribía. Me decía en las cartas: 'Oro que este año sea el año de ese encuentro y reunión que nos hará el Pablo y el Timoteo de

2006'".[462, 463]

Su esfuerzo para levantar fondos encuentra eco en todas las cartas familiares que pacientemente hace. Como preludio a una gira por los Estados Unidos, con estos propósitos, escribe a René Figueredo, el 9 de octubre de 2006:

> El domingo próximo me voy; Elsa, mi hermana viene de la Florida para cuidar a mi esposa; ella está mucho mejor. ¡Gracias al Señor! Yo voy para hacer un recorrido para presentar el ministerio de los indígenas y recaudar fondos para terminar dos iglesias que estamos construyendo en la selva. Ya construimos dos escuelas y una Iglesia; me faltan tres; ora por este trabajo.[464]

A fines de año es posible verle ya activo, viajando a la selva y con planes concretos de construcción. El 10 de noviembre de 2006, desde Capelo, escribe a su hermana Marta González, en Holguín: "...Yo sigo con la misión en la selva, con un poco de dificultad por la condición de Belkis, pero de todas maneras sigo yendo a la selva, estoy construyendo dos iglesias más, una está casi terminada, la otra se está empezando".[465]

El 1 de diciembre de 2006, más animado y lleno de gratitud, escribe Onelio González:

> (...) Ha ido mejorando bastante [Belkis] para como quedó cuando le dio la trombosis; ella quedó como una pizarra en blanco, olvidó las letras, no puede leer, no puede caminar, pero gracias al Señor, ha comenzado a hablar algo, pues también había quedado privada del habla; ya dice muchas palabras por lo que le estamos muy

---

[462] René Figueredo, entrevistado por O. Ríos, vía telefónica, 18 de julio de 2015, 9.00 PM. Usada con permiso.

[463] Onelio González, carta a René Figueredo, 4 de abril de 2006. Cortesía de René Figueredo.

[464] O. González, carta a René Figueredo Coronado, Capelo, 9 de octubre de 2006, 9:30 PM. Cortesía de René Figueredo.

[465] O. González, carta a Marta González, 10 de noviembre de 2006, transcripción de Anelis Socorro. Usada con permiso.

agradecidos al Señor. Esperamos que el Señor siga obrando y ella se siga recuperando (...); el Señor nos ha estado ayudando todo este tiempo de la enfermedad de Belkis; el esposo de una hermana que se reunía en un grupo de mujeres que mi esposa atendía en la ciudad de Quito es el que suministra el oxígeno a hospitales y a enfermos en sus casas; desde el día que a Belkis le dio la trombosis hasta el día de hoy que hace nueve meses, ese hombre nos ha servido un tanque de oxígeno semana por semana sin cobrarnos un centavo; cada tanque vale $50.00 USD. ¿No crees que eso es bendición de Dios? ¡Claro que sí! Atendemos a Belkis en un hospital de rehabilitación; primero traíamos una terapista a la casa, le pagábamos $15.00 USD por semana, tres veces por semana; no pudimos mantener ese ritmo de gastos y encontramos un hospital de rehabilitación para personas de bajos recursos; cobraban las terapias menores a menos de $1.00 USD y las terapias mayores a $2.00 USD; ahora nos cobran las menores a $0.50 USD y las mayores a $1.00 USD; todo esto ha sido obra del Señor; nos ayudan personas que no conocemos pero que el Señor nos ha dado gracia delante de ellos. A Dios sea la gloria (...); no es porque somos buenos, sino porque somos sus hijos. ¡Gloria a Dios![466] (Sic.)

La tristeza de este año difícil para la familia González se refleja en las cartas que escribe con motivo de la navidad de 2006. Acerca de eso confiesa:

...Nos da mucha nostalgia al recordar los primeros años del cristianismo para nosotros, cuando todos los hermanos en la carne estábamos juntos; la navidad era una gran fiesta para nosotros que habíamos vivido en el pecado y habíamos hallado la luz en Cristo. ¡Qué tiempos aquellos! Hoy andamos lejos los unos de los otros y nos pasamos años sin vernos; eso es triste; lo único que me consuela

466 Onelio González, carta a René Figueredo Coronado. Quito, 1 de diciembre de 2006. Usada con permiso.

grandemente es que todos los míos están en el Señor y que un día estaremos donde jamás se dice adiós.[467]

Onelio González, al centro de la imagen, en plena selva Amazónica, acompañado por dos indígenas. Cortesía de Bernabé González. Usada con permiso.

La Obra misionera continúa

Es asombroso que en las tales condiciones se constate un fruto creciente en el trabajo de Onelio González en la selva. Lejos de mermar la comunidad indígena que atiende, ésta crece. Acerca de esto el 8 de octubre de 2007, desde Quito, Onelio González escribe a su hermana Marta González, en Holguín:

> ... Yo sigo en la misión en la selva, hace una semana vine de la selva, estuve una semana dentro; la obra sigue creciendo, ya tengo nueve comunidades donde trabajo, el trabajo se ha multiplicado mucho, y sigo solo en la selva, estoy orando para que el Señor toque a un hombre y que le

[467] Onelio González, carta a René Figueredo Coronado. Quito, 1 de diciembre de 2006. Usada con permiso.

ponga amor por esos indígenas y quiera trabajar conmigo en ese ministerio. He construido dos escuelas y una iglesia y tengo tres iglesias en construcción en la selva.

Me fui a los Estados Unidos el 26 de junio y regresé el 3 de septiembre, pasé dos semanas en los estados, viajé por cinco estados presentando la misión de la selva, el Señor me bendijo ricamente...[468]

Al día siguiente, 9 de octubre de 2007, amplía su crónica acerca del gran periplo que hubo de hacer por los Estados Unidos, en carta escrita a René Figueredo, donde le cuenta:

...Tenía que viajar a los Estados Unidos casi dos veces en un año para no perder la residencia americana; me tuve que ir el 26 de junio [2007] pues tenía una invitación para una iglesia el 1 de julio que era domingo y estuve en los Estados [Unidos] hasta el 3 de septiembre; pasé en los Estados [Unidos] dos meses y una semana; fue un viaje de mucho trabajo, estuve en cinco Estados; era viajar en avión todas las semanas; cuando tienes que hacer eso por necesidad es horrible; tenía un cansancio tremendo, pero el Señor me bendijo mucho, pues es así como consigo el dinero para el ministerio de la selva; tengo tres iglesias comenzadas que las quiero terminar en este año que comenzará pronto.

Mi esposa sigue con sus limitaciones, no puede caminar, no puede hablar, pero se mantiene estable físicamente (...); los médicos nos han dicho que lo que no se recobra en un año ya no se recobra; eso lo han dicho los médicos, pero el Señor no ha dicho eso y seguimos confiando en el médico divino (...). Cuando mi esposa le dio la trombosis le dije al Señor que si eso era un trato conmigo no le quería fallar; Él ha sido fiel dándome la gracia y el amor por cumplir con esta santa misión de cuidar a mi

[468] Onelio González, carta a Marta González, 10 de agosto de 2007, transcripción de Anelis Socorro. Usada con permiso.

esposa.[469]

La mejoría neurológica de Belkis, aún dentro de sus limitaciones, anima a Onelio a dedicar un poco más de tiempo al trabajo de la selva. Recibe al respecto el apoyo de su hija Betty y de las hermanas de la Iglesia de Quito. El 1 de diciembre de 2007, escribe a René Figueredo:

> Belkis (...) sigue con las limitaciones, no habla, no camina, pero puede comer por sus propias manos; gracias al Señor le mandé a hacer un andador en que se puede parar y tratar de caminar (...). Regresé hace quince días de la selva; estuve nueve días allá; una hermana de la Iglesia y Betty, mi hija, cuidaron a Belkis durante mi estadía en la selva. Tengo nueve comunidades donde trabajo; el trabajo ha aumentado mucho (...); tengo dos escuelas terminadas y una iglesia, y ahora tengo tres iglesias comenzadas y me urge terminarlas pero mis viajes a la selva demoran más (...) por las condiciones de mi esposa.[470]

El 9 de enero de 2008, Onelio González da fe de la evolución de su esposa, y del trabajo siguiente en la selva, cuando escribe:

> (...) Belkis se mantiene estable; su aspecto se ve muy bien; come bien y duerme bien también, pero sigue con sus limitaciones, no puede hablar ni caminar.
>
> (...) El día 18 de diciembre entré a la selva con un agasajo para los niños; entré con doscientas sesenta y cinco bolsas de caramelos y galleticas para los niños; estoy trabajando en nueve comunidades y para llevar algo para todos no es fácil; fue una hermana conmigo y un hermano; ellos fueron para ayudarme porque se me ha afectado la

[469] Onelio González, carta a René Figueredo, 9 de octubre de 2007. Cortesía de René Figueredo. Usada con permiso.

[470] Onelio González, carta a René Figueredo Coronado. Quito, 1 de diciembre de 2007. Usada con permiso.

columna y no puedo cargar la mochila que usualmente llevo; pienso entrar el día veinticinco del corriente mes; tengo algunos trabajos comenzados y quiero ver si para este año los puedo terminar; tengo tres iglesias comenzadas y hasta que no termine eso no puedo hacer nada más.[471]

Aprovechando un tiempo de bonanza el 23 de mayo de 2008, Onelio González escribe a su hermana, Marta González: "...Ahora me estoy preparando para ir a la selva el 2 de junio y regresar el 9. He pasado tres meses sin ir y me parece una eternidad; ahora esperemos que todo marque bien en las comunidades indígenas..."[472]

El 17 de junio de 2008, vuelve a escribir a su hermana:

...Sigo yendo a la selva, hoy hace ocho días que regresé de la selva, tuve un viaje un poco malo, pues andaba con un fuerte dolor en un brazo que cuando llegué fui al médico y me mandó terapia, todavía sigo con el dolor y me faltan las fuerzas en el brazo para levantar a Belkis...[473] (Sic.)

Duro sería aquel año 2008 para la experiencia misionera del insigne y esforzado Onelio. Le esperaban vivencias desoladoras para su sensible corazón: moriría un niño indígena por la picadura de un alacrán en la cabeza. René Figueredo recuerda aquella llamada telefónica a Lawton: "Tomé el auricular. Onelio estaba desgarrado y lloraba. '¿Cómo le explico ahora a los indígenas lo que sucedió? ¿Cómo

---

[471] Onelio González, carta a René Figueredo, 9 de enero de 2008. Usada con permiso.

[472] Onelio González, carta a Marta González, 23 de mayo de 2008, transcripción de Anelis Socorro. Usada con permiso. Archivos de Historia. Asambleas de Dios. Cuba.

[473] Onelio González, carta a Marta González, 17 de junio de 2008, transcripción de Anelis Socorro. Usada con permiso. Archivos de Historia. Asambleas de Dios. Cuba.

entenderán los designios de Dios?'" [474]

La accidentalidad en la selva es altísima. Los indígenas tienen un solo cuarto en sus cabañas. El fogón de cocinar lo forman palos que arden en el suelo. Aquella tarde que nadie quiere recordar, la olla estaba situada al lado de la cama. El niño de la casa se volvió… y cayó encima, dentro de la olla. Fue penosamente cubierto por el agua hirviendo. Murió.[475]

Las tales cosas sumían a Onelio en las más profundas tristezas, porque se unía con toda su vida al dolor de aquel que sufría. Necesitaba hablar y contárselo a alguien, y a la par, escuchar la voz fortalecedora de un hermano o amigo; llamaba entonces a La Habana,[476] y su voz se ahogaba entre lágrimas. "Irá andando y llorando el que lleva la preciosa semilla…" (Sal. 126: 6a).

Las tales cosas fueron las que le hicieron decir al veterano Rev. Humberto N. Duarte Llanes, al recordar a Onelio González:

> No he conocido en toda mi vida a una persona que, comparable a él, haya sabido reír con los que ríen y llorar con los que lloran. En eso era insuperable.[477]
>
> Siendo una persona muy alegre, ocurrente y chistosa, no podría esperase algo así, pero le cuento que cuando mi hermana murió, con veinticuatro años solamente, allá en Las Tunas, Onelio fue, y allí lloró con nosotros como uno más. No moría alguien, o sufría alguien sin que él fuese, y al llegar, con todos los familiares lloraba…
>
> Eso es lo que más recuerdo de Onelio González.[478]

---

[474] René Figueredo, entrevistado por O. Ríos, Oficina de Historia de las Asambleas de Dios de Cuba, 7 de agosto de 2015, 1:00 PM. Usada con permiso.

[475] Bernabé González González, entrevistado por O. Ríos, vía electrónica, 5 de agosto de 2015, 4:25 PM. Usada con permiso.

[476] René Figueredo, entrevistado por O. Ríos, Oficina de Historia de las Asambleas de Dios de Cuba, 7 de agosto de 2015, 1:00 PM.

[477] Humberto Duarte, entrevistado por O. Ríos, vía telefónica, 31 de julio de 2015, 8:15 PM. Usada con permiso.

[478] Humberto Duarte, entrevistado por O. Ríos, vía telefónica, 30 de agosto de 2015, 11:00 AM. Usada con permiso.

Misiones levantadas y construcciones

Con todo su cuerpo golpeado por caídas, picaduras de insectos, gastado de tanto sufrir, septuagenario ya, abre el heroico Onelio González, en plena selva Amazónica, las misiones de:

- San Francisco, Campo Ayui, Tres Marías, San Juan y Tinchi, en la provincia Morona Santiago.
- Tarimia, Washintza, Iwia y Bisui, en la provincia Pastaza.[479, 480]

El río Pastaza representa el límite entre ambas provincias: Pastaza al norte, y Morona Santiago, al sur.

Construyó con sus manos:

- En la comunidad Tinchi, un aula para escuela primaria y un templo.
- En Campo Ayui, un templo.
- En San Francisco, un aula para escuela primaria.
- En la comunidad Iñaiba, un templo.
- En Wachintza, comenzó un templo; lo terminaría el Ministerio ConPasión Internacional bajo la dirección y trabajo directo del Rev. David Monduy.
- En Ibia, un templo. [481, 482,483]

479 Víctor Oxiel Noja García, entrevistado por O. Ríos, vía electrónica, recibido el 11 de agosto de 2015, 4:51 AM. Usada con permiso.

480 Bernabé González, entrevistado por O. Ríos, vía electrónica, 9 de agosto de 2015, 4:01 AM. Usada con permiso.

481 Víctor Oxiel Noja García, entrevistado por O. Ríos, vía electrónica, recibido el 11 de agosto de 2015, 4:51 AM. Usada con permiso.

482 Bernabé González, entrevistado por O. Ríos, vía electrónica, 9 de agosto de 2015, 4:01 AM. Usada con permiso.

483 David Monduy, entrevistado por O. Ríos, vía electrónica, 30 de agosto de 2015, 5:00 AM. Usada con permiso.

Construcción de un templo en
Campo Ayuí por Onelio González.
Cortesía de Bernabé González.
Usada con permiso.

Escuela construida por Onelio González en la comunidad Tinchi. Cortesía de Bernabé González. Usada con permiso.

Construcción del templo en la comunidad de San Francisco. Cortesía de Bernabé González. Usada con permiso.

Estaba muy enfermo y no lo sabía. Atribuía a degeneraciones articulares y óseas propias de la edad, aquellos penosos dolores. Sería necesario que viniera a Cuba para que se descubriera la naturaleza terminal que estaba en la etiología de aquel dolor. El 18 de junio de 2008, escribe a René Figueredo:

> Hace una semana viré de la selva; fue un viaje muy duro; estuvo lloviendo todo el tiempo; andaba con un dolor en mis brazos, parece que era artritis, pero era tan fuerte el dolor que no podía dormir; andaba un hermano de la fe conmigo; él me ayudó mucho; pasamos una semana en la selva; pienso volver en la primera semana de julio con un hermano que quiere hacer un documental de la selva y quiere pasar quince días en la selva; él nunca ha ido a la selva.
>
> Mi dirección nueva: Apartado No. 17-23-011. Sangolqui, Pichincha. Ecuador S.A.[484] (Sic.)

Lejos de amilanarse, Onelio González organiza una Convención indígena de dos días en la selva. Acerca de este evento, nos deja memorias en dos cartas escritas, una el 23 de septiembre de 2008, y la otra el 21 de octubre, ambas dirigidas a René Figueredo, con idéntico contenido en ese párrafo:

> … El mes de agosto fue para mí de mucho trabajo en la selva; fui tres veces a la selva; eso quiere decir mucho gasto de dinero y mucho trabajo. Di un viaje con materiales para las construcciones que estoy haciendo en la selva; otro viaje con el hermano que vino de Miami y quiere hacer un documental de la obra que estoy haciendo en la selva y el otro más por la conferencia que calibré el dieciséis, diecisiete de agosto en la selva; reunimos ciento cincuenta indígenas en una comunidad por dos días; tuvimos que comprar una vaca para darles comida y llevar todo lo demás desde la ciudad; llevamos arroz y especias

---

[484] Onelio González, carta a René Figueredo, 18 de junio de 2008. Cortesía de René Figueredo. Usada con permiso.

que nunca comen ni usan, sal, aceite y pan; fueron conmigo un matrimonio español que estaban aquí de visita y quisieron conocer la obra de la selva; llevé un hermano músico con música grabada y otro con una cámara filmadora; todo eso se montó en más de mil dólares; (...) Estoy trabajando en nueve comunidades que están muy distantes unas de las otras y las distancias hay que andarlas a pie; me paso una semana para visitarlas todas; son siete días para visitar nueve comunidades; así que tengo que visitar cuatro comunidades en dos días y así puedo visitarlas a todas. Hace una semana vine de la selva; se fue conmigo un joven que acaba de terminar su carrera de agronomía; estaba fascinado con la selva. (...) Yo estoy con un poco de artritis en mis brazos, con mucho dolor; ayer fui a un médico, y me mandó unos exámenes y estoy en eso; mañana tengo que hacerme un eco de los hombros, pues es ahí donde tengo el mayor dolor.[485, 486] (Sic.)

A su hermana Marta González, en Holguín, Cuba, cuenta la misma vivencia, en carta escrita el 23 de septiembre de 2008:

...celebré una conferencia en la selva los días 16 y 18 de agosto, pude juntar ciento cincuenta indígenas en una comunidad, estuvo un matrimonio español, llevé un músico de la iglesia de mi yerno, él llevó música grabada y un muchacho una filmadora, hicimos un video de la conferencia cuando vaya en enero la pienso llevar a Cuba...[487] (Sic.)

---

[485] Onelio González, carta a René Figueredo, 23 de septiembre de 2008. Usada con permiso.

[486] Onelio González, carta a René Figueredo, 21 de octubre de 2008. Usada con permiso.

[487] Onelio González, carta a Marta González, 23 de septiembre de 2008, transcripción de Anelis Socorro. Usada con permiso. Archivos de Historia. Asambleas de Dios. Cuba.

El trabajo social

El trabajo del Rev. Onelio González en la Amazonía se proyectó en todas las áreas de necesidad. Allí fue, primero y por encima de todo, pastor del redil disperso en la selva; para ellos fue maestro bíblico y presentador efectivo de las verdades celestiales. A la par desarrolló un trabajo social notable como maestro secular para todas las edades; más de una aldea recibiría sus servicios como alfabetizador. Las situaciones precarias de higiene, parasitismo, infecciones, mortalidad temprana, todos estos males le enrumbarían también como asistente de salud. La necesidad general del indio pobre, campesino, cazador, explicaría porque nunca llegó hasta esos recónditos lugares con las manos vacías. Cargamentos de ropas, medicinas, útiles del hogar, toda suerte de bendiciones transportó. Esparcía a su llegada un clima de próspera alegría.[488]

Bernabé González, interrogado por el autor acerca de este tema, comenta para esta publicación:

> Mi padre se preocupó por el bienestar de los indígenas en todas las áreas. Uno de sus proyectos fue construir una escuela en una de las comunidades. Creo que en las fotos que le envío hay una construcción de color azul que fue la escuela que él ayudó a construir allá. Él pagó a un maestro para que enseñara en esa escuela. Ese maestro tuvo relaciones con una jovencita de la aldea y lo echaron de allí por lo que él estuvo enseñando por un corto tiempo hasta que consiguieron a otro maestro. El gobierno ecuatoriano financia los maestros dentro de la selva pero de manera general salen expulsados por los nativos por su mala conducta con las jovencitas.
>
> En cada ocasión que mi padre venía a Estados Unidos llevaba materiales médicos para ayudar a los indígenas en lo que a su alcance estuvo. Cuando él sabía que había una

---

[488] Bernabé González González, entrevistado por O. Ríos, 5 de agosto de 2015, 4:14 PM. Usada con permiso.

situación de salud con algún indígena él trataba de ayudarles en la medida de sus posibilidades. Mi casa siempre estaba llena de cajas de ropas que muchas iglesias y amigos donaban para llevar a la selva y su equipaje casi completo estaba destinado para ese propósito.[489]

Ramón Rodríguez, misionero permanente por cinco años en la Amazonía, recuerda: "En el periodo de tiempo que estuvo trabajando sostuvo con dinero de las misiones a dos maestros por varios años para las comunidades donde había construido las aulas".[490]

Dejaría una memoria grande en los indios de la Amazonía a los que les llevó el mensaje de salvación en Jesucristo y el cuidado pastoral. Muchos de aquellos alejados y tristes seres solitarios, escucharon por primera vez de su boca el nombre del Señor. Los pastores David Monduy Rosell y Luis Zambrano, devenidos misioneros a esa selva, han podido comprobar con cuánta admiración recuerdan los indios a Onelio González.[491]

"En la selva ya tengo dos tocayos", contaba.[492] Se refería a dos niños a los que les habían puesto por nombre Onelio, como testimonio de admiración.

El misionero cubano permanente en la Amazonía, Víctor Oxiel Noja García, cuenta:

Recientemente conocí un anciano de una de las comunidades que visitó Onelio González, enseguida le pregunté si le había conocido personalmente y me dijo con lágrimas en los ojos: "Sí le conocí, de camino por la selva me predicó el evangelio y dijo que no regresaría

[489] Bernabé González González, entrevistado por O. Ríos, 5 de agosto de 2015, 4:14 PM. Usada con permiso.

[490] B. González, entrevistado por O. Ríos, vía electrónica, 9 de agosto de 2015, 4:01 AM. Usada con permiso.

[491] Efraín Paz Gálvez, entrevistado por O. Ríos, vía telefónica, 2 de agosto de 2015, 6:00 PM. Usada con permiso.

[492] Onelio González Figueredo, carta a René Figueredo Coronado, Capelo, 9 de octubre de 2006, 9:30 PM. Cortesía de René Figueredo. Archivos de Historia. Asambleas de Dios. Cuba. Usada con permiso.

más, por problemas de salud, pero que desearía volver a verme en el cielo, y ahora soy cristiano". Años después este anciano todavía recuerda las palabras textuales del predicador y su gran anhelo de que los indígenas de la Amazonía ecuatoriana fueran salvos.

Actualmente hemos conocido a muchos hermanos reconciliado con Cristo, y testifican haber escuchado la palabra por primera vez cuando Onelio les visitó en sus comunidades. La palabra del Señor no vuelve vacía, sino que siempre cumple el propósito para el cual Él la envía (Is. 55:11). A su tiempo se recoge el fruto de la semilla plantada.[493]

La pastora Josefa Bardanca Belmas resume: "Onelio González fue un ángel de Dios para aquellos indios y dio su vida por ellos".[494]

En la escuela.
Cortesía de Bernabé González. Usada con permiso.

---

[493] Víctor Oxiel Noja García, entrevistado por O. Ríos, vía electrónica, recibido el 11 de agosto de 2015, 4:51 AM. Usada con permiso.

[494] Josefa Bardanca, entrevistada por O. Ríos, vía telefónica, 31 de julio de 2015, 7:40 PM. Usada con permiso.

Ocaso y aurora eterna

En la LXII Conferencia General Bienal

Guanabacoa. La Habana. Cuba.

Desde el año 2007 Onelio González estaba deseando venir a Cuba. En carta escrita a René Figueredo, expresa:

> Si el Señor me ayuda pienso ir a Cuba en enero del 2009, quiero estar en la Convención General; he recibido ofrendas de Cuba y quiero ir a expresar mi gratitud a las iglesias y a los pastores que han tenido la fineza de mandarme ofrendas de Cuba para el ministerio. Cuando recibo ese dinero de Cuba me pasa como al Rey David cuando recibió el agua del pozo de Belén de manos de sus soldados (II Sa. 23:14-17). ¡Eso es un verdadero sacrificio![495] (Sic.)

La LXII Conferencia General Bienal de la Iglesia Evangélica Pentecostal de Cuba (Asambleas de Dios), tuvo lugar entre los días 13 y 16 de enero de 2009, en el Templo central de Guanabacoa, La Habana y Onelio González logra cumplir su propósito de venir.

En los días previos al viaje sufre una caída en la calle y se lastima su brazo derecho. Cercana la fecha de salida, difiere una visita al médico y decide venir a Cuba, pese al reclamo de atención que le hacía el dolor.[496] Sentía que debía hacerlo.

Dos años después, cuando le vimos partir con el Señor, lo sabríamos todos: venía a despedirse…

Quiso en esta última visita, antes de ver a cualquier familiar, hermano en la fe o amigo, tener un tiempo a solas con Humberto Martínez Sabó, Superintendente General de las Asambleas de Dios de Cuba para las alturas de aquellos dramáticos días de 1982…

---

[495] Onelio González, carta a René Figueredo, 1 de diciembre de 2007. Cortesía de René Figueredo. Usada con permiso.

[496] Bernabé González González, entrevistado por O. Ríos, vía electrónica, 16 de julio de 2015, 1:00 PM. Usada con permiso.

Hizo algo completamente inusual en él: no permitió que le recibieran familiares o amigos en el aeropuerto. Por pedido suyo, Samuel Martínez Pons, hijo del ex–Superintendente, le iría a recoger. Así se hizo y Samuel le condujo en su auto hasta el hogar de su padre, en El Diezmero. Allí tuvo lugar aquel encuentro, que quiso Onelio se desarrollara completamente a solas. Qué conversaron, qué heridas se removieron, qué confesiones se hicieron, de qué fardos del pasado se desembarazaron, nunca lo sabremos... Solo podemos decir que, en los días finales de la vida del insigne misionero, cuando ya era inminente la partida, Marta González Figueredo le llamó desde Cuba, inquieta por el sentir de su cercana promoción a la gloria, y le dijo: "Hermano, ponte a tono con Dios, que nada te impida entrar a Su presencia..." Onelio, casi agónico, le contestó: "...todo está en orden".[497, 498]

El Rev. Herminio Pupo González recuerda la participación de quien fuera su compañero en el ministerio tantos años, ahora en la LXII Conferencia General Bienal de 2009. Acerca de eso nos dice: "Todos le vimos en 2009 en la Conferencia General Bienal de Guanabacoa. Nos mostró muchos videos en que se le veía atravesando ríos, troncos de madera, enfrentando desafíos naturales tremendos... Él se veía fuerte para la edad que tenía".[499]

El pastor Justo Regueira Crespo, líder histórico del avivamiento de Madruga, en Cuba, le dijo: "Onelio, quiero que sepas que estoy orando con intensidad por el trabajo que estás haciendo en la selva". Cuando Justo Regueira le dice a usted que está orando, créale, lo está haciendo. Onelio le contestó, impresionado: "Entonces eres de esos hermanos que están orando y de pronto yo siento en el medio de la selva un influjo

---

[497] Marta González Figueredo. Grabación digital enviada a los Archivos de Historia de las Asambleas de Dios de Cuba. Recibida el 13 de septiembre de 2015. Usada con permiso.

[498] René Figueredo, entrevistado por O. Ríos, Oficina de Historia de las Asambleas de Dios de Cuba, 7 de agosto de 2015, 1:00 PM. Usada con permiso.

[499] Herminio Pupo González, entrevistado por O. Ríos, vía electrónica, 31 de julio de 2015. 5:00 PM. Usada con permiso.

de Dios, y levantando la mano le digo al Señor: 'Señor, bendice a ese hermano que está orando'". [500]

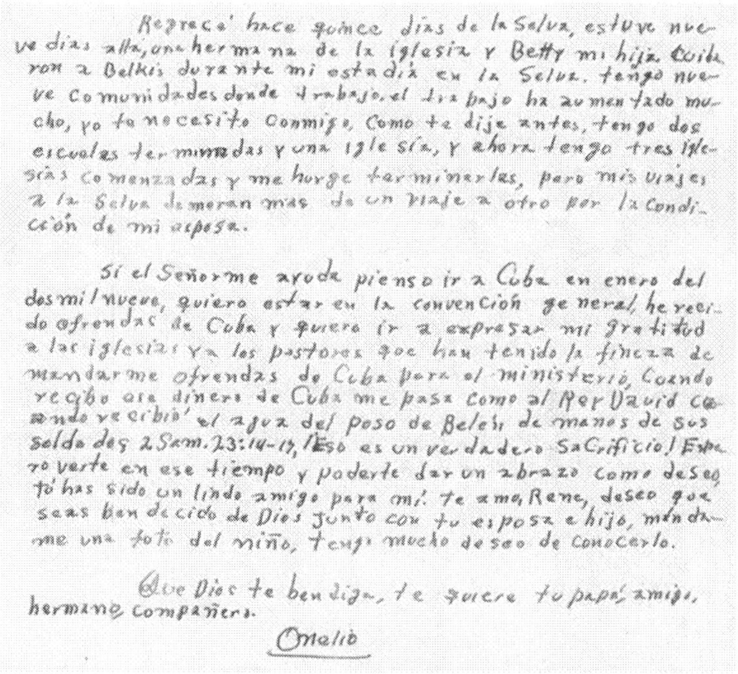
Regresé hace quince días de la Selva, estuve nueve días allá, una hermana de la iglesia y Betty mi hija cuidaron a Belkis durante mi estadía en la Selva. tengo nueve comunidades donde trabajo. el trabajo ha aumentado mucho, yo te necesito conmigo, Como te dije antes, tengo dos escuelas terminadas y una iglesia, y ahora tengo tres iglesias comenzadas y me urge terminarlas, pero mis viajes a la Selva demoran más de un viaje a otro por la condición de mi esposa.

Si el Señor me ayuda pienso ir a Cuba en enero del dos mil nueve, quiero estar en la convención general, he recibido ofrendas de Cuba y quiero ir a expresar mi gratitud a las iglesias y a los pastores que han tenido la fineza de mandarme ofrendas de Cuba para el ministerio, Cuando recibo ese dinero de Cuba me pasa como al Rey David cuando recibió el agua del poso de Belén de manos de sus soldados 2 Sam. 23:14-17, ¡Eso es un verdadero sacrificio! Espero verte en ese tiempo y poderte dar un abrazo como deseo tú has sido un lindo amigo para mí. Te amo, Rene, deseo que seas bendecido de Dios junto con tu esposa e hijo, mándame una foto del niño, tengo mucho deseo de conocerlo.

Que Dios te bendiga, te quiere tu papá, amigo, hermano compañero.

Onelio

Copia fotostática de la carta escrita por el Rev. Onelio González Figueredo desde Quito, Ecuador, a su primo segundo, René Figueredo Coronado, en La Habana, Cuba, con fecha de 1 de diciembre de 2007. Cortesía de René Figueredo Coronado. Usada con permiso.

Seguía siendo el mismo hombre llano, sencillo y directo. Acá alguien que ni siquiera había estudiado en un seminario, se le apareció ostentosamente con un título de Doctor en Divinidades. Él le dijo: "Hermano, no presuma de eso, allá cualquiera compra ese título". [501]

---

[500] René Figueredo, entrevistado por O. Ríos, Oficina de Historia de las Asambleas de Dios de Cuba, 7 de agosto de 2015, 1:00 PM. Usada con permiso.

[501] Samuel García Núñez, entrevistado por O. Ríos, vía telefónica, 3 de agosto de 2015, 9:00 AM. Usada con permiso.

Su buen humor se conservaba inalterable. René Figueredo Coronado afirma que tenía siempre a flor de labios una broma que mezclaba con enseñanzas o comentarios que hacían reflexionar a los presentes, mientras se reían. Acerca de esto cuenta:

> Le ofrecí café y le pregunté si lo prefería amargo. "No, hijo, el amargo no me gusta ni en las experiencias; el azúcar y yo somos buenos amigos", me contestó en broma.[502] La comida que le sirvieron en la casa de Efraín Paz estaba tan caliente que no había quien se la comiera; todo el mundo estaba soplando el plato, y Onelio nos dijo: "Así me gusta la comida: bien caliente. O fría o caliente, nunca tibia..." Todos entendimos que se refería al mensaje del Señor a la Iglesia de Laodicea.[503, 504]
>
> Le comenté acerca de mis intenciones de acompañar a mi suegro a ver un drama de navidad a su Iglesia Católica y me dijo: "Hijo, busca en todo un propósito. Yo estaba en Las Tunas haciendo una cola inmensa para comprar telas, en esa época en que las telas las sacaban y había que pasarse horas esperando, y cuando ya me tocaba, cerraron las puertas de cristal delante de mí. Yo veía las telas ahí y no las podía tener. ¿Qué te quiero decir?: que se puede estar muy cerca y no estar. Yo estaba muy cerca de las telas pero no las podía tener. Me separaba herméticamente la puerta de cristal. Así es con el que va a la Iglesia Católica: se puede estar cerca y no estar".[505]

---

502 René Figueredo, entrevistado por O. Ríos, vía telefónica, el 6 de agosto de 2015, 8:00 PM. Usada con permiso.

503 Ap. 3:14-16: "Y escribe al ángel de la iglesia en Laodicea: He aquí el Amén, el testigo fiel y verdadero, el principio de la creación de Dios, dice esto: Yo conozco tus obras, que ni eres frío ni caliente. ¡Ojalá fueses frío o caliente! Pero por cuanto eres tibio, y no frío ni caliente, te vomitaré de mi boca".

504 René Figueredo, entrevistado por O. Ríos, vía telefónica, el 21 de agosto de 2015, 2::00 PM. Usada con permiso.

505 R. Figueredo, entrevistado por O. Ríos, vía telefónica, el 21 de agosto de 2015, 2::00 PM. Usada con permiso.

El Rev. Héctor Pereira asegura: "Onelio sabía combinar una sonrisa con una amonestación, un abrazo con una reprensión",[506] y decir esto no era mero hablar. En esta amalgama de gracejo y sana reflexión, Onelio era inigualable. Acerca de esto René Figueredo cuenta:

> Durante un tiempo de amistad y familiaridad una hermana presente, explicaba que ella había roto su matrimonio con su esposo, que era cristiano y ahora se había recasado con un inconverso y le iba de lo mejor. Nadie decía eso delante de Onelio y salía ileso; así es que con esa combinación de buen humor y reprensión que tanto le caracterizó, le dijo: "Hizo mal, hermana, porque el peor de los cristianos es hijo de Dios y el mejor de los impíos es hijo del diablo. ¿No está teniendo ya problemas con su suegrito?[507, 508]
>
> Onelio nos decía: "No hay verdades que maten ni mentiras que sanen".[509]

Nunca olvidó Onelio a ningún amigo, especialmente a aquellos que lo fueron en los tiempos difíciles. No se iría de Cuba sin visitar y abrazar a José Suárez Rodríguez. El hermano Suárez, como todos le decíamos, fue uno de los más grandes apoyos de los ministros y siervos de Dios, en los momentos más difíciles de la historia. Por su finca pasaron los más insignes pastores y evangelistas de las Asambleas de Dios, en aquellos días cuando no podían determinar, más que por la fe, la posibilidad de comer. No hubo siervo que abandonara la

---

[506] Héctor Pereira Sánchez, Documento enviado a los Archivos de Historia de las Asambleas de Dios de Cuba. Recibido: 8 de agosto de 2015. Usado con permiso.

[507] René Figueredo, entrevistado por O. Ríos, Oficina de Historia de las Asambleas de Dios de Cuba, 7 de agosto de 2015, 1:00 PM. Usada con permiso.

[508] Efraín Paz Gálvez, entrevistado por O. Ríos, vía telefónica, 2 de agosto de 2015, 6:00 PM. Usada con permiso.

[509] R. Figueredo, entrevistado por O. Ríos, Oficina de Historia de las Asambleas de Dios de Cuba, 7 de agosto de 2015, 1:00 PM. Usada con permiso.

casa de Suárez con las manos vacías. Él fue ropa al desnudo, comida al hambriento y medicina al enfermo. Suárez fue levantado por Dios, con una economía muy próspera, con que cubrió a sus hermanos siempre. El Señor lo recuerde en su favor el día de la eternidad. René Figueredo Coronado, recuerda:

> Al hogar de Suárez llegamos Onelio, Efraín Paz y yo. Vivía en la zona del matadero de Lawton, La Habana. Onelio quería verlo y tuvo un gran tiempo con él. Le dio la mano, advirtió que le faltaban algunos dedos, y le preguntó con amor: "Suárez... ¿qué te pasó?" Lo abrazó. Abrió Onelio su Biblia, una enorme Biblia Thompson que llevaba, y leyó allí las palabras del Salmo 91. Oró por él..., por aquel hermano que tanto socorrió a los santos y a quien él no olvidaría nunca.[510]

El Rev. Efraín Paz accedió a moverlo por toda La Habana, a su llegada a la capital, y recuerda sentídamente: "Le llevaba por todos los hogares de los hermanos de la Iglesia y de su familia. Mi camioneta es muy alta, y recuerdo que, en uno de los esfuerzos que hizo para subir, se contrajo súbitamente, y no pudo moverse, y tocando su hombro, me dijo: '¡Qué dolor...!'"[511]

En estas condiciones, terminada la Conferencia General se dirigió al oriente cubano, aquel en que tantos años derramó su vida de servicio. Fue en ómnibus. Bernabé, su hijo, recién llegado, le esperó en Holguín, arrendó un auto y le condujo por todo el extremo oriental de la isla.[512, 513]

Cuenta la pastora Juana Pol Martínez, que junto a su esposo, el Rev. Bonifacio Martínez Elías, atiende la

---

[510] René Figueredo Coronado, entrevistado por O. Ríos, vía telefónica, 27 de agosto de 2015, 1:30 PM. Usada con permiso.

[511] Efraín Paz Gálvez, entrevistado por O. Ríos, vía telefónica, 2 de agosto de 2015, 6:00 PM. Usada con permiso.

[512] Bernabé González González, entrevistado por O. Ríos, vía electrónica, 16 de julio de 2015, 1:00 PM. Usada con permiso.

[513] B. González, entrevistado por O. Ríos, vía electrónica, 25 de agosto de 2015, 4:33 PM. Usada con permiso.

congregación que se reúne en el Templo de la Iglesia Evangélica Pentecostal de Cuba (Asambleas de Dios) en Campechuela, Oriente:

> Vi de pronto que se movilizó la Iglesia para una reunión y que hasta los vecinos inconversos del barrio iban, y cuando vamos a ver de qué se trataba, era Onelio González que había llegado y estaba llamando a todo el mundo; quería tener un tiempo con los hermanos, con la gente del lugar, entre los que dejó tan gratas memorias. Acá, en Campechuela, cuando alguien se enfermaba Onelio lo inyectaba, y cada vez que se lo llevaban preso todo el mundo iba para allá... Es la memoria que dejó.[514]

Visitaron también Maffo y Holguín, especialmente su querido Rejondón. Amigos, familiares, hermanos se sorprendieron al verle allí, siempre diáfano, alegre, sencillo. Entre abrazos, apretones de manos, entradas y salidas, el dolor arreció... Aquel dolor que tantas veces sintió en la selva, pese al cual siguió siempre adelante, ahora se hace insoportable. Su hermana Marta González hace gestiones y en el Hospital "Lenin" le examinan radiológicamente. El diagnóstico es preocupante: una masa tumoral deforma el hueso del antebrazo e invade tejidos vecinos. "Los días restantes de su estadía en Cuba fueron bendecidos, pero con mucho dolor", concluye Bernabé González.[515]

Visitaría los campos donde un día estuvo; tocaría por última vez los troncos de aquellos árboles, mudos testigos de sus tristezas, los mismos que le escucharon una y otra vez adorar a Dios cuando muchos no tuvieron fuerzas para hacerlo. Andaría los caminos de fango que antaño le vieron pasar.

Completaron en Las Tunas aquel extenso recorrido, participando en la Escuela Dominical; almorzaron en la casa de Juan Mariño, hermanos tan cercanos a ellos en los días de aquel inolvidable pastorado; regresaron a Holguín, se

---

[514] Juana Pol Martínez, entrevistada por O. Ríos, vía telefónica, 5 de agosto de 2015, 3:40 PM. Usada con permiso.

[515] Bernabé González González, entrevistado por O. Ríos, vía electrónica, 16 de julio de 2015, 1:00 PM. Usada con permiso.

despidieron de la familia, y padre e hijo, usando un ómnibus, regresaron a La Habana. Bernabé no venía a Cuba desde que emigró.[516]

Onelio regresaría a Ecuador y Bernabé fue a despedirle al aeropuerto; éste último tenía programado su retorno a los Estados Unidos. "Fue muy doloroso verle ir en la condición en que tenía su brazo lastimado y tener que viajar solo hacia Suramérica. Muy triste quede allí", recuerda Bernabé.[517]

Cumplidos los propósitos de la visita de Onelio González, en el último minuto, al subir al avión que le condujo de regreso a Ecuador, sus ojos se elevaron, en mirada postrera, al cielo de la tierra que tantas veces le vio reír…, al cielo de la tierra que tantas veces le vio llorar…

De regreso a Ecuador

El 5 de agosto de 2009, el Rev. Onelio González da parte a René Figueredo:

> (…) El médico confirmó que tenía un cáncer en el brazo y comenzó a tratarme en Ecuador pero comenzaron con un tratamiento tan desacertado que Bernie[518] no quiso que siguiera tratándome en Ecuador, y vine a Estados Unidos el 24 de marzo; comencé mi tratamiento a fines de mayo; todo el tiempo fue tratando de conseguir la aseguranza para mi tratamiento que está costando miles y miles de dólares; hasta este momento no he tenido que pagar un centavo; así ha sido la misericordia de mi amado Padre.[519] (Sic.)

Bernabé González amplía la explicación acerca del camino seguido:

---

516 Bernabé González González, entrevistado por O. Ríos, vía electrónica, 25 de agosto de 2015, 4:33 PM. Usada con permiso.

517 Ibíd.

518 B. González (Nota del autor.)

519 Onelio González, carta a René Figueredo, 5 de agosto de 2009. Cortesía de René Figueredo. Usada con permiso.

Regresó de su viaje al Ecuador y comenzó a atenderse con los médicos. Debido a la deficiencia médica allí, lo trasladamos a Estados Unidos donde comenzó a ser tratado por el Departamento Oncológico de la Universidad de Miami. La Doctora Adams le implantó una prótesis en remplazo del hueso afectado para no tener que amputar su brazo. La operación fue un éxito y comenzó a recuperarse de la misma.

Cuando fue dado de alta se trasladó al Ecuador nuevamente y comenzó a hacer vida normal pero el uso excesivo del brazo le lastimó la coyuntura del hombro por lo que comenzó a tener unos dolores insoportables. Tuvimos que trasladarlo nuevamente a Miami donde comenzó a ser tratado. Para este tiempo las células cancerígenas habían viajado a los pulmones y esto trajo como consecuencia un deterioro apresurado de su salud. Estuvo en dos tratamientos de quimioterapia y luego de ser dado de alta quiso regresar al Ecuador para terminar sus días junto a su esposa para cumplir con sus votos ante Dios y los hombres de que estarían juntos hasta que la muerte los separara, y así fue. [520]

Guillermina González Figueredo recuerda acerca de estos dramáticos momentos:

Durante todo ese período de enfermedad el vino a vivir conmigo, pues yo era la que más cerca estaba del hospital, y con todo amor y esmero lo atendí, junto a mi hermana Migdalia que viajó de Filadelfia para ayudar, también nuestra hermana Elsa ayudó en todo ese proceso.

Mi querido hermano se mantuvo alabando al Señor, aun de madrugada. Nunca se quejó contra el Señor por su sufrimiento, lo único que decía era que él no hubiera querido partir de este mundo antes que su esposa, pues él era quien le ayudaba en todo, debido a que ella estaba en

---

[520] Bernabé González González, entrevistado por O. Ríos, vía electrónica, 16 de julio de 2015, 1:00 PM. Usada con permiso.

silla de ruedas y apenas podía hablar y no podía valerse por sí misma, hacia años y él sufría al verla así.[521]

Dios levanta un relevo: Ramón Rodríguez

Guillermina González Figueredo describe aquella sucesión de ministerios que Dios hizo en su amor por las almas dispersas en la selva ecuatoriana:

> Onelio había orado sin cesar para que Dios le enviara un misionero dispuesto a ocupar su lugar en el ministerio en la selva ecuatoriana, y estando en mi casa Dios le contestó su clamor, cuando un día el hermano Ramón Rodríguez dijo que quería conocerlo y vino para encontrarse con él en mi hogar, pues había visto fotos presentadas en la Convención de La Habana, que mostraba a Onelio y lo que estaba haciendo entre los indígenas. Al enterarse que él estaba en Miami, fue a conocerlo y le explicó que él sintió en su espíritu que Dios lo llamaba a trabajar en ese lugar, en la selva ecuatoriana. Ahí mi hermano lloró como un niño, pero de gozo, reconociendo que Dios nunca llega tarde, y que Él ama a esas vidas más que nadie en el mundo, y se sintió feliz de que antes de partir de este mundo iba a poder instruir y guiar a Ramón en tan ardua labor misionera, orientándole acerca de cómo conducirse con ellos, ya que es una cultura totalmente diferente a la nuestra. Hizo una oración tremenda por Ramón traspasando del espíritu que Dios había puesto en él por esas almas. Fue un momento exclusivo e inigualable. Él se gozó más aún al saber que El hermano Ramón iba con su esposa y un hijo.[522] (Sic.)

Bernabé González explica la evolución siguiente de este encuentro:

---

[521] Guillermina González Figueredo, entrevistada por O. Ríos, vía electrónica, 14 de agosto de 2015, 10:06 PM. Usada con permiso.

[522] G. González, entrevistada por O. Ríos, vía electrónica, 14 de agosto de 2015, 10:06 PM. Usada con permiso.

En seguida el hermano Ramón Rodríguez preparó un viaje al Ecuador para reconocer el terreno y ver qué podía hacer para continuar el trabajo allí. Inmediatamente que regresó vino a ver a mi padre y le dijo: "Voy a continuar la obra allí".

El hermano Ramón y su esposa Caridad fueron a continuar el trabajo misionero iniciado por mi padre logrando un avance increíble en los casi cuatro años que estuvieron trabajando allí. Ellos pudieron guiar al hermano Oxiel quien fue enviado por las Asambleas de Dios de Cuba para trabajar allá y por la gracia de Dios esta obra ha continuado creciendo y expandiéndose dentro de la selva, y creemos que la historia del trabajo misionero comenzado por mi padre allí pero continuado por los obreros de la Iglesia cubana está aún por comenzarse a escribir. A Dios sea toda la gloria y la honra por lo que ha sucedido y está por suceder en la selva amazónica del Ecuador. [523]

Los hermanos Rodríguez han tenido que hacer una pausa en su trabajo misionero dentro de la selva debido a que ellos son solamente residentes de los Estados Unidos; esto los obliga a estar viniendo de regreso al país cada seis meses y esto encarece sobremanera su trabajo misionero. Ellos han decidido esperar hasta obtener la ciudadanía de los Estados Unidos para incorporarse nuevamente al trabajo activo dentro de la selva sin tener que estar regresando continuamente a Estados Unidos. Ellos dejaron construida su vivienda dentro de la selva. Cabe decir que el hijo de nuestros hermanos se casó con una indígena y tienen ya dos hijos. Los Rodríguez eran muy amigos del hermano Oxiel desde Cuba y fueron los que lo encaminaron y guiaron en su establecimiento en las periferias de la zona de trabajo donde vive Oxiel con su familia.[524] (Sic.)

---

523 Bernabé González González, entrevistado por O. Ríos, vía electrónica, 16 de julio de 2015, 1:00 PM. Usada con permiso.

524 B. González, entrevistado por O. Ríos, vía electrónica, 8 de agosto de 2015, 2:21 PM. Usada con permiso.

Belkis Beatriz González, advierte la sincronía que Dios impuso en cada detalle de la partida de su padre a la eternidad:

> No fue hasta que el tétrico y mortal cáncer tomara su cuerpo que Dios levantó a ese hombre que es el pastor Ramón Rodríguez, un hombre que tuvo la oportunidad, el honor y el privilegio de estar con mi padre días antes de partir éste a la presencia del Señor. Pude ver como se repitió la hermosa historia de Elías y Eliseo (II Re. 2:10-15) en ese cuarto donde ellos se abrazaron. Sé que una doble porción de amor por esas tribus fue derramada sobre la vida de Ramón porque mi padre lo transfirió a ese siervo que hoy ha hecho, en tan corto tiempo, cosas gloriosas en esas tierras. [525]

Partida a la eternidad

El 7 de enero de 2010, Onelio González escribe a su hermana Marta González:

> … El tiempo en el hospital fue una oportunidad para dar testimonio de mi amado Señor que ha sido tan lindo y bueno conmigo. Marta, la actitud de los médicos conmigo ha sido como si hubieran sido mis familiares, era una atención y un interés en mi estado que yo no tenía más que darle gracias al Señor por su gracia divina dada ante todos esos médicos y enfermeras. Cuando recibí la primera quimioterapia me dio una reacción tan fuerte que perdí el apetito, no tenía gusto en la boca, todo me sabía a tierra, no me podía tragar los alimentos, tenía a Migdalia y a Guillermina sobre mí para que comiera, pero no podía comer; me presionaron para que fuera a emergencia, hacía cuatro días que me habían dado de alta en el hospital; cuando llegué a emergencia me ingresaron y estuve en el hospital cuatro días más; no me bañé en esos cuatro días,

[525] Belkis Beatriz González, entrevistada por O. Ríos, vía electrónica, 13 de agosto de 2015, 6:38 PM. Usada con permiso.

olía a transeúnte, no tenía ánimo de nada, ingresé el jueves por la tarde y el domingo fue al hospital Tony, el hijo de Guille, su esposa, fue Loyda y estaban Migdalia y Guille; ellos oraron por mí. Dios me tocó esa tarde; el lunes por la mañana pude desayunar, ir al baño y me pasé como cuarenta minutos echándome agua tibia sobre mi cuerpo, ya me sentía como una persona viva, se me habían bajado mucho los glóbulos blancos y eso fue lo que me produjo esa crisis. Bueno, ya superé esa crisis y gracias al Señor, las dos sesiones más de quimioterapia no me dieron reacciones malas, Dios me ha ayudado mucho en todo este proceso (...).

Bueno querida hermana, te he hecho la historia completa de mi proceso, quiero decirte que en la última visita con el médico oncólogo, el diagnóstico no fue bueno, me dijo que la metástasis del pulmón había crecido; yo le dije: "Doctor, si yo me estoy dando quimioterapia y mis tumores están creciendo, yo no voy a someterme más a tratamiento por gusto". Él me dijo: "Te quiero ver dentro de tres meses"; yo le contesté: "Yo no quiero verlo a usted más nunca"; cuando le dije eso saltó de la risa.

Te cuento todo esto para que sepas que es lo que hay desde el punto de vista de los médicos; mi confianza esta puesta en mi Señor Jesucristo. Él tiene todo poder y en Él confío; no estoy aferrado a la vida, solo me he rendido a su santa voluntad; tengo paz, me siento fuerte, como bien y duermo bien. Cuando me invitan predico; estoy invitado para celebrar una campaña de sanidad divina en la semana del amor... te pido que oren para que Dios se manifieste con poder.

Lo importante de todo esto es estar preparado para encontrarse con el Rey de reyes y gozar de su divina presencia y de la vida eterna. [526] (Sic.)

---

[526] Onelio González, carta a Marta González, 7 de enero de 2010, transcripción de Anelis Socorro. Usada con permiso. Archivos de Historia. Asambleas de Dios. Cuba.

El 4 de mayo de 2010, Onelio González, sin una queja en su alma estoica, escribe lleno de gratitud:

> ...mi brazo derecho ha quedado con mucha deficiencia, pero lo puedo usar; verás mi letra muy dispareja porque la mano no me corre por sobre el papel y tengo que hacer fuerza para poder escribir, pero lo hago. Gloria a Dios. De lo demás gracias al Señor me siento bien; según los médicos tengo dos metástasis en el pulmón derecho y me habían anunciado ciertos síntomas, pero para la gloria de Dios ya hace ocho meses de mi operación y no he tenido ningún síntoma. Dios está glorificando su nombre.[527]

Desde mediados de enero de 2009, en que se le hizo el diagnóstico presuntivo radiológico de aquel tumor en Holguín, Cuba, hasta mediados de octubre de 2010, en los Estados Unidos, han transcurrido un año y nueve meses. Durante este tiempo el tumor se extendió del antebrazo, primero al hombro y finalmente a los pulmones; pese a la quimioterapia la evolución le indica a Onelio un deterioro creciente; su dependencia de oxígeno aumenta...[528]

Ha tenido tiempo de orar. Ya lo sabe: el fin se acerca. Debe decidir dónde morirá. Estados Unidos le ofrece un nivel de asistencia que no tiene paralelo. Sus hermanas están allí con él. Siguen siendo la familia unida de aquel remoto Rejondón de Báguanos. Su hijo es un hombre diligente y trabajador y vela para que no le falte nada; todo eso está muy bien, pero allá, al sur, en el lejano Ecuador, ha quedado su esposa, a cuyo lado prometió estar "hasta que la muerte los separe".[529] Por causa de ella no hay un lugar mejor para partir de este mundo que allí.

Con riesgo de morir en el vuelo por su dependencia de oxígeno, el 10 de octubre de 2010, Onelio González se levanta

---

[527] Onelio González, carta a René Figueredo Coronado. 4 de mayo de 2010. Usada con permiso.

[528] Bernabé González González, entrevistado por O. Ríos, vía electrónica, 16 de julio de 2015, 1:00 PM. Usada con permiso.

[529] Guillermina González Figueredo, entrevistada por O. Ríos, vía electrónica, 14 de agosto de 2015, 10:06 PM. Usada con permiso.

en los aires rumbo a Ecuador.[530, 531] Es su último viaje.

En los umbrales de la vida eterna

Todos en Ecuador quieren saber cómo está Onelio y se llena el hogar de los González. Llueven las palabras de fe; nadie se resigna a verle partir, pero el siervo sabe cuándo su Señor le llama, y preparando a su esposa para algo que sabe llegará en pocas semanas, le dice: "Honey..., yo me voy primero..." Ella rechazó la idea: "¡No...!"[532]

Belkis Beatriz (Betty) González, hija del matrimonio, ahora a la cabeza del hogar, crea condiciones para que su padre Onelio experimente momentos de felicidad. La Iglesia Betesda, de Quito, apoya aquel esfuerzo y en las semanas siguientes los hermanos tuvieron en su haber el estar allí.

Por Betty sabemos acerca de aquellas semanas:

> ...Sus últimos días fueron llenos de experiencias hermosas con Dios, en casa; a su habitación venían muchos hermanos a verlo y cada persona que entraba a ese cuarto salía bendecida y ministrada por él. Sus últimas noches estuvieron llenas de momentos con Dios. Juntos los tres: mi madre Belkis, en su sillita de ruedas, (...) compartíamos con él tiempos de alabanza y adoración. Ya él no podía cantar porque el cáncer había afectado sus pulmones y le era muy difícil respirar, pero, al cantar yo todas aquellas canciones (...), levantaba su mano y adoraba, y su corazón se conectaba con el Padre.[533]

---

[530] Onelio González permaneció en casa de Guillermina González, su hermana, desde abril de 2010 hasta el 10 de octubre de 2010 en que regresó a Ecuador. (Loyda Calvo González, entrevistada por O. Ríos, 17 de agosto de 2015, 3:03 AM. Usada con permiso.)

[531] Guillermina González Figueredo, entrevistada por O. Ríos, 14 de agosto de 2015, 10:06 PM. Usada con permiso.

[532] René Figueredo, entrevistado por O. Ríos, Oficina de Historia de las Asambleas de Dios de Cuba, 7 de agosto de 2015, 1:00 PM. Usada con permiso.

[533] Belkis Beatriz González, entrevistada por O. Ríos, vía electrónica, 13 de agosto de 2015, 6:38 PM. Usada con permiso.

Cercana esta la cita con el Eterno. El final se avista ya y el siervo lo sabe. Los primeros días del otoñal noviembre se van y con ellos se descuelgan las últimas hojas de aquel almanaque.

Dicen que hay un mirar atrás en las personas que saben van a morir. Se mueven despacio, ante los ojos del alma, las escenas tiernas de la infancia; pueden verse los rostros de los que bien te quisieron; suben de algún lugar ignoto las memorias de los amigos que ya no están. El mundo interior se vuelve un convite de recuerdos.

Onelio vive las dulces remembranzas de los minutos postreros: su lejano Rejondón, fecundo en sueños; sus hermanitas esperanzadas, asidas de su pantalón; la fuerza del trabajo, el correr por su frente del noble sudor; la irrupción del Eterno, Su llamado; los días del Instituto en que se insinuó, susurrante, la voz misionera de su alma; la primera sonrisa de Belkis, que se expandió de sí y llenó el mundo, aquella con que le miró la tarde en que disfrazó con un "te extraño" a un tímido "te quiero"; su voto ante el altar, para cumplir el cual dejó Norteamérica atrás; sus hijitos, y la lejana hora en que, por primera vez, le dijeron: "Papá"; Holguín, Campechuela, Las Tunas, Maffo:

> ¡Campos de Cuba!
> Olor de sus mañanas,
> sabor de sus aguas.
> A veces solo fue
> caminar entre sus cañas;
> pero ¡que tarde aquella
> en que, sentado, cerré los ojos,
> solo para oír
> el rumor de sus palmas!

Aquellos días en cama fueron de gracia y le trajeron recuerdos de la selva al alma: sus indios, sus niños, sus templos, sus aulas…; se vio otra vez arrastrado por las aguas del Pastaza, y feliz de vivir para contarlo.

Suben cual incienso las últimas oraciones: San Francisco, Campo Ayui, Tres Marías, San Juan, Tinchi,

Tarimia, Washintza, Iwia, Bisui…; cada rincón de la selva, cada aldea, cada casa…

Víctor Hugo escribió: "Ya nada puede detenerme en la tierra. ¿Mi surco? Ahí está abierto. ¿Mi gavilla? Está formada".[534]

La obra está hecha; ya no queda nada: "He peleado la buena batalla, he acabado la carrera, he guardado la fe" (II Ti. 4:7).

Belkis está a su lado; Betty salió para renovar las despensas agotadas; en minutos volverá.[535]

Son las 8:15 PM, del 18 de noviembre de 2010.

Es el tiempo…

A solas con su amada esposa Belkis, en aquel último instante…, así lo quiso Dios; así partió.[536]

Llovía y un frío húmedo llenó la ciudad,[537, 538] como si todo el calor de aquel lugar se hubiese ido con él.

La noche se tornó inmensamente oscura; por pudor las estrellas no salieron.

Despedida

El día 19 se celebraron las honras fúnebres. Multitudes de personas desfilaron en diferentes momentos del día, y un culto en la noche, donde participaron más de doscientos hermanos, fue el escenario de recordación. Los presentes compilaron las memorias de lo que fue su vida y el Rev. Edison Campana, pastor de la Iglesia Betesda de las Asambleas de Dios de Quito, invitó la grey a una reflexión, basada en Eclesiastés 7:2, en que agradeció a Dios la vida del insigne misionero.[539]

---

[534] Yves Bernet, *Víctor Hugo*, "Veni, vidi, vinci", abril de 1848, p. 77.

[535] Belkis Beatriz González, entrevistada por O. Ríos, vía electrónica, 15 de agosto de 2015, 3:45 AM. Usada con permiso.

[536] Ibíd.

[537] Bernabé González González, entrevistado por O. Ríos, vía electrónica, 2 de agosto de 2015, 2:35 PM. Usada con permiso.

[538] B. Beatriz, entrevistada por O. Ríos, vía electrónica, 16 de agosto de 2015, 5:25 AM. Usada con permiso.

[539] B. Beatriz, entrevistada por O. Ríos, vía electrónica, 13 de agosto de 2015, 6:38 PM. Usada con permiso.

El grupo de alabanza cumplió su último deseo: una fiesta de alabanza. En las últimas semanas que vivió, Onelio González rechazó permanentemente la idea de una despedida luctuosa.[540] Pese a que su vida tuvo muchas tristezas, estuvo llena de alabanza y adoración. Así quería terminar.

Belkis Beatriz González, la 'pequeña Betty' de Onelio, diría:

> Nadie puede imaginar cuánto se quebranta mi corazón con el recuerdo de cada historia de mi padre.
>
> En la despedida fúnebre que hicimos a papá muchos hermanos me pidieron les diera la oportunidad de hablar acerca de los recuerdos y experiencias vividas con él. A muchos de estos hermanos yo no los conocía. Recordaré toda la vida a un matrimonio que contó la forma en que lo conocieron. La muchacha se había convertido hacía un tiempo y su esposo le golpeaba cada vez que ella llegaba del templo, alegando que tenía un amante y que por eso quería estar allí todo el tiempo. Mi padre fue invitado por el pastor a predicar a la iglesia donde esta muchacha asistía. Al terminar el culto ambos le acompañaron a su hogar. Al despedirla, mi padre sintió hablar con el esposo de aquella mujer. La joven se asustó mucho; pensó que su esposo golpearía a mi papá, creyendo que se trataba del amante. Papá le dijo que no tuviera temor; Dios protegería su vida. Es así que, al abrir la puerta, allí estaba el hombre esperándola para agredirla, como siempre hacía, cuando de pronto, sin que alguien lo pudiera prever, mi padre lo tomó de los brazos, y con la autoridad del cielo le dijo que nunca más la tocaría, que ella había encontrado el verdadero amor en ese lugar, que su corazón había sido cautivado por un ser maravilloso que se llamaba Jesucristo y que en ese momento ese maravilloso ser estaba ahí, deseando conquistar y cautivar el corazón de él también.
>
> Ese hombre fue quebrantado bajo el poder del Espíritu Santo y comenzó a llorar. Aceptó al Señor, le pidió perdón

---

[540] Ibíd.

a su esposa por tantos maltratos y abusos y comenzó a ir a la iglesia, y después de muchos años de esta historia, ese día del funeral de mi padre, ellos eran pastores de una filial de la Iglesia, donde se habían convertido, y ellos agradecían al Señor por la valentía y autoridad de mi padre aquella noche en que los llevó a cumplir los propósitos eternos en sus vidas.[541]

Este testimonio fue el más hermoso panegírico rendido en aquella despedida a la memoria del valiente misionero.

Le acompañó al descanso eterno de los santos, su esposa Belkis, el 21 de diciembre de 2011.[542, 543]

---

[541] Belkis Beatriz González, entrevistada por O. Ríos, vía electrónica, 26 de agosto de 2015, 1:05 PM. Usada con permiso.

[542] Bernabé González, entrevistado por O. Ríos, vía electrónica, 7 de agosto de 2015, 3:10 PM. Usada con permiso.

[543] B. Beatriz, entrevistada por O. Ríos, vía electrónica, 15 de agosto de 2015, 3:45 AM. Usada con permiso.

TRAS LAS HUELLAS DE ONELIO GONZÁLEZ

Se prolonga el eco de aquella voz...

Marciano Ramón Rodríguez

Entrevista de Bernabé González González, hijo de Onelio González Figueredo, al pastor y misionero cubano Marciano Ramón Rodríguez. Recibida por vía electrónica el 9 de agosto de 2015, 4:01 AM.

El encuentro mío y de mi esposa Caridad con el pastor Onelio fue un milagro de Dios que comenzó en el año 1998. Dios empezó a tratar con nosotros y con el pastor Víctor Oxiel Noja García el cual se encuentra en Ecuador para salir a las misiones donde se encontraba trabajando ya el pastor Onelio. Habíamos creído a Dios, pero era humanamente imposible simplemente por estar en esa época en Cuba.

Nosotros no conocíamos en ese tiempo a Onelio, simplemente habíamos oído de sus historias que nos inspiraron. Por esa época estaba yo pastoreando en la Ciénaga de Zapata pero sin ninguna esperanza de poder salir del país por problemas económicos y de visa, pero decididos a servirle al Señor. Se nos dio la salida del país a través del sorteo de visa de Estados Unidos, llegando allí en 2003. En 2008 se nos dio la oportunidad de conocer al pastor Onelio estando el enfermo del problema con el que falleció, en un principio no me creía mucho que yo fuera ir a trabajar a la selva porque muchos habían ido con él y no soportaban. Después de mi insistencia me envío con un guía por quince días a las tribus. Allá fui impactado por Dios y estuve viviendo en la selva por cinco años. Al principio nos enfocamos en levantar a los creyentes que estaban, y después nos enfocamos en preparar líderes de entre ellos. Esto dio resultado; hoy hay líderes y creyentes en muchas comunidades y se han construido más templos.

David Monduy Rosell

Entrevista realizada por el autor al pastor y misionero cubano, David Monduy Rosell, por vía electrónica, recibida el 24 de agosto de 2015, 9:22 PM.

Rev. David Monduy Rosell con su familia en plena Amazonía. De izquierda a derecha: Eddy y Viví (hijos), Vivian Pérez Rodríguez (esposa) , Rev. David Monduy Rosell y Miguel Monduy Pérez (hijo). Cortesía de David Monduy. Usada con permiso.

Conocí al hermano Onelio González en la sala de mi casa. Era yo entonces un joven pastor de la iglesia "La Voz de Fe", en Lawton, La Habana. Uno de los líderes de la Iglesia, René Figueredo, era primo de Onelio. Él lo trajo a casa para hablar de la misión entre los indígenas Shuar del Amazonas. Para ese tiempo yo estaba viajando, junto a un grupo de iglesias, a diferentes poblados del occidente cubano. Estaba naciendo el movimiento misionero ConPasión. Fue realmente desafiante tener frente a mí a un anciano pastor de tanto renombre y experiencia, ahora diciéndome: “necesito un sucesor”. No podía imaginar que Dios estaba haciendo una de esas conexiones divinas, ajenas a nuestros planes, pero planeadas y diseñadas por él desde la eternidad. Pocos años después, en la última Convención General de las Asambleas de Dios de Cuba[544] que asistí, mientras fui pastor en Cuba, lo vi lanzando nuevamente el reto: “Necesito un sucesor”. Faltaban solo diez días para mi salida a Estados Unidos con toda mi familia. El sueño y la pasión misionera habían crecido más y más dentro de mí. Sabía que Dios me llevaría a otras naciones a servirle como misionero. Pero no sabía que mi destino en Dios iba a estar ligado directamente al de este hombre de Dios, Onelio González.

Después de dos años en los Estados Unidos, recibo una llamada telefónica: “Pastor, usted tiene que conocer a este hermano que predicó ayer en la Iglesia”. Era una hermana que había sido miembro de nuestra iglesia en Cuba, tratando de presentarme el hermano Ramón Rodríguez. Este hermano había sido el sucesor que Onelio encontró. De origen cubano, después de haber sido misionero en Cuba, también emigró a los Estados Unidos. Allí conoció a Onelio y acordaron hacer su primer viaje misionero. Al regreso de ese primer viaje que hizo que Ramón lo dejara todo para dedicarse completamente a las misiones amazónicas, nos encontramos en el aeropuerto de Miami. Yo estaba viajando a República Dominicana y aproveché la escala en Miami para hablar y conocer más de cerca de Ramón y la obra que está haciendo en Ecuador. Muy pronto me di cuenta que Dios nos estaba conectando providencialmente. Así que nos organizamos y fuimos a nuestra primera experiencia amazónica. Esto fue en enero de 2012. Acompañado de Roberto Misael López y Eliezer Hernández, emprendimos el viaje, sin saber que esto cambiaría nuestras vidas para siempre.

---

[544] La LXII Conferencia General Bienal de la Iglesia Evangélica Pentecostal de Cuba (Asambleas de Dios), tuvo lugar entre los días 13 y 16 de enero de 2009, en el Templo central de Guanabacoa, La Habana. (Nota del autor. Archivos de Historia. Asambleas de Dios. Cuba.)

Muy pronto vuelve la persona de Onelio a tomar protagonismo en la historia. La casa que nos recibió en Quito fue precisamente la de su hija Betty. Tristemente ya Onelio, no estaba (...). Sólo se podía sentir la inspiración misionera que dejó en nuestros corazones y las emociones sensibles de su hija que nos hacía las historias heroicas de su padre misionero. Dormimos en su dormitorio. (...) Su misión de inspirarnos se cumplió. Su trabajo no fue en vano.

Primer equipo misionero del Ministerio ConPasión Internacional en la Amazonía. Año 2012. De izquierda a derecha: Rev. David Monduy Rosell (Presidente Internacional), Eliezer Hernández, pastor de la Iglesia cristiana de Cary en Carolina del Norte y Misael López, Director de Adoración de la Iglesia Rescate.

Cuando entramos a la selva fuimos conducidos por el hermano Ramón y su esposa Cary. Nos acomodaron en Campo Ayui, comunidad indígena donde Onelio había levantado un tremendo templo amazónico de adoración al Señor y donde ya estaban muchos hermanos indígenas convertidos al evangelio. Ramón nos pidió que visitáramos San Francisco. Viajando en dirección a esta comunidad indígena pasamos por la cuesta debajo de una montaña rocosa y Ramón se detuvo y nos dijo: "Aquí se cayó Onelio y se rompió varios huesos". En un segundo viaje misionero llegamos a Wachintza. Allí nos encontramos con un templo a medio hacer. Enseguida el jefe de la comunidad nos dijo: "Antes el hermano Onelio venía y nos hablaba de Dios. Él construyó ese templo, pero no lo pudo terminar porque murió". Días después visitamos Tinchi, una comunidad en la cima de una colina. Allí un anciano llamado José nos contó: "Hoy somos cristianos gracias al pastor Onelio González que nos trajo la palabra de Dios y construyó este templo". Por dondequiera que pasábamos los hermanos testificaban de Onelio y la obra misionera que hizo entre ellos. Hoy, después de cuatro años, el evangelio ha seguido avanzando a dieciséis comunidades indígenas alrededor.

Víctor Oxiel Noja García

Entrevista del autor al pastor cubano Víctor Oxiel Noja García, misionero permanente en la Amazonía ecuatoriana. Recibida por vía electrónica el 11 de agosto de 2015, 4:51 AM.

Mi nombre es Víctor Oxiel Noja García. Nací en Cuba el 31 de mayo de 1975, en el municipio Vertientes de la provincia de Camagüey.

Conocí el evangelio en el año 1992 a los diecisiete años, en la Ciudad de Jagüey Grande, Matanzas. Junto a mis padres me incorporé de inmediato a la Iglesia Evangélica Pentecostal de Cuba (Asambleas de Dios). Recién convertido, recibí el llamado para servir a Dios en el área misionera. En 1997, después de terminar el Servicio Militar General comencé a trabajar, abriendo la Obra de las Asambleas de Dios en la Ciénaga de Zapata, al sur de la provincia de Matanzas, lugar muy difícil por sus características geográficas y por la idiosincrasia de sus habitantes.

Contraje matrimonio con Damistey Torres Cepero en 1998, quién también fue llamada por Dios a la obra misionera. Un año después nació nuestra primera hija: Keren Magaly. Junto a mi esposa y mi hija continuamos la labor misionera en el lugar hasta el año 2000.

Por el crecimiento de la misión esta se reconoce como

Iglesia y pasamos a residir en el lugar, fungiendo como pastores hasta 2004. Durante nuestra estancia allí nos nacieron dos hijos más: Kemuel y Keila.

Fuimos llamados a atender una Iglesia en San Pedro de Mayabón, en los Arabos, Matanzas y retornamos a la Ciénaga de Zapata en 2007, donde estuvimos hasta 2013 llevando adelante la labor pastoral.

En el transcurso de mi ministerio cursé estudios y obtuve los títulos que otorga la Escuela de Entrenamiento Misionero (EDEM), el de Bachiller en Biblia y Teología y el de Licenciatura en Teología.

Este tiempo de trabajo misionero en La Ciénaga fue una escuela preparatoria para nuestra familia. Las experiencias y estrategias aprendidas nos aportaron muchísimo para el próximo lugar a donde Dios nos llevaría.

Desde que supe acerca del trabajo misionero de Onelio González Figueredo en las tribus indígenas Shuar de la Amazonia ecuatoriana, mi corazón quedó cautivado. Comencé a orar y una llama se incendió en mí. Tiempo después fue noticia en *La Antorcha Pentecostal,* publicación oficial de nuestra Obra en Cuba; Onelio necesitaba un relevo a causa de su edad y de la enfermedad de su esposa. Continué orando, hasta que un día en la Conferencia General Bienal, celebrada en el Templo de Guanabacoa, La Habana,[545] Onelio, que se encontraba de visita, lanzó un llamado: "¡¡un relevo!!" Al terminar la sesión me le acerqué, un poco triste, creyendo que había llegado tarde. "Muchos se han acercado —me dijo— pero ninguno con la intención de ir a trabajar…" Conversamos mucho e hicimos compromiso de oración. Más tarde supe que estaba enfermo, en los Estados Unidos. En esos días mi papá se encontraba de visita allá, así que aprovechamos la oportunidad para, a través de él, preocuparnos por su estado de salud y contarle que todavía se mantenía despierto mi sueño.

Mi papá fue, acompañado por el hermano Ramón Rodríguez, quien también tenía un corazón misionero; a

---

[545] La LXII Conferencia General Bienal de la Iglesia Evangélica Pentecostal de Cuba (Asambleas de Dios), tuvo lugar entre los días 13 y 16 de enero de 2009, en el Templo central de Guanabacoa, La Habana. (Archivos de Historia. Asambleas de Dios. Cuba.)

diferencia mía, su ubicación geográfica era más favorable para cualquier gestión. Allí se hicieron coordinaciones y con la recomendación de Onelio y ayudado por un guía, Ramón Rodríguez incursionó, por primera vez, selva adentro. Se empezaba a cumplir el anhelo de Onelio: ver su obra continuada y trasmitir su gran pasión a otros.

Cuando ConPasión Internacional[546] contactó con Ramón y entendió que necesitaba ayuda, le preguntó acerca de a quién podía recomendar para esta labor. Es este el contexto en que recibimos la visita del pastor cubano David Monduy Rosell, desde los Estados Unidos, para preguntarnos si manteníamos nuestra visión. Ese día sentí que mi sueño se hacía realidad; la espera estaba terminando: Dios abría las puertas. La Iglesia Evangélica Pentecostal de Cuba (Asambleas de Dios) abrazó el proyecto y se hizo finalmente el envío oficial de mi persona.

Actualmente vivo con mi esposa y mis tres hijos en la provincia Pastaza, en el poblado de Shell, pues en este mismo lugar hay pequeños aeropuertos desde donde se vuela para entrar a la selva. En estos momentos se están atendiendo quince comunidades; trece son de tribus indígenas Shuar y dos de tribus indígenas Achuar. Fue muy necesario establecernos como familia aquí en el Ecuador por dos razones: ellos necesitan ver cómo funciona una familia civilizada y el trabajo en general va en crecimiento cada día.

---

546 El Ministerio "ConPasión Internacional" no debe ser confundido con "Compasión Internacional". Son dos ministerios diferentes. El primero fue fundado y está actualmente dirigido por el Rev. David Monduy Rosell y tiene un enfoque misionero. Comenzó embrionariamente en Cuba a mediados de la década de 2000 y fue inscrito oficialmente como organización sin fines de lucro, en los Estados Unidos, en 2011, con sede en Miami, Florida. Su dirección postal es: PO Box 112112, Hialeah, FL 33011-2112. Email: info@misionesconpasion.org Web: www.misionesconpasion.org (David Monduy, entrevistado por O. Ríos, vía electrónica, 1 de septiembre de 2015, 2:34 PM. Usada con permiso.) El segundo ("Compasión Internacional") es una fundación cristiana que se ocupa del bienestar de personas necesitadas, especialmente niños y jóvenes de entre seis y dieciocho años de edad por todo el mundo. Su sede se encuentra en Colorado, Estados Unidos. (http://www.ibecmagazine.com/GESTIÓNSOCIAL/TabId/460/PID/1166/CategoryID/1/Default.aspx?CategoryName=GestiónSocial Accedido el 15 de agosto de 2015, 10:00 AM.)

Actualmente Ramón Rodríguez terminó la misión y vive en los Estados Unidos. Él apoya desde allá. También el misionero Yosuel Medina de ConPasión Internacional está viniendo para ayuda en los recorridos y por coordinación de ellos envían grupos de apoyo periódicamente. Por ahora sólo mi familia y yo estamos permanentes en el Ecuador. La mayoría del tiempo entro sólo y cuando puedo con mi familia o equipos de apoyo.

Esta es la secuencia que seguimos: primeramente, algunos de los hermanos cristianos indígenas hacen contacto con una comunidad, presentándoles el evangelio en su propia lengua, abriendo puertas para la entrada de los misioneros. Luego venimos para reunirnos con el síndico y los socios de la comunidad y hablarles de nuestro propósito. Ellos acuerdan si aceptan o no. Seguidamente realizamos otra visita junto al misionero de ConPasión Internacional. Durante este viaje también coordinamos la fecha para la estancia de un grupo misionero a corto plazo y les impartimos seminarios sobre diferentes temas de gran interés. Se les entregan donaciones con útiles escolares, deportivos, de pesca, ropas, y se les brinda atención médica. El otro paso sería establecer un misionero, pastor o matrimonio por un mes que convivirá con ellos, compartiendo sus tareas diarias y ganándose su confianza. Éstos entrenan los futuros líderes y dan todo tipo de enseñanzas bíblicas a jóvenes, matrimonios y niños. Luego en las comunidades donde no hay templos, después que la iglesia espiritual está fortalecida, se piensa en la posibilidad de construir un templo, haciendo un acuerdo de colaboración entre ambas partes. Luego se continúa regando la semilla y recogiendo las gavillas. Además de visitar periódicamente las comunidades, coordinamos y entramos con los equipos de apoyo. Mi esposa me ayuda en el área de la atención médica y el cuidado de los niños a los que se les brindan enseñanzas bíblicas. A esta última actividad se suman mis tres hijos.

Gracias al trabajo en equipo, tanto de los que apoyan la misión orando, o con finanzas y recursos, o vienen personalmente a trabajar en el campo, gracias a todo esto hoy el evangelio ha sido llevado a los no alcanzados; tenemos líderes que se están capacitando, han asumido la visión misionera y ya salen a compartir la palabra.

Agradezco a Dios primeramente por permitirnos trabajar en su obra y también a todos los que hacen posible que esto suceda, cumpliendo así con el mandato bíblico de llevar su evangelio a todas las naciones. "Por tanto, id, y haced discípulos a todas las naciones, bautizándolos en el nombre del Padre, y del Hijo, y del Espíritu Santo". (Mt. 28:19.)

Luis Zambrano Lobaina

Entrevista del autor al pastor y misionero cubano Luis Zambrano Lobaina. Recibida, vía electrónica el 25 de agosto de 2015, 11:37AM.

En el año 2014 comencé a orar para ir a la selva amazónica del Ecuador. Para julio de 2015 me llegó la noticia a través de David Monduy Rosell, Director de ConPasión Internacional de que necesitaban de mi trabajo en la selva; ese mes comencé a levantar fondos para el pasaje y en menos de quince días, Dios me dio $ 700.00 CUC.[547] Dos pastores amigos me ayudaron, mi mamá, la Iglesia "Conquistadores de Fe" de la cual soy pastor y un fondo que tenía guardado para gastos familiares que adquirí en arduas horas de construcción, de esa manera Dios hizo el milagro, y ya para el 7 de agosto del 2015, arribé a Ecuador. Fui recibido por nuestro amigo Moisés Pupo, el cual funge en el país como el contacto de ConPasión Internacional.

En la noche del día siguiente, regresé al aeropuerto de Quito donde recibí al hermano David Monduy y a dos

---

[547] Peso Cubano Convertible (CUC). Es junto al Peso cubano una de las dos monedas oficiales de Cuba. En 1994 se introduce en el país la circulación del Peso cubano convertible, para hacer las transacciones en divisas con un signo monetario nacional. En noviembre de 2004, el Banco Central terminó la circulación del dólar americano en Cuba. Hasta abril del 2005, la tasa de cambio fue 1CUC = 1USD. Después se hizo: 1CUC = 1,08USD. A partir del 14 de marzo del 2011 retomó su valor original de 1CUC por USD, pero se conserva el impuesto del 10% sobre el cambio de efectivo. (Artículo: "CUC", *Ecured portable*, versión 1.5. Fecha de fuente documental: 24 de diciembre de 2013.)

hermanos que le acompañaban. Juntos abordamos un taxi y viajamos siete horas en la madrugada hasta la ciudad de Shell en el oriente del país. Llegamos a las 5:30 AM. Fuimos recibidos por nuestro hermano y amigo, el misionero Víctor Oxiel Noja García, junto a su esposa e hijos.

En cuanto llegamos, después de muchísimas horas en vela, nos alistamos rápidamente, preparamos nuestras mochilas, nos pusimos nuestras botas, desayunamos algo y salimos rumbo a la Selva.

Fuimos en taxi a Chapinza una comunidad de la Amazonía que tiene una carretera, pero de fango y piedras. Una vez que llegamos, esperamos las pequeñas y muy antiguas avionetas para volar Amazona adentro. Todos volamos a una comunidad llamada Chanquab donde su jefe nos permitió permanecer por tres días predicando y enseñado la Palabra desde los más pequeños hasta los más ancianos. Estando allí recibimos visitas de cristianos de otras comunidades los cuales alabaron a Jesús junto a nosotros.

Una vez pasados los tres días salimos en camioneta por un camino en la selva hasta una comunidad llamada Taischa donde se quedó el hermano Oxiel y su familia con el propósito de volvernos a encontrar días después. Dos hermanos que nos acompañaban en la misión, Javier y su discípulo Roberto, tomaron un vuelo para salir de la selva y posteriormente viajar a su país, Estados Unidos. Quedamos en el lugar el hermano Gustavo Ayui, líder indígena, su esposa Ofelia, el hermano David Monduy y yo. Ese día tomamos un vuelo a una comunidad Achuar no alcanzada, llamada Nuevo Sasaim. Llegamos al lugar y el hermano Gustavo y su esposa se fueron por la pica o camino a visitar a un pariente. David y yo quedamos solos. No aparecía una persona en el lugar. Nos sentíamos solos en un mundo rodeado de selva. Fue impresionante y escalofriante aquella experiencia. Por segundos pensé: "Nos matan en este lugar". No sabíamos lo que nos deparaban los próximos minutos. David y yo nos tomamos de las manos y aunque no decíamos nada estábamos bien asustados. Así es que empezamos a orar a Dios de una manera intensa y con palabras no preparadas ni estudiadas; eran palabras que mostraban total dependencia de Dios.

Terminamos de orar después de haber sentido una genuina presencia de Dios; lágrimas corrían por nuestros ojos. Cuando levantamos la mirada, a lo lejos, vimos un hombre que avanzaba hacia nosotros; cuando llegó nos presentamos como misioneros que veníamos a predicar la Palabra de Dios y para alegría de nosotros era el presidente o jefe de la comunidad el cual nos dijo una frase que nos llenó de gozo: "Nunca vienen misioneros; queremos que se queden con nosotros y nos sigan visitando". Verdaderamente Dios tenía el control. ¡Él fue, es y seguirá siendo fiel!

Estuvimos esa noche del día 12 y la mañana del día 13. Pudimos dar a toda la comunidad el plan de salvación y más de diez nativos aceptaron a Jesús como Señor y Salvador. Antes de irnos del lugar el presidente de la comunidad nos pidió que volviéramos para el 25 de septiembre, después que yo terminara casi mis dos meses de misión. Les dijimos que haríamos los arreglos para volver.

Una vez que la avioneta nos recogió, volamos a otra comunidad llamada Kayantza, también Achuar, donde nos reunimos nuevamente con Oxiel y familia. Estuvimos tres días en el lugar, también predicando y haciendo acuerdos con los jefes para que permitieran que yo fuera a vivir con ellos y para plantar la iglesia durante todo el mes de septiembre. Para la gloria de Dios aceptaron y esa sería la misión más fuerte para mí, pues estaría totalmente solo con ellos.

Terminamos, y el día 15 de agosto volamos a una comunidad Shuar: Tres Marías. Permanecimos tres días predicando, viviendo como ellos y comiendo sus comidas. Aceptaron a Jesús unas doce personas. En el lugar despedimos a los misioneros Ramón y a su esposa Cary que después de vivir por cinco años en la selva tuvieron que regresar a los Estados Unidos. Estuvimos allí hasta el 18 de agosto y nos fuimos a pie por la selva a otra comunidad Shuar llamada Campo Ayui donde estuvimos por tres días más impartiendo conferencias a líderes en formación pertenecientes a diferentes comunidades de la Amazonía. También tuvimos una reunión con ellos para establecer una comunidad amazónica.

Antes de irnos se trató con los líderes el tema de fundar la comunidad amazónica ecuatoriana. En la propia comunidad una noche, a las 9:00 PM, salgo al baño y en la espesa oscuridad veo algo que se mueve hacia mí; alumbro con una pequeña linterna y veo que a solo veinticinco centímetros de mis pies tenía una serpiente coral. Dios me guardó; pude quitar el pie izquierdo del lugar hacia donde ella se desplazaba, después de un gran susto. La serpiente se desvió (…).

Después de haber terminado nuestro trabajo con éxito, unos volamos rumbo a Shell para descansar y otros para volver a su país. Esos quince primeros días fueron de trabajo agotador, peligros reales, comidas difíciles como gusanos, escarabajos, chicha de yuca mascada por las mujeres, y demás, pero también fueron días de gran bendición donde pudimos cumplir con la gran comisión y experimentar el poder visible de Dios.

Llegó entonces para mi vida una segunda etapa: los hermanos con los que andábamos volvieron a su país y yo me quedé con el hermano Oxiel. Tuve que estar ocho días afuera, curándome ambas piernas pues se me inflamaron por tantas picadas infectadas de los llamados titis, que son como mosquitos. Más de diez granos infectados cubrían mis piernas; al romperlos dejaron salir gran cantidad de pus.

Después de recuperarme fui enviado en una avioneta a Kayantza, donde cumpliría la segunda etapa de mi misión por treinta días. Mi trabajo era vivir con ellos, comer y trabajar con ellos y plantar y formar una nueva iglesia. Al llegar al lugar, el 31 de agosto, me recibieron y hospedaron en una casa de madera; ahí quedé. Comencé a orar para que Dios me diera fuerzas, pues era todo un mes solo, acompañado por indígenas que había conocido escasamente tres días, el mes anterior. Extrañaba a mi esposa y a mis tres hijas; a mi madre, Iglesia y amigos, pero tenía que cumplir mi misión. Esa noche casi ni dormí; cayó un aguacero como nunca antes había visto, acompañado esto de un sinnúmero de sonidos animales característicos de lo selva. Esa noche la pasé clamando al Señor; le decía: "Padre, tu bendición enriquece y no añade tristeza; dame paz, capacidad espiritual y poder para cumplir tu llamado". Algo raro pasó: Dios me respondió: su presencia me llenó de una manera inexplicable y a la mañana siguiente yo tenía nuevas fuerzas y una expectativa grande acerca de lo que

Dios iba a hacer.

A la mañana me reuní con los jefes y les presenté un programa que estaba sujeto a sus planes comunitarios. El programa fue aceptado totalmente. Cada día trabajaba con ellos en sus labores y a partir de las tres de la tarde nos reunimos como Iglesia. En ese mes di clases de preparación para bautismo, clases para niños, jóvenes y matrimonios; establecí las escuelas dominicales, les visitaba en sus casas dentro de la selva, me compartían sus comidas y pedían consejerías.

A final de mes bauticé a once hermanos que se comprometieron firmemente con Jesús. Les bauticé en el río Pastaza, un río gigante donde habitan grandes boas y animales desconocidos. En una ocasión, en ese río, la corriente me arrastró; solo pude clamar a Dios que, milagrosamente, me permitió llegar a la orilla, pues de no ser así hoy no estuviera vivo. A Él sea la gloria.

Antes de irme, por dos días en la selva cortamos madera para la construcción del templo donde se reuniría la iglesia Emanuel. Al final de mes me despedí de ellos con tristeza, pero feliz del milagro tan grande que Dios había hecho en Kayantza.

Salí de Kayantza el 25 de septiembre. Cumplía quince años de matrimonio y mi esposa cumplía treinta y cinco años de edad y esperaba noticias mías, pero ya una vez en la selva tenía que volar nuevamente a Nuevo Sasaim, comunidad Achuar que el mes anterior habíamos evangelizado y me esperaban. Volé con el misionero Oxiel, el cual por primera vez conocería dicha comunidad. Estuvimos por dos días compartiendo con ellos, enseñándoles la Palabra de Dios una vez más; después de los dos días, el jefe de la comunidad me pidió que fuera el próximo año con mi esposa; le respondí que solo podría por un milagro de Dios. Ese milagro estaba en los planes de Dios, pero yo ni lo imaginaba.

Salimos del lugar, quedando establecida la escuela dominical con un pequeño grupo. La salida fue peligrosa pues había gran tormenta, pero gracias a Dios el 27 de septiembre llegué a Shell con vida, y feliz de haber servido a Dios y a los indígenas del Amazonas.

Ya en Shell me preparaba para volver a casa pero con el nuevo plan: proponerle a mi esposa, Liusbertsy Carrasco Jiménez, que fuera conmigo por un mes a Nuevo Sasaim. Pasó un año y así fue, pero en esta ocasión no iría por mi cuenta, sino que las Asambleas de Dios de Cuba me enviarían oficialmente con todo el apoyo espiritual y económico. Llegó el día 15 de agosto de 2015, y mi esposa valientemente, salió conmigo desde Cuba hasta la Amazonía. Llegamos a Shell. Una vez más fuimos recibidos por Oxiel y familia. Nos envió primeramente por cinco días a Kayantza para darle seguimiento al trabajo hecho el año anterior. Estuvimos cinco días ministrando fuertemente y disfrutando al ver como el evangelio sigue avanzando en el lugar. Pudimos animar y apoyar a un hermano que había perdido a una de sus niñas, pero él mismo estaba sirviendo a Dios con pasión, es mi hermano indígena y amigo Raúl.

Salimos en avioneta y nos dirigimos a cumplir con lo que ya estaba en el plan de Dios: establecer la Iglesia en Nuevo Sasaim. Llegamos y fuimos recibidos por Silvio, el hombre que hacía un año nos había invitado. Él nos hospedó. Esa noche mi esposa enfermó; tuvo vómitos, diarreas y otros malestares. Tuvimos que salir por dos días, ella se recuperó y nuevamente entramos por trece días más. Ministramos a niños, jóvenes, matrimonios, ancianos; visitamos, aconsejamos, pudimos bautizar a veintitrés hermanos y establecer con más fuerza las Escuelas Dominicales. Asistían a ellas setenta y dos hermanos, para la gloria de Dios. Aún los no cristianos apoyaron a la Iglesia; ellos nos citaron a una reunión y al ver cómo Dios estaba guiándolo todo, decidimos ponerle a la nueva iglesia Shekinah, porque la misma gloria de Dios estaba manifestada en la comunidad.

En esos días llegó a estar con nosotros el líder de jóvenes de la iglesia de David Monduy, enviado para aprender a plantar nuevas Iglesias. También fuimos por la selva a una comunidad llamada Nupi, para hacer contacto y poderlo enviar a él y a su esposa por quince días en 2017. Para la gloria de

Dios fuimos aceptados, y el 15 de febrero de 2016 una nueva comunidad recibirá a nuevos misioneros. Dios, más que nadie, tiene el plan de ganar a la humanidad. Después de días de intenso trabajo, y grandes retos, podemos dar gracias a Dios por usarnos para extender su reino, y decir: "Mi casa y yo serviremos a Jehová" (Jo. 24:15). Unirnos a la evangelización mundial es un privilegio que Dios nos da, cumplir su mandato no es una opción, es una deuda de amor.

Puede añadir a las comidas que comimos: caldo de paki, guantas, guatuzas, pavas, pescados con su cuero y sus escamas, también maito o ayampaco de pescados; esto es los pescados envueltos en hojas de plantas, como medio asado.

Doy gracias a Dios por poder servir. Gracias por la oportunidad que me dan de poder contar la historia que esperamos sirva de bendición a muchos.

Surge el Departamento Nacional de Misiones

Entrevista realizada por el autor, al Vice-Superintendente General y Presidente Nacional del Departamento de Misiones, Rev. Dr. Moisés de Prada Esquivel.[548] Vía electrónica, recibida el 26 de agosto de 2015, 11:23 PM.

El jueves 29 de enero de 2015, en el contexto de la LXIV Conferencia General Cuatrienal de la Iglesia Evangélica Pentecostal de Cuba (Asambleas de Dios), que tuvo lugar entre los días 27 y 30 de enero de 2015, en el Templo "Aleluya", de la Ciudad de Camagüey, queda oficialmente constituido el Departamento de Misiones, quién atenderá misiones domésticas y foráneas. La responsabilidad de dirigir este departamento cae sobre el Rev. Moisés de Prada Esquivel. Más adelante se estructura la directiva:

Rev. Moisés de Prada Esquivel. Presidente
Rev. Ángel Toledo Fuentes. Secretario
Rev. Armando Nieblas. Tesorero
Miembros de la Directiva Nacional: Superintendentes de cada Distrito.

En la última tarde fue hecho un llamado para participar en misiones, acudiendo al mismo más de cien parejas y un buen grupo de pastores, a los que finalmente se les ministró, orando el Rev. Ricardo Nicholson, de Estados Unidos.

Post-Conferencia dimos un día de entrenamiento bajo la dirección de los misioneros Víctor Oxiel Noja García, Luis Zambrano Lobaina y David Monduy Rosell, Presidente, éste último, del Ministerio ConPasión Internacional. Este entrenamiento alcanzó a unas cien parejas. Se le ordenó a cada Distrito elegir su primera pareja con el propósito de prepararle

---

[548] El Rev. Moisés de Prada es, en 2018, Superintendente General interino de las Asambleas de Dios de Cuba. (Nota del autor.)

en pro a su próxima entrada en la Amazonía.

La primera salida a la Amazonía de un grupo de líderes y sus hijos tiene lugar el 6 de junio de 2015. Éstos fueron:

- Rev. Eliseo Villar Acosta. Superintendente General y familia.
- Rev. Moisés de Prada. Vice-Superintendente General y Presidente Nacional de Misiones.
- Dra. Dori Pérez Blanco.
- Dra. Leslie de Prada Morales.
- David Monduy Rosell. Presidente de ConPasión Internacional y familia

Llegamos a Ecuador, y fuimos ubicados en el Instituto Bíblico de Las Asambleas de Dios. Al día siguiente fuimos a casa de Moisés Pupo para tener una cena juntos.

El domingo el Reverendo Eliseo Villar y yo, fuimos a ministrar en iglesias de las Asambleas de Dios en Quito Ecuador, y al tercer día fuimos a la casa del misionero Oxiel Noja para preparar todo cuanto debíamos llevar a la selva. Ese mismo día nos pesamos nosotros y todo el equipaje en la compañía de aviación "Alas de Socorro". Visitamos a la par la casa de los misioneros norteamericanos, hombres que junto a sus familias entregaron sus vidas fervientemente a la causa misionera en el Amazonas, en 1956. Hoy es un museo.

Al otro día decidimos que el Rev. Eliseo Villar con las mujeres, Bárbara Alonso de Villar —su esposa—, la doctora Dori y mi hija Leslie, salieran desde Shell, mientras que el resto del equipo: David Monduy, su familia, Isaac Villar —hijo del Superintendente— y yo, saliéramos desde la comunidad Shuar de Iñaiba.

Entramos a Yampuna y tuvimos dos noches de actividad, ministrando la primera el Superintendente y la segunda yo. Fue increíble poder disfrutar del amor genuino de estos hombres, mujeres y niños hacia Dios; otros, aceptaron a Cristo y se unieron a la gran familia. Hubo una canción muy especial que les enseñamos durante esos días y mientras la cantábamos no existían diferencias étnicas, de raza, de idioma, sólo un sentir, un propósito y un corazón: "Sólo Dios hace al hombre feliz".

Al otro día caminamos hacia Washintza en dos grupos, uno con los Shuar, donde Raquel, una misionera de España, mi hija y yo íbamos en la avanzada, y otro en la retaguardia donde Eliseo Villar y el misionero Oxiel Noja, guiaron el resto del equipo. Caminábamos por trillos entre la selva, con muchas dificultades en el camino, todo era muy fangoso; resbalamos y caímos varias veces. Había sonidos que nos eran desconocidos, vimos huellas de animales salvajes, pero nuestra confianza en Aquel que nos envió nos hizo fuertes. Caminamos por tres horas y media, sin descanso. Fue ardua la labor.

Ministramos en esta comunidad y las doctoras atendieron a los enfermos. El presidente allí era joven y de cierta forma fuimos inspiración para él y afirmó sus convicciones en el evangelio. Este presidente y otros hermanos nos acompañaron de regreso a la primera comunidad, Yampuna.

Mientras caminaba entre la selva y veía las dificultades, pensaba lo que el hermano Onelio González había pasado y su arduo trabajo, y me entristecía al pensar que nosotros no habíamos dado todo el apoyo espiritual y material que merecía este siervo de Dios, que la última vez le había visto en la Conferencia General Bienal, en el Templo Maranatha, de Guanabacoa, que hoy pastoreamos y que en esa conferencia fuimos electos como Vice-Secretario General.

Al regreso a Yampuna, le comenté al Rev. Eliseo Villar lo que estuve pensando acerca de Onelio, y él me respondió que le pasaba lo mismo. Fue el momento en que se toma la decisión de hacer algo al respecto, para honrar al hermano Onelio, escribiéndole a sus hijos inmediatamente cuando regresamos a Shell.

En la comunidad de Yampuna, por ideas filtradas en esta localidad desde otras más penetradas por la modernidad y el desarrollo, había tristeza en los matrimonios por su condición de pecado según las enseñanzas de ellos, pues no estaban legalmente casados; sin embargo, estas comunidades para contraer matrimonio deben entregar dotes y son fieles a su cónyuge. Por nuestra parte preparamos una hermosa ceremonia precedida por un estudio que impartí referente al tema.

Casamos seis parejas y estaban tan emocionados ellos como nosotros. Los vimos abrazarse como no había sucedido antes, pues son personas que no saben demostrar el amor con cariño, por particularidades de su cultura y costumbres. También hicimos presentación de niños de todas estas familias.

Al día siguiente nos preparábamos para partir, bien temprano, hacia la próxima comunidad prevista: Tinchi, más cercana pero más difícil de alcanzar. Al llegar disfrutamos de la pista de aterrizaje que era bien grande y del templo construido por Onelio González. Sólo un hombre era cristiano en esta comunidad. Previamente en Yampuna nos habían obsequiado unas lanzas y espadas hechas por ellos que son utilizadas en la guerra. Nos movimos hacia Tinchi con estas armas y eso motivó en los hombres de allí algo de desconfianza. Luego entendieron que solo era un regalo representativo. Ministramos en la tarde-noche.

A la mañana siguiente salimos para la comunidad de San Juan; tuvimos que bajar y más tarde subir un risco muy peligroso, donde el hermano Onelio se había caído y fracturado varios huesos; en ese lugar muchas personas se han caído.

Allí no fuimos muy bien recibidos; cuando llegamos los hombres pusieron sus machetes en la casa comunal. Fue un momento muy tenso. Comencé a explicarles a los nativos los beneficios de muchas plantas que veía alrededor de la comunidad, por mi conocimiento en la agronomía, y esto comenzó a relajar las tensiones y el cacique de la comunidad me pidió que me sentara a su lado y le hablará de esto. Al terminar ellos nos dijeron que podíamos hablarle del evangelio y nuestras doctoras una vez más atendieron los enfermos.

En esta comunidad nos enteramos de que el cacique anterior había sido muy reacio al evangelio. El hermano Onelio, insistió tanto que aún se introdujo en su casa, y le habló. Fue difícil, pero nada imposible para el que cree, y Onelio se hizo amigo de él, pudiendo levantar un templo que permanece en la comunidad y que visitamos para tener un tiempo de oración.

Salimos para ver el río Pastaza, con un caudal enorme y una furia en sus aguas que da miedo. En ese río se han ahogado muchos indígenas. De hecho, un hijo de este hombre hacía apenas unas semanas se había ahogado tratando de salvar a una anciana cuando se viró la canoa; se ahogaron cuatro nativos; la comunidad estaba consternada, pero Dios nos permitió hablarles del Cristo Salvador que calma el dolor. (…).

Llegó la avioneta y con ella la hora de despedirnos para regresar a Shell. Fueron minutos de gran tristeza, entendimos que nunca estás lo suficientemente preparado para entrar al Amazonas, pero menos lo estás para salir; esta gente entra en tu corazón y más aún, creo que es Dios, arraigándolos a nuestro corazón para que entendamos y sintamos Su propósito e inmenso amor por ellos, al extremo de mover un grupo de personas de tan lejos, de pocas o ninguna posibilidad y tan del vulgo, como sus discípulos, para ser embajadores Suyos en medio de ellos. Un grupo hicimos escala en Washintza y otro fue directamente hasta Shell.

Durante nuestra estancia en Shell compartimos testimonios y dimos gracias a Dios por esta gran oportunidad. Extrañábamos nuestra comida, así que también nos dimos algunos gustos culinarios.

Regresamos a Quito finalmente; fuimos invitados a una reunión con los líderes de Red de multiplicación, interesados en nuestra experiencia reciente y movidos a ayudar de alguna forma, en cuanto a la enseñanza, en nuestro país. Tratamos tópicos respecto a la multiplicación de iglesias y la posibilidad de cursar en Cuba un taller, impartido por ellos, para formar una avanzada que logre, con el favor de Dios, ayudar a la continuidad de la extensión del evangelio.

Onelio González fue honrado en nuestra plática. El pastor Jaime, Ex Superintendente de las Asambleas de Dios en Ecuador nos testificó de su ardua labor de evangelismo y restauración, no sólo en la selva amazónica, sino en tantas calles e iglesias de su país. Era inevitable la deuda de gratitud del pastor Jaime hacia Cuba. Hoy Onelio es conocido allí no sólo como el misionero, sino como el caminante, Onelio el amigo, Onelio el pastor.

Rev. Moisés de Prada Esquivel, acompañado de su hija, la Dra. Leslie de Prada Morales, en plena Amazonía. Cortesía del Rev. Moisés de Prada. Usada con permiso.

Listos para Cristo

Publicación oficial de la Organización tras el primer viaje misionero del primer equipo misionero pentecostal cubano enviado a la Amazonía.

Octavio Ríos Verdecia

Muchos creímos que solo trataba de ser amable. Nuestro querido Superintendente General, Rev. Eliseo Villar Acosta, con su sonrisa ancha y feliz, y sus brazos muy abiertos, entre los que pretendía estrechar a todos los cubanos, andaba ataviado con la banda indígena que le obsequió el misionero ecuatoriano, en la LXIV Conferencia General Cuatrienal, Camagüey, 2015. Todos reímos cuando escuchamos que le invitaban públicamente para ir a la selva. No creímos que la Organización tuviese vitalidad ministerial ni financiera para hacer una cosa así. Entendimos que se trataba de una emotiva ocurrencia a la que el Superintendente respondía con un gesto amable.

Rev. Eliseo Villar Acosta. Superintendente General de la Iglesia Evangélica Pentecostal de Cuba (Asambleas de Dios), acompañado de su esposa, la Revda. Bárbara Alonso de Villar. Archivos de Historia. Asambleas de Dios. Cuba.

La vida en el evangelio nos va enseñando cuán certeras son las palabras del Rev. George Wood, Presidente de la Fraternidad Mundial de las Asambleas de Dios, cuando nos dijo a todos los pentecostales del mundo, reunidos en Springfield, MO, en ocasión de la celebración del Centenario de la fundación de las Asambleas de Dios (1914-2014): "Primero veamos qué quiere Dios, y después hablemos de dinero".[549] Tal consigna vino a ser vivida ahora y las Asambleas de Dios de Cuba respondieron a lo que el cielo quería. Es así que el sábado 6 de junio de 2015, arribó a Quito, capital de Ecuador, un intrépido equipo misionero preparado a los efectos. Lo integraban el Rev. Eliseo Villar Acosta, Superintendente General; su amada esposa, la Revda. Bárbara Alonso de Villar; el Rev. Dr. Moisés de Prada Esquivel, Vice-Superintendente General y Presidente Nacional del Departamento de Misiones; la Doctora Leslie de Prada Morales, Pediatra; la Doctora Dori Pérez Blanco, Cirujana, e Isaac Acosta Alonso, secretario y asesor de informática.

Permanecieron tres días en Quito, capital de Ecuador, y se trasladaron de inmediato a la modesta ciudad de Shell. Esto los ubicaba en la frontera misma con la selva. El equipo misionero cubano recordó, sentidamente, que de allí mismo salieron, por última vez, los misioneros norteamericanos Natanael Saint, Philip James Elliot, Edward McCully, Peter Sillence Fleming y Roger Youderian. En 1956 estos recordados hermanos se propusieron, en lo que se llamó "Operación Auca", evangelizar a la peligrosísima tribu Huaroni. Alanceados por ellos, perdieron sus vidas. Estos hechos desencadenaron una serie de consecuencias, dentro de la familia de los misioneros que murieron, y en las organizaciones misioneras internacionales de los Estados Unidos, que dieron al traste con la conversión de muchos huaroníes, entre los que se encontraban aquellos que directamente perpetraron tales hechos. En 2005, Jim Hanon rodó la conocida película *A punta de Lanza (End of the Spear)*, basada en esta historia.[550] La construcción del pequeño

[549] Memorias del autor, allí presente.

[550] Los datos pueden ser verificados en los artículos de *Wikipedia*. (N. autor)

aeropuerto de Shell, llamado "Alas de Socorro", a donde había llegado ahora el equipo misionero cubano, era una de las consecuencias de aquella historia.

Se coordinó con Víctor Oxiel Noja García, pastor y misionero cubano permanente en el lugar con su familia, el alquiler de una avioneta que daría dos viajes; el primero sería desde Shell hasta la aldea Yampuna, localidad bien escondida en la selva, distante varios días de camino del más humilde terraplén o sendero de tierra, pero con la ventaja estratégica de encontrarse céntrica y equidistante con respecto a las demás aldeas. Desde allí la avioneta se trasladaría a otra pista donde esperaban Moisés de Prada Esquivel, Isaac Acosta Alonso y Oxiel Noja García, llegados por tierra con el cargamento que, por su peso, no podía ser trasladado en el avión. Los grupos se unirían en breve.

Entre anécdotas cargadas por el suspenso y la emoción, pregunté al Superintendente General, Rev. Eliseo Villar, qué título sugeriría para el artículo que reportara tamañas vivencias. Meditó un instante, y en una atmósfera serena, en que se fundían remembranza y paz, me contestó, con total seguridad: "'Listos para Cristo', ese debe ser el título". Aquellas palabras perfilaban los cánones de una posible despedida. Era la respuesta resuelta a la pregunta que el experimentado piloto les hiciera en el instante preciso de elevar vuelo. La pequeña avioneta que les internaría en la selva, tomaba decisiones riesgosas cada vez que despegaba. En un extremo, la diminuta pista tenía el paso cerrado por una tupida e inextricable maleza de árboles fornidos y copudos, que se levantaban impertérritos a cincuenta metros de la tierra. Del otro lado la pista se perdía en la garganta de un inmenso precipicio. En términos muy definidos, el piloto explicó: "Si despegamos en dirección a la maleza y el avión no responde nos estrellamos, sin solución, contra los árboles. Si nos lanzamos en dirección al precipicio tenemos la opción de planear si los motores sufren. A ningún misionero se le oculta que es un vuelo arriesgado y todos podemos perecer. Por eso cada vez que voy a despegar, me vuelvo atrás y les pregunto: '¿Listos para Cristo?'"

A todos nos llega la hora en que la balanza se

desequilibra y debe esperarse un instante, que parece no terminar, hasta que la báscula nos anuncie dónde está el platillo que pesa más. Nuestros hermanos tenían de un lado, la potencialidad de un siniestro, del otro, la deuda impagable de Cuba con el mundo misionero, el amor a las almas dispersas por la selva, el respeto a nuestros hermanos cubanos que allí están, el compromiso de seguir las pisadas de Onelio González Figueredo, frescas aún en la tierra húmeda de la Amazonía, el amor a Cristo y la visión perenne de su sangre, derramada en favor de todos los hombres. La balanza se detuvo y el equipo misionero pentecostal cubano, en boca de su Superintendente, contestó: "¡¡Listos para Cristo…!!"

El avión se elevó, hendiendo con sus alas los aires, y en solemne desafío puso rumbo hacia el más formidable bosque tropical del planeta: el Amazonas. Les esperaban las aventuras más grandes de todas sus vidas. Con el hálito en suspenso, veían bajo sus pies, un paisaje que de pronto se tapizaba con un verde natural. Durante cuarenta minutos navegaron a 300 km/h haciendo crecer el espacio aéreo que les separaría, durante diez días, de todo vestigio de civilización.

Los equipos móviles de comunicación se enajenaron de toda cobertura; las carreteras serían recuerdo y añoranza; andarían fangosas tierras, sorteando gigantescas raíces de árboles orladas de musgo resbaloso, cruzadas en el camino, elevadas, disputándose cada centímetro de terreno, como celosas guardianes de un imperio; beberían el agua de los ríos que vadeaban, y dormirían en frágiles carpas, expuestos a la peligrosa curiosidad de todo género de insectos, especialmente la hormiga conga y su variedad más pequeña, la conguita, respecto a las cuales el equipo estaba prevenido, toda vez que el misionero Oxiel Noja las tuvo que sufrir, relatando que su picadura es uno de los dolores más grandes que un ser humano puede experimentar.

Era la selva, y la sempiterna lluvia honraría con creces su nombre. "Conozco el campo, porque nací en él —nos cuenta el Rev. Eliseo Villar—. Sé lo que es el fango hasta la cintura, y la lluvia, pero jamás pensé que experimentaría cosas semejantes a las que allí vivimos. No hay camino comparable con el de la selva Amazónica. Llueve todo el tiempo, por la mañana, al mediodía, por la madrugada... Debes andar muchas veces con el agua a la cintura".

La tribu indígena shuar a donde llegarían es el pueblo amazónico más numeroso. Cuentan actualmente con una población de ochenta mil personas. Guerreros formidables, no pudieron ser conquistados por los incas ni por los españoles. Éstos últimos les dieron el nombre de jíbaros.[551] Han conservado por siglos la cruenta ceremonia de reducir cabezas de guerreros vencidos.

En plena Amazonía. De izquierda a derecha: Rev. Eliseo Villar Acosta, Revda. Bárbara Alonso de Villar, Sec. Isaac Villar Alonso. Cortesía del Rev. Eliseo Villar. Usada con permiso.

Nos explica el Superintendente General, Rev. Eliseo Villar Acosta:

> En la primera comunidad tuvimos una gran celebración. El misionero Oxiel Noja, esforzado, valiente, entró antes que nosotros, para preparar el ambiente con los nativos y caminó por días dentro de la selva a otras aldeas. El líder de ellos, llamado Gustavo, también fue un contacto y

[551] Datos de: Artículo "Shuar", *Wikipedia*.

avisó a otras aldeas y vinieron nativos de la tribu shuar, andando días de camino con sus niños y familia, y estuvimos tres días allí, en un templo que se ha levantado con ayuda de muchos, y fue extraordinario. Hubo momentos, de los que tenemos imágenes y videos, de conversiones, de ratificación de la Palabra, de restauración, de pactos matrimoniales y desde allí hicimos la primera caminata hasta la comunidad Iñaiba, donde el Rev. Onelio González levantó un templo con mucho sacrificio. Todo lo que estoy hablando es pura selva. Los shuar habitan cientos de kilómetros. Como etnia se comparten en aldeas de diez a doce familias. Cada familia puede tener doce o trece hijos. Tienen un cacique o líder principal. Aunque están vestidos con nuestra ropa tienen su cultura shuar activa, sus costumbres son de la selva. Son peligrosos y temidos. Otras etnias no pueden entrar. Ni el gobierno tiene allí jurisdicción para nada. Cada aldea tiene su territorio y cada familia tiene su pedazo de selva. Son la etnia más numerosa y la más peligrosa en cuanto a sus costumbres. No aceptan, y rechazan violentamente, las palabras petróleo y minerales; de hecho salen a la guerra si eso implica una amenaza. Con ellos hay que ser muy cuidadosos. Las mujeres trabajan la tierra; los hombres se preparan para la caza, la pesca y la guerra.

El alimento fue un desafío. Tuvimos que beber la chicha, que es una fermentación de la masticada de la yuca en la boca de las mujeres de la tribu, con saliva. Todas escupen a una vasija, le agregan algunos ingredientes y sale un líquido amarillo, espeso y fermentado. Es la oferta de bienvenida a aquellos a quienes dan el honor de ser bienvenidos. Tuvimos en el plato servido la larva gigante, blanca, que produce un escarabajo grande de la selva, un gusano grande; ellos lo cazan en cantidades grandes, lo traen, lo atraviesan con una varilla, lo pasan un poco por el fuego y te lo dan. Comimos también una babosa hervida, que está en un caracol de río. Esta bebida y estas comidas no se deben rechazar; puede implicar una ofensa, una ofensa puede implicar un rechazo, y un rechazo puede implicar, en algunos grupos, un ataque.

Rev. Eliseo Villar Acosta, acompañado del pastor Víctor Oxiel Noja García, misionero pentecostal cubano permanente en la Amazonía. Cortesía del Rev. Eliseo Villar.

Nuestra visita fue de confirmación y de ánimo, con el propósito de abrir más puertas. Han sido alcanzadas más de diez comunidades o aldeas, y se está entrando a un área nueva ashuar, muy peligrosa, al lado del río Pastaza; todo es territorio de Ecuador. Se está tratando de conseguir un bote con poder suficiente, que no ponga en peligro la vida del misionero Oxiel Noja, para atravesar el Amazonas, porque él quiere usarlo como vía de contacto para llegar a grupos no alcanzados en la periferia de las selvas amazónicas de Ecuador y Perú. Oren al Señor por esto, porque es muy peligroso. Estando nosotros allí murieron varios nativos en el río Pastaza, que no siendo de los más grandes no tiene en Cuba uno que se le asemeje.

Los desplazamientos que hacíamos en la selva estaban cargados de peligros porque el Amazonas tiene la biodiversidad más grande que se pueda conocer. Jaguares, tigres, tigrillos, osos, panteras, jabalíes, tarántulas venenosas, reptiles grandes, entre los que resalta la temible anaconda o boa del Amazonas. Todos se asustan y te atacan en las caminatas. Ha pasado. Nos tocó, de hecho, pasar un río —está filmado—. Es común que los nativos para hacerlo, corten un árbol; éste cae sobre el río y sirve de puente natural, pero algún miembro del equipo no pudo pasar porque es peligroso y tuvimos que pasar por dentro del río, y el shuar que nos guiaba, nos dijo: "Esta es mi tierra, aquí vivo yo, y aquí cerca está el nido de una anaconda...

Oxiel Noja, separado de su familia a veces durante un mes, ha alcanzado a más de cinco comunidades shuar. Con él visitamos la última comunidad indígena de San Juan, la más peligrosa en su descenso. Para entrar se baja por un farallón o precipicio, que puede ser de muerte. Oxiel quiso detener la bajada dos veces porque entendía que no estábamos aptos para hacerlo y es verdad que no lo estábamos. Para mí fue la caminata más peligrosa; el equipo insistió en bajar. Hubo un apoyo grande de los nativos que estuvieron cerca de nosotros porque si te falla el pie y empiezas a rodar no paras hasta el fondo. Hacía escasamente dos días que una manada de jabalíes había ido por ahí y todos murieron. Comimos de esa carne. Ellos le llaman paki.

Allí permanece la semilla sembrada por el hermano Onelio. El nuevo cacique nos permitió dar atención médica. Atendimos a todos los niños, a las madres, que estaban muy afectadas, con partos excesivos, y muchas patologías; viven solamente cuarenta y cinco o cincuenta años. Trabajan mucho. Siembran plátano, yuca y malanga, y las cargan sobre sus hombros en unos bolsos de fibras que pueden pesar las libras que nosotros no podemos levantar. Dios nos permitió predicar allí.

En el día número diez, a escasas horas de regresar a la ciudad, encontrándose el equipo misionero pentecostal cubano en la aldea Tinchi, mientras la lluvia inclemente prorrogaba la llegada de la avioneta, vivieron momentos de gran agitación y angustia: una indígena, anciana y ciega, miembro de la congregación levantada bajo el esfuerzo del hermano Oxiel Noja, haciendo sus labores en el bohío, fue atacada por un escorpión negro. La trasladaron de inmediato al Templo a donde llegó en *shock*. Las Doctoras Leslie de Prada y Dori Pérez, con urgencia, le canalizaron una vena, y con dosis crecidas de esteroides y antihistamínicos se opusieron a la peligrosa neurotoxina. Una hora después de medicada, la anciana convulsionó. Se hizo una toma de video, y en la trágica escena es posible ver el rostro angustiado del hermano Oxiel, que no contaba con la posibilidad de que sobreviviera aquella oveja de su rebaño. Los ataques de este tipo de arácnidos son célebres entre los nativos por su alta mortalidad. Los hermanos cubanos supieron de un caso que sobrevivió a expensas de estar tres meses incapacitado y rígido, en cama.

Cada uno de los allí presentes oró con fe, y para los momentos en que el pequeño avión llegó, la anciana recobraba el conocimiento, hablaba y hacía saber que el calambre de sus labios y lengua se aliviaba, y se sentía mejor.

Nuestro Superintendente General resume estas interesantísimas vivencias, diciendo: "Todos tuvimos temor o miedo a causa de los momentos que vivimos; somos seres humanos, pero el Señor nos dio gracia para sobreponernos a la tensión". Y muy quebrantado, nos dijo:

Puedo testificar, lo puedo decir de todo corazón, que en mi experiencia de pastor o de misionero es lo más lindo que me ha pasado. Nosotros queremos animar a todo el pueblo de Dios, al Departamento de Misiones de las Asambleas de Dios de Cuba, a todos los que nos están apoyando, al Departamento de Misiones de los Estados Unidos, a su líder, Gregory Mundy, a David Ellis, y a todos los que están colaborando en Ecuador también, a su Superintendencia y a Misiones de allí, que están trabajando en la parte legal de nuestro misionero, Oxiel Noja.

Vamos a honrar la labor de Onelio González Figueredo en el Primer Congreso de Misiones de las Asambleas de Dios de Cuba. Onelio entró a la selva, la última vez, ya con cáncer. Sabía que era su última visita. Y saliendo, encontró a un nativo shuar; lo detuvo y le dijo: "Es mi último viaje, no te voy a volver a ver, entrégate a Jesucristo"; y le compartió el mensaje, como una despedida. Nosotros encontramos a ese indígena shuar convertido en una de las comunidades. Alabamos a Dios y dimos gracias.

Pudimos cumplir con el propósito de apoyar el trabajo. Fueron solo diez días. Onelio estuvo años, Ramón también. Oxiel está pasándose el 70% de su tiempo dentro de la selva. Estamos ahora confirmando cinco parejas nuestras para enviarlas, a mediano plazo, por dos o tres meses, y algunas ya se establecerían, pero es un trabajo que hay que hacerlo con cuidado; es de mucho sacrificio. El misionero que vaya allí tiene que tener claro que su vida y su familia están bajo riesgo de muerte real; no es exageración, es muy difícil. Estamos orando para que el Señor nos permita seguir colaborando.

Está enmarcada una declaración de misiones que la hemos hecho nuestra también, que aparece en otros departamentos de misiones del mundo, donde dice: "La misión se hace con las rodillas de los que oran, los pies de los que van y las manos de los que dan y sirven".

El sol alcanzaba su punto cenital cuando, preservados

por la gracia de Dios, arribaban a tierra cubana, el miércoles 24 de junio de 2015, los miembros del primer equipo misionero pentecostal cubano.[552]

Y dice el cóndor de los Andes, que allá en su nido inaccesible, resonando entre las grietas de la escarpada cordillera, todavía se escucha el eco de una voz que no se acaba, y a todos dice: "¡Listos para Cristo!"

[552] Toda la información de este artículo está tomada de: Rev. Eliseo Villar, entrevistado por O. Ríos, Oficina Nacional de la Iglesia Evangélica Pentecostal de Cuba (Asambleas de Dios), La Habana, Cuba, martes 30 de junio de 2015, 9:30 AM.

UNA EVALUACIÓN DE SU VIDA

Familiares

Bernabé (Bernie) González González

Bernabé González, hijo del Rev. Onelio González, explica para esta publicación:

> La vida de mi padre fue marcada por su abnegado y sacrificado servicio a la causa de Jesucristo. En todo lugar que sirvió al Señor, fue requerido un gran sacrificio de su parte, pero lo hizo siempre con gran gozo y satisfacción. Su vida fue un ejemplo de que servir al Señor es lo mejor que podemos hacer en nuestra vida. Nunca buscó beneficios personales en el servicio a Dios. Las almas perdidas fueron su preocupación constante y cabe destacar que nunca desperdició una oportunidad de hablarle a alguien de la esperanza que tenemos en Jesucristo.[553]
>
> Sus años en la selva fueron duros pero buenos, dejando las puertas abiertas a los próximos misioneros. (...) Dejó un número de cristianos muy notable, de ellos una gran cantidad de bautizados. [554]

Belkis Beatriz (Betty) González González

Belkis B. González González, hija del Rev. Onelio González, muy emocionada, deja las palabras en la que resume el significado de la vida de su padre:

> Onelio González, fue un hombre de espíritu firme y corazón tierno (...); tenía un poco de todo eso, era un hombre firme en sus convicciones de fe y de conducta;

---

[553] Bernabé González González, entrevistado por O. Ríos, vía electrónica, 16 de julio de 2015. Usada con permiso.

[554] B. González, entrevistado por O. Ríos, vía electrónica, 9 de agosto de 2015, 4:01 AM. Usada con permiso.

jamás negocio sus principios y valores del reino por nada ni por nadie; también fue duro y muy implacable, a extremos, cuando de injusticias se trataba, al defender el corazón de sus ovejas, de tantas personas que ganaron su amor, confianza y dedicación tantos años.

Su corazón tierno, lleno de amor, fue lo que más disfrutaron todos aquellos que tuvieron la bendición de estar cerca de él. Era muy fácil verle derramar lágrimas por estar muy feliz, por abrazar a un amigo que no había visto en mucho tiempo. Cuando elevaba una oración al cielo era imposible no ver correr abundantes lágrimas por sus mejillas y no se diga cuando había momentos de dolor: ¡su llanto era entonces como el de un niño!

Hoy recuerdo como si fuera ayer el momento del nacimiento de mi primer hijo: Elías Izurieta; junto a mi cama en el hospital, con mi mano apretada junto a la de él respiraba conmigo en mis contracciones, y lloraba, y me decía: "Yo lo diera todo para que no sintieras ese dolor, hija mía; si yo pudiera sentirlo por ti lo haría". Pasó toda una noche junto a mi cama derramando lágrimas por verme sufrir.

Hoy solo puedo decir que su vida fue para mí y será un regalo. ¡No pude tener un mejor padre! Aun en medio de sus fallos en el proceso de la paternidad donde todos cometemos graves errores, mi corazón solo recuerda todo lo justo, todo lo honesto y todo lo de buen nombre para mi vida.

Tengo tanto que decir de este hombre, pero mi corazón se carga de recuerdos y momentos que solo me hacen derramar lágrimas de amor y de gratitud a Dios por lo que fue mi padre [555]

Mi madre fue una mujer muy fuerte que apoyó en todo momento el trabajo y ministerio de mi padre. Se sacrificó

---

[555] Belkis Beatriz González González, entrevistada por O. Ríos, 13 de agosto de 2015, 6:38 PM. Usada con permiso.

como mujer y esposa para darlo todo por el servicio al Señor. Aún enferma, con lágrimas en sus ojos, sin poder hablar, ni comunicarse, sentadita en su silla de ruedas, lo abrazaba con su único brazo sano y lo bendecía al salir a la selva.[556]

Marta González Figueredo

Marta González Figueredo, hermana natural del Rev. Onelio González, llena de gratitud, afirma:

> La vida de Onelio fue un ejemplo, un ejemplo del amor de Dios, de lo que es amar al prójimo, de lo que es dejar de ser de uno mismo para ser de Dios y del prójimo. Expresaba esa misericordia y bondad, aun para hablarle a inconversos. Tenía esa expresión de amor con dolor que considero Dios tuvo al ver a la humanidad necesitada de la ofrenda de Cristo. Él expresaba de una forma especial el Evangelio, hablaba con toda la fuerza del corazón, predicaba en una forma, con una entrega tal que le saltaban las lágrimas al predicar.
>
> Siempre estaba preocupado por sus hermanos que aún no eran salvos. El hecho de que yo me convirtiera al Señor fue motivo de alegría para él, aunque fue a raíz de un dolor muy grande por la pérdida de nuestra madre.
>
> Todos los recuerdos de él son dulces, gratos, por lo que le doy gracias al Señor por haber tratado con él de manera tan especial. Aunque estaba lejos, fuera del país nos comunicábamos por cartas y de esa manera estuvimos muy cerca.[557]
>
> (…) En la Iglesia, en la vigilia en que estábamos esa

[556] Belkis Beatriz González, entrevistada por O. Ríos, vía electrónica, 31 de agosto de 2015, 11:24 PM. Usada con permiso.

[557] Marta González Figueredo. Documento enviado por Marta González Figueredo a la Comisión Nacional de Historia. 13 de septiembre de 2015. Usado con permiso.

noche, nos llegó la llamada: había fallecido. Fue un impacto tremendo, pero pude decir: "Gracias, Señor, que lo recibiste; gracias Señor porque percibí algo: el gozo y la recompensa después de servir tantos años, con tantos sufrimientos, con tanta abnegación, con tantas privaciones, pero lleno del amor de Dios y del conocimiento de la vida que estaba viviendo para honrar el nombre de Jesucristo, nuestro Señor y Salvador".[558]

Migdalia González Figueredo

Migdalia González, hermana del pastor Onelio, nos dice:

> Aunque yo fui la primera convertida de la familia, fue Onelio el que le presentó el plan de salvación a la familia. Él fue una verdadera inspiración para todos. Su testimonio tanto para la familia, la iglesia y el campo misionero, yo me atrevo a decirle que fue excelente.
>
> Donde quiera que estuvo fue admirado por todos, por su fidelidad al Señor, por su amor hacia las almas y su honestidad. Fue un gran siervo de Dios.[559]

Guillermina González Figueredo

La pastora Guillermina González Figueredo, esposa del inolvidable Rev. René Calvo y hermana del Rev. Onelio González Figueredo, afirma:

> Para mí la vida de mi hermano siempre fue de ejemplo y bendición, pues aun antes de conocer al Señor era responsable, abnegado, sacrificado, siempre pendiente de los demás. Por eso al conocer al Señor como su Salvador

---

[558] Marta González Figueredo. Grabación digital enviada a los Archivos de Historia de las Asambleas de Dios de Cuba. Recibida el 13 de septiembre de 2015. Usada con permiso.

[559] Migdalia González Figueredo, entrevistada por O. Ríos, vía electrónica, 12 de agosto de 2015, 1:03 PM. Usada con permiso.

estas cualidades se perfeccionaron en él, que no solo velaba por la familia natural sino también por la espiritual.

En los lugares que pastoreó, visitaba a los miembros de la congregación y además le hablaba de Cristo a toda persona con la que se relacionaba; nunca que le llamaron o fueron a buscar para ayudar o ministrar a alguien, se negó. Además, nunca descuidó la familia natural, pues estaba pendiente de nuestra madre, hermano y hermanas, siempre les hablaba del Señor anhelando que todos rindieran su vida a Él. El último que se convirtió fue nuestro hermano Jorge y mi hermano Onelio lloraba como un niño, pero de alegría, cuando lo visitó después de haber tomado la decisión más importante y gloriosa que un ser humano puede tomar.

Siempre él y yo fuimos muy unidos y recuerdo en una ocasión en que ya yo, estando casada y en el ministerio cristiano, pasando por situaciones de luchas y pruebas, sin él saberlo llegó en el momento oportuno y me consoló y fortaleció con su cariño y palabras de Dios.[560]

Mi hermano Onelio siempre fue mi hermano amado y mi mejor amigo.[561]

René Figueredo Coronado

El Lic. René Figueredo Coronado, primo segundo del Rev. Onelio González, nos dice:

Onelio González fue un amigo muy profundo. En los últimos días de su vida necesitó un amigo y lo vio en mí. Su padre fue muy duro con él y él vio en Cristo una gran solución. Mi padre fue muy duro conmigo, y él vio en mí su infancia. Hicimos una empatía muy grande. Me

---

560 Guillermina González Figueredo, entrevistada por O. Ríos, vía electrónica, 11 de agosto de 2015, 1:33 PM. Usada con permiso.

561 G. González, entrevistada por O. Ríos, 14 de agosto de 2015, 10:06 PM. Usada con permiso.

invitaba a ir como misionero con él.

Era una persona muy cariñosa, sensible y familiar. Se ocupaba siempre de ver a toda su familia. Los ministros lo querían mucho. Cuando se refería a Eolayo lo hacía con un respeto que era asombroso para mí. Yo veía transparencia en la gente que lo quería. Ahora bien: "donde el burro se caía ahí él le daba los palos". Era firme en sus principios. Si lo que se decía no estaba a tono con lo que creía, no se quedaba callado.

De izquierda a derecha: Judith de Figueredo, René Figueredo Coronado, el pequeño Misael Figueredo y Migdalia González. Cortesía de René Figueredo. Usada con permiso.

Le daba libertad al Espíritu, pero sabía llamar a la mesura y al orden.[562]

Era un adorador nato. Evite crearse la imagen de un cristiano 'guarachero' porque no lo era. Onelio González era todo adoración; el ambiente que creaba en torno a su predicación y persona toda, era de una profunda adoración a Dios.[563]

Anelis Batista Monjes

La pastora Anelis Batista Monjes, esposa del pastor Raymundo Socorro González, sobrino de Onelio González, nos dice:

A Onelio lo conocí unos años antes de irse del país (...).

[562] René Figueredo, entrevistado por O. Ríos, vía telefónica, 18 de julio de 2015, 9.00 PM. Usada con permiso.

[563] R. Figueredo, entrevistado por O. Ríos, vía telefónica, 21 de agosto de 2015, 2:00 PM. Usada con permiso.

Recuerdo en sus viajes a Cuba su amor por la familia y por los hermanos en Cristo. Siempre visitaba a los hermanos e iglesias donde había pastoreado; nunca los olvidó. En una ocasión en que vino ya estaba enfermo; [año 2009] Como estaba difícil el transporte, sin importar los inconvenientes, fue a Las Tunas en un camión y esto lo puso en una situación muy dolorosa.

En él vi amor genuino por Dios, por su Obra, por las almas, por los hermanos, por la familia. Siempre procuraba reunir a toda la familia para hacer un devocional en las mañanas, donde cantábamos, alabábamos, orábamos juntos y luego meditaba en la Palabra. Para mí esos momentos son inolvidables. Me impactaba la pasión con que predicaba acerca del amor de Dios por la humanidad. Nunca antes vi a un predicador llorar mientras exponía la Palabra. Lo hacía con todo su corazón. Tenía muy buena voz para cantar y alababa al Señor con su alma.

En su último viaje a nuestro país, ya muy enfermo, sufrimos mucho al ver su deterioro físico, sin embargo, su pasión por el ministerio no había menguado. Su gran preocupación era su trabajo en la selva y encontrar a verdaderos siervos que amaran la labor misionera para que, llegado el momento, siguieran lo que él había comenzado. Su anhelo era que esas personas fueran cubanos.

Para mí su vida es un ejemplo y motivo de inspiración para todos los siervos y siervas del Señor, cuando las circunstancias parecen infranqueables.[564]

Loyda Calvo González

Loyda Calvo González, sobrina del Rev. Onelio

---

[564] Anelis Batista Monjes. Documento enviado por Marta González Figueredo a la Comisión Nacional de Historia. 13 de septiembre de 2015. Usado con permiso.

González, relata:

> Mi padre René Calvo, compartía con él mucho de las Sagradas Escrituras. Onelio era muy apasionado y entregado al estudio de las mismas y cuando se encontraban mi tío y él, pasaban horas compartiendo de ellas. Muchas veces mi tío Onelio se le acercaba con preguntas e inquietudes y mi padre gustosamente iba a la Palabra para mostrarle con toda humildad la iluminación que el Espíritu Santo le había dado al respecto. Daba gusto ver lo celosos que ambos eran de enseñar la Palabra viva de Dios.[565]

Ruth Cordoví Calvo

Soy sobrina segunda de Onelio González, hija de Loyda Calvo, que es hija de Guillermina González, hermana de Onelio. Quiero expresar como yo veía a mi tío, porque siempre tenía una mirada con mucha luz y me trasmitía mucha paz y seguridad. Estaba lleno del Señor y me impactaba esa pasión que tenía por Dios y su Obra por la gente. Siempre disfrutaba de sus historias misioneras y del ministerio en general. Me identificaba con él porque yo sentía, desde entonces, el deseo de ir a misiones y tal es así que me estoy preparando para ir como

Boda de Loyda Calvo González. Su padre, el Rev. René Calvo, oficiaría. Su tío Onelio González Figueredo, le conduce por la senda. Cortesía de Loyda Calvo. Usada con permiso.

---

[565] Loyda Calvo González, entrevistada por O. Ríos, vía electrónica, 14 de agosto de 2015, 5:33 PM. Usada con permiso.

misionera a otros países.[566]

Henry González Calvo

Henry González Calvo, primo del Rev. René Calvo y esposo de Elsa González Figueredo, y por ende cuñado de Onelio González, fue Presidente de los Jóvenes tres años y posteriormente Presidente de los Caballeros del Templo Central de las Asambleas de Dios en Holguín, y define aristas de la personalidad de Onelio González, cuando dice:

> No era difícil en poco tiempo de amistad con él, conocer cuál era su devoción, su pasión: era apasionado por la obra de Dios. Una de sus virtudes era que no tenía temor de hablarle a cualquier persona del evangelio, sin importar grado escolar, titulo, condición social, etc. Así pude verlo en muchas ocasiones, hablándole a un médico, al bodeguero, etc. En muchas ocasiones tuvo consecuencias adversas, sin embargo, continuó con gozo haciendo la labor para la cual había sido llamado, lo cual hacía con arrojo y valentía.
>
> Hoy, como un recuerdo grato, nos asomamos a su historia, pidiendo al Señor que, desde ahora hasta el final de los tiempos, sigan levantándose hombres y mujeres de ese calibre que alcancen la estatura en Cristo, que tal como lo hizo Onelio, sepan honrar y engrandecer el evangelio de Dios.[567]

---

566 Ruth Cordoví Calvo. Testimonio enviado al autor por correo electrónico, el 4 de agosto de 2015, 4:47 AM. Usado con permiso.

567 Henry González, entrevistado por Loyda Calvo González, 13 de agosto de 2015, 5:36 am, Estados Unidos. Usada con permiso.

Obreros

Anay Matos Hernández

Anay Matos Hernández, fundadora de las Asambleas de Dios en Baracoa, egresada del Instituto Bíblico Pentecostal de Manacas, recuerda: "Era Onelio una persona de mucha comunicación y alegría. Con el tiempo Dios le usaría mucho porque también era una persona muy esforzada. De carácter sencillo tenía un valor a toda prueba; lo demostró en su vida misionera".[568]

Virginia Arias García

Virginia Arias García, como miembro en plena comunión de la Iglesia Evangélica Pentecostal de Cuba (Asambleas de Dios) en Campechuela, conoció el pastorado del Rev. Onelio González durante todo el tiempo que éste estuvo allí. Al respecto nos dice:

> Me trajo a la fe siendo yo una niña de once años. Puede imaginarse lo emocionante que fue para mí y para todos los hermanos de aquella época y vecinos volverle a ver exactamente cincuenta años después. Su llegada a Campechuela, en 2009, fue un acontecimiento grandioso.[569]

Samuel Sabó Pons

Samuel Sabó Pons, hijo del Rev. Humberto Martínez Sabó, Superintendente General de la Iglesia Evangélica Pentecostal de Cuba (Asambleas de Dios) entre los años 1979 y 1997, recuerda:

---

568 Anay Matos Hernández, entrevistada por O. Ríos, 5 de agosto de 2015, 5:00 PM. Usada con permiso.
569 Ibíd.

Papá me envió a recoger en el aeropuerto a Onelio González y jamás vi en él un asomo de resentimiento o amargura, pese a todas las cosas que pasaron. Mi papá —usted sabe cómo era—, se esforzó por ayudarlo a trasladarse para que pudiera ver a la familia. Onelio solo hablaba de planes que estaban en su corazón. Era una persona que proyectaba una combinación de equilibrio y espiritualidad. Eso fue lo que yo vi en él.[570]

[570] Samuel Sabó, entrevistado por O. Ríos, vía telefónica, 8 de agosto de 2015, 11:00 AM. Usada con permiso.

Misioneros

Marciano Ramón Rodríguez

El pastor cubano Ramón Rodríguez, por años misionero a la Amazonía ecuatoriana, nos dice: "Onelio González Figueredo fue un ejemplo de valentía y de entrega en estos campos y lo está siendo para muchos hombres que tienen el llamado a las misiones. Sea Dios bendito por su don inefable y su gran misericordia que nos escoge para que hagamos algo en su Obra". [571]

David Monduy Rosell

El pastor cubano David Monduy Rosell, Presidente de ConPasión Internacional, evalúa el fruto del trabajo del Rev. Onelio González:

> Hoy, después de cuatro años, el evangelio ha seguido avanzando a dieciséis comunidades indígenas alrededor, pero por dondequiera que vamos sabemos que esa tierra fue sembrada y regada por un hombre de Dios que desafió el peligro, se negó a sí mismo hasta la muerte, sufrió los dolores físicos, emocionales y espirituales asociados con la misión amazónica y desafió aún su propia edad, haciendo lo que muchos jóvenes hoy no se atreven a hacer.
>
> Estoy seguro de que el Señor le recompensará abundantemente por haber sido un siervo fiel. Espero que el Señor nos ayude a seguir su ejemplo y continuar la obra que Onelio comenzó hasta que Cristo venga. Me siento orgulloso de recoger hoy los frutos que él sembró y cuidar las almas que llevó a los pies de Jesús.[572]

---

[571] Bernabé González, entrevistado por O. Ríos, vía electrónica, 9 de agosto de 2015, 4:01 AM. Usada con permiso.

[572] David Monduy Rosell, entrevistado por O. Ríos, por vía electrónica, recibida el 24 de agosto de 2015, 9:22 PM. Usada con permiso.

Luis Zambrano Lobaina

Luis Zambrano Lobaina, pastor y misionero de la Iglesia Evangélica Pentecostal de Cuba (Asambleas de Dios), presente una y otra vez como misionero en la Amazonía ecuatoriana, nos dice:

> ...Hace más de dos años estamos involucrados en alcanzar a los indígenas de la Amazonía ecuatoriana, dándole continuidad al trabajo de Onelio. Él mismo para nosotros fue un ejemplo de pasión por ganar un alma para Cristo, sin condiciones, sin salud, sin muchos recursos, luchaba por cumplir, por amor, el mandato bíblico de ir por todo el mundo y predicar el evangelio. (...) Fue un ejemplo porque vivió para Jesús hasta el último segundo de vida; vale la pena imitarle.
>
> El plan de Dios para nuestra familia para el próximo año es unirnos en la ciudad de Shell con Víctor Oxiel y su familia para juntos poder seguir trabajando selva adentro.[573]

Víctor Oxiel Noja García

El pastor cubano Víctor Oxiel Noja García, misionero permanente en la Amazonía ecuatoriana, afirma:

> Realmente considero que fue grande el legado. Cuando alguien da más allá de sus fuerzas, sacrificando tiempo, salud e intereses propios por el bienestar de otros, Dios lo mira con agrado. El trabajo de Onelio González, su devoción y amor por las almas, fue la inspiración que me guió hacia las tribus de la Amazonía.[574]

---

573 Luis Zambrano Lobaina, entrevistado por O. Ríos, vía electrónica, 24 de agosto de 2015, 5:41 AM. Usada con permiso.

574 Víctor Oxiel Noja García, entrevistado por O. Ríos, vía electrónica, recibido el 11 de agosto de 2015, 4:51 AM. Usada con permiso.

Ministros

Eliseo Villar Acosta

El Rev. Eliseo Villar Acosta, Superintendente General de la Iglesia Evangélica Pentecostal de Cuba (Asambleas de Dios), afirma:

> Lo conocí iniciando mi servicio treinta y cinco años atrás. Él era pastor en Las Tunas y dos cosas me impresionaron profundamente de Onelio; la primera: su pasión por hablarle de Cristo a las almas que no lo conocían era extraordinaria; la segunda tiene que ver con la selva; en el camino cayó y se fracturó la pierna; anduvo horas en esas condiciones y cuando pudieron atenderle después de días, tras su regreso, le colocaron una prótesis en el tobillo. El médico le dijo: "En estas condiciones no puedes subir ni un escalón de por vida". Onelio no contestó, y apenas se recuperó un poco, regresó a la selva.
>
> Le pregunté, al verlo tan enfermo: "¿Cuándo vas a terminar?" Me contestó: "Eliseo, si sabes lo que es un llamado, sabes que no muere nunca. Tengo cáncer, pero si Dios me da salud mi única pasión será regresar a la selva.[575]
>
> No he conocido persona con mayor pasión por la obra misionera que Onelio González. Vamos a recordarle y a honrar su memoria en el próximo primer evento nacional de misiones, que haremos, con el favor de Dios, en febrero de 2016.[576]

---

[575] Eliseo Villar Acosta, entrevistado por O. Ríos, vía telefónica, 4 de septiembre de 2015, 6:40 PM. Usada con permiso.

[576] Eliseo Villar Acosta, entrevistado por O. Ríos. Oficina Nacional de la Iglesia Evangélica Pentecostal de Cuba (Asambleas de Dios), La Habana, Cuba, martes 30 de junio de 2015, 9:30 AM. Usada con permiso.

Moisés de Prada Esquivel

El Rev. Dr. Moisés de Prada Esquivel, Vice-Superintendente General de la Iglesia Evangélica Pentecostal de Cuba (Asambleas de Dios), recién nombrado Presidente Nacional del Departamento de Misiones, evalúa la vida e influencia de quien fuera la gran inspiración de las misiones foráneas de la Organización:

> Mientras caminaba entre la selva y veía las dificultades, pensaba lo que el hermano Onelio González había pasado y su arduo trabajo (…); la última vez le había visto en la Conferencia General Bienal, en el Templo Maranatha, de Guanabacoa,[577] que hoy pastoreamos y que en esa conferencia fuimos electos como Vice-Secretario General.
>
> Andar tras las huellas que dejó Onelio ha sido sólo el comienzo de un largo viaje que hemos emprendido, enviados por nuestro amado Dios, quien jamás permitirá que las fronteras, ya sean geográficas, económicas o humanas, sean un impedimento para avanzar hacia el propósito que Él mismo comenzó en la cruz del Calvario. Su sangre y nuestros pies anunciarán Su salvación hasta que no nos quede un sorbo de aliento, y cuando eso suceda, vendrán otros con igual o más pasión que nosotros, a darlo todo por Aquel que lo merece todo: nuestro gran Dios y Salvador Jesucristo.[578]

Ángel M. Toledo Fuentes

El Rev. Ángel Toledo Fuentes, Secretario General de la Iglesia Evangélica Pentecostal de Cuba (Asambleas de Dios),

---

[577] La LXII Conferencia General Bienal de la Iglesia Evangélica Pentecostal de Cuba (Asambleas de Dios), tuvo lugar entre los días 13 y 16 de enero de 2009, en el Templo central de Guanabacoa, La Habana. (Archivos de Historia. Asambleas de Dios. Cuba.)

[578] Moisés de Prada Esquivel, entrevistado por O. Ríos, vía electrónica, 26 de agosto de 2015, 11:23 PM. Usada con permiso.

deja saber su impresión:

> El hermano Onelio puede ser considerado el pionero de los misioneros cubanos. La semilla que sembró con toda pasión, en obediencia al llamado celestial, hoy sigue produciendo fruto para la gloria de Dios.
>
> Le vi en la Conferencia General Bienal en Guanabacoa 2009, cuando nos visitó, lo cual sin dudas fue su despedida de la Iglesia cubana antes de marchar a las mansiones celestiales.[579]

Benjamín de Quesada Tamayo

El Rev. Benjamín de Quesada Tamayo, figura referente de la historia del evangelio pentecostal cubano, nos dice:

> Onelio González era un gran pastor y tenía una capacidad muy grande para tratar a todo el mundo. Se desenvolvía como un ministro muy visitador y siempre nos venía a ver; me encantaba hablar con él.
>
> En su forma de trabajar era una persona muy esforzada y metódica. Como pastor y maestro bíblico tenía mucha autoridad en la Palabra.
>
> Fue en la historia uno de los baluartes que defendió la pureza del evangelio. Supo verdaderamente vivir la vida cristiana.[580]

María Hernández de Quesada

La Revda. María Hernández de Quesada, importante líder del entonces Concilio Misionero Femenil y junto a su esposo, el Rev. Benjamín de Quesada, pastora del Templo

---

[579] Ángel Toledo Fuentes, entrevistado por O. Ríos, vía electrónica, 30 de julio de 2015, 1:00 PM. Usada con permiso.

[580] Benjamín de Quesada, entrevistado por O. Ríos, vía telefónica, 31 de julio de 2015, 7:15 PM. Usada con permiso.

Central de Camagüey de la Iglesia Evangélica Pentecostal de Cuba (Asambleas de Dios), por veinticuatro años, nos explica:

> Onelio González era un hombre que inspiraba a luchar por la fe; era un guerrero esforzado que batallaba por la pureza del evangelio y la doctrina, con una tremenda vida de consagración y una visión muy grande acerca de salvar a las almas. Predicaba un evangelio puro, sin extremos ni falacias. Le interesaba dar la Palabra viva, nada más. Era un buen predicador de ella y al exponerla su personalidad cautivaba.
>
> Tenía —debe decirse—, un sentido innato de la amistad. Si llegaba a ser amigo tuyo no dejaba de visitarte y te ayudaba; se sentía amigo y se mostraba amigo. Esto era algo espontáneo en él, no lo forzaba. Aun después de irse de Cuba, cada vez que vino se esforzó para vernos y compartimos mucho con él.[581]

Isnaldo D. Echeverría Ramos

El Rev. Isnaldo Damián Echeverría Ramos, uno de los ministros veteranos con más trayectoria dentro de la Organización explica:

> Conocí al Rev. Onelio González Figueredo desde que se convirtió y siempre tuve un gran concepto de él. Le vi ingresar y graduarse en el Instituto Bíblico Pentecostal de Manacas. Era un predicador muy bíblico. Nunca vi un fallo en él. Era muy sencillo y humilde. En su carácter había mucha nobleza. Luego que se fue ¡qué valor!, mire que irse para la selva a predicar; era así.[582]

---

[581] María Hernández de Quesada, entrevistada por O. Ríos, vía telefónica, 31 de julio de 2015, 7:15 PM. Usada con permiso.

[582] Isnaldo Echeverría Ramos, entrevistado por O. Ríos, vía telefónica. 31 de julio de 2015, 7:00 PM. Usada con permiso.

José Ramón Mendoza García

El Rev. José Ramón Mendoza García, ministro ordenado, jubilado después de acumular una gran hoja de servicios, recuerda:

> Yo conocí a Onelio González entre los años 1964-65, y para mí, no he conocido otro hombre con las características de este hombre de Dios.
>
> (…) Lo vi llegar de Campechuela [en Maffo] (…), aquella Iglesia cambio grandemente (…) Onelio es algo para recordar, digno de ser imitado, yo en lo particular (…) no tuve otro pastor como Onelio, otro pastor que tenga las característica de Onelio, era un pastor que hasta te enseñaba a andar limpio, peinado, con los zapatos pulidos, bien arreglado, pues esto daba distinción, personalidad y buen gusto.
>
> Era un hombre sacrificado, (…) hacía muchas visitas, siempre hacía muchas visitas, no había enfermo que él no visitara,
>
> Yo digo, con el perdón de otros pastores, que como Onelio González, no va a haber otro.[583]

Humberto N. Duarte Llanes

El Rev. Humberto N. Duarte Llanes, quien pastoreara el Templo de las Asambleas de Dios en Colombia, Las Tunas, y construyera su Templo, estuvo como diácono, bajo todo el pastorado del Rev. Onelio González en Las Tunas, y nos sacudió cuando dijo:

> Lo conocí recién graduado del Instituto Bíblico Pentecostal de Manacas y como diácono estuve en todo su

---

[583] José Ramón Mendoza García. Documento enviado por Anelis Socorro Batista a la Comisión Nacional de Historia. 13 de septiembre de 2015. Usado con permiso.

pastorado en la Iglesia de Las Tunas, y le digo que en obra personal era el número uno. Le predicaba al que tuviera delante sin importarle quién fuera. Era también una persona con un amor increíble a las almas. Siendo pastor en Las Tunas él iba hasta Puerto Padre a buscar a un viejito haitiano, que era ciego y no tenía quién lo trajera al Templo; él iba hasta allá y lo traía. ¿Qué en qué iba? ¡En guagua![584] Onelio se movía a pie; andaba a pie toda la ciudad y los campos de Las Tunas, y dondequiera que estuviera alguien necesitado, triste, enfermo, hasta allá iba caminando, o como pudiera, pero él iba.[585]

Nelsio Legrá Jardines

El Rev. Nelsio Legrá Jardines, testigo vivencial de la fundación de las Asambleas de Dios en Baracoa, deja su semblanza personal de aquel insigne hombre de Dios: "Onelio era un hombre de hierro, indomable, hecho para hazañas. A la par era humilde, alegre y tremendamente activo. Acá en Baracoa sus recorridos como Vice-Presidente Nacional dejaron una huella tremenda porque se metió hasta en el último rincón de nuestros campos".[586]

Elízabeth de la Cruz de Ríos

La meritísima Secretaria Nacional de los Ministerios Femeniles, Revda. Elízabeth de la Cruz de Ríos, esposa del autor, dice acerca de Onelio González:

> Siempre le recordaremos muy atento a la clase de Escuela Dominical en el Templo de Infanta y Santa Marta, no importaba quién la diera. Absorbía cada palabra y seguía atento cada asunto, y con entusiasmo participaba como

---

[584] Guagua. Cubanismo para ómnibus. (Nota del autor.)

[585] Humberto Duarte, entrevistado por O. Ríos, vía telefónica, 30 de agosto de 2015, 11:00 AM. Usada con permiso.

[586] Nelsio Legrá Jardines, entrevistado por O. Ríos, 3 de agosto de 2015, 5:00 PM. Usada con permiso.

uno más entre nosotros. A treinta años de aquellos días y al ver los datos recogidos por mi esposo, con relación a los momentos tan amargos y difíciles que vivía, podemos imaginar cuánto dolor había en su alma; debo decir que eso jamás se hizo ver. Él se manifestaba como una persona jovial, alegre y muy dinámica, atributos todos que no son propios de una persona deprimida.

Resistió presiones increíbles y aferrado a su Señor prevaleció en una batalla donde otros hubieran sucumbido.[587]

Ángel López Flores

El pastor Ángel López Flores, egresado del Instituto Bíblico Pentecostal de Manacas, Las Villas, el 29 de mayo de 1959, fue pastor en Santo Domingo, las Villas, durante los aciagos días de la intervención del Instituto, en marzo de 1963, y posteriormente en Campechuela. Nos dice al presente:

> Para el hermano Onelio no había tiempo malo; él siempre estaba cantando al Señor. Las últimas veces que hablé con él fue cuando vino del Ecuador, para un tratamiento de un dolor que tenía en el hombro, y era cáncer. Hablamos mucho antes que él regresara al Ecuador desde donde más tarde pasaría a estar con nuestro querido Señor. Quiero decir que, en medio del dolor, Onelio me cantaba en el teléfono. Bueno, ahora está en el lugar que el Señor le había preparado, Onelio siempre fue una inspiración para mí.[588]

Balbino M. Basulto Ramírez

El Rev. Balbino M. Basulto Ramírez, pastor y presbítero

[587] Elízabeth de la Cruz de Ríos, entrevistada por O. Ríos, 5 de agosto de 2014, 1:00 PM. Usada con permiso.
[588] Ángel López Flores, entrevistado por O. Ríos, 13 de agosto de 2015, 2:53 AM. Usada con permiso.

por muchos años, egresado del Instituto Bíblico Pentecostal de Manacas, nos dice:

> El viaje de Onelio González por la tierra fue un éxito. Le vi como estudiante del Instituto, a mi lado, lleno siempre de entusiasmo y alegría, le vi como pastor en Maffo, donde hizo un tremendo trabajo y le vi posteriormente como pastor en la Isla de la Juventud, a donde me invitó. Con él hice inolvidables recorridos. Él era tremendo predicador y daba unas escuelas dominicales en que parecía que se iba a acabar el mundo.[589]

Ernestina C. Borges Pequero

La pastora Ernestina C. Borges Pequero, esposa del Rev. Balbino M. Basulto Ramírez, recuerda:

> Tengo el mejor concepto y los mejores recuerdos del Rev. Onelio González (…). Vi nacer a sus hijos. Yo puedo recordar, cuando iba a su casa, a Bernabé y a Belkis Beatriz, cada uno en su cunita, fíjese cuánto tiempo hace de eso. Hace poco vino Bernabé y se hizo una fotografía con Balbino. También recuerdo que cuando Onelio invitó a mi esposo a estar con él unos días en la Isla de la Juventud, ni esposo se enfermó de una pierna y ellos lo cuidaron; Onelio y Belkis fueron muy buenos con él.
>
> Onelio no se perdía una Convención, y allí nos veíamos siempre.[590]

Jesús S. Santiesteban Pérez

El Rev. Jesús S. Santiesteban Pérez, reconocido ministro de la Organización, pastor y líder por muchos años de la Obra

---

[589] Balbino Macario Basulto Ramírez, entrevistado por O. Ríos, vía telefónica, 4 de agosto de 2015, 6:00 PM. Usada con permiso.

[590] Ernestina Caridad Borges Pequero, entrevistado por O. Ríos, vía telefónica, 4 de agosto de 2015, 6:00 PM. Usada con permiso.

pentecostal cubana de las Asambleas de Dios, nos deja saber acerca de Onelio González: "Nuestras relaciones siempre fueron muy buenas porque Onelio era una persona muy afectiva. Tuve contacto muchos años con él. Fue un gran siervo de Dios. Lamenté mucho su partida y lloré sentidamente cuando murió".[591]

Raimundo Oropesa Oropesa

El Rev. Raimundo Oropesa, Ex–Secretario General de la Iglesia Evangélica Pentecostal de Cuba (Asambleas de Dios) nos dice: "Onelio era un gran hombre de Dios y un gran hermano. Crecimos juntos en el mismo Templo de Holguín, bajo el pastorado de Einar Peterson. Le escuché predicar siempre con un carisma especial porque predicaba con el alma, con una expresión fuerte que a veces rompía en lágrimas".[592]

Rolando Rivero Reyes

El ya nonagenario Rev. Rolando Rivero Reyes, recuerda: "Muchas veces coincidí con el pastor Onelio González en la casa del hermano José Suárez Rodríguez, a donde todos los ministros íbamos. Tuvimos con él grandes tiempos de oración".[593]

Hermida Figueredo Pi

La pastora Hermida Figueredo Pi nos ofrece su semblanza:

> Recuerdo al Rev. Onelio González pastoreando Las Tunas y especialmente orando por la sanidad de la Iglesia. Allí

---

[591] Jesús Santiesteban, entrevistado por O. Ríos, vía telefónica, 31 de julio de 2015, 7:30 PM. Usada con permiso.

[592] Raimundo Oropesa, entrevistado por O. Ríos, vía telefónica, 30 de julio de 2015, 6:40 PM. Usada con permiso.

[593] René Figueredo Coronado, entrevistado por O. Ríos, vía telefónica, 27 de agosto de 2015, 1:30 PM. Usada con permiso.

trabajó mucho. Era una persona de mucha consagración y oración e inspiraba mucha fe. Tenía una predicación muy doctrinal y avivada. Su esposa Belkis era una buena predicadora también.[594]

Josefa Bardanca Belmas

La legendaria Revda. Josefa Bardanca Belmas, fundadora de las Asambleas de Dios en Camagüey, nos dice:

> A pesar de la distancia que llegó a separarnos siempre nos sentimos compañeros de ministerio. Onelio fue una joya en las manos de Dios, con un mensaje ungido por Él, no solo para indios caníbales, sino para todo el mundo, porque Onelio González tenía palabra para todo el mundo.[595]

Justo Regueira Crespo

El Rev. Justo Regueira Crespo, campeón de la fe que será recordado siempre por su protagonismo pastoral en el avivamiento de Madruga, relata:

> En la Conferencia General Bienal en Guanabacoa, 2009, vi a Onelio y me dio gran alegría. Me senté a almorzar al lado de él, y con mucho entusiasmo nos hablaba de sus peripecias en la selva. Nadie podía imaginarse lo enfermo que estaba porque era el mismo Onelio de siempre, aquel con quien compartimos más de medio siglo de historia.[596]

---

[594] Hermida Figueredo Pi, entrevistada por O. Ríos, vía telefónica, 30 de julio de 2015, 9:00 PM. Usada con permiso.

[595] Josefa Bardanca Belmas, entrevistada por O. Ríos, vía telefónica, 31 de julio de 2015, 7:40 PM. Usada con permiso.

[596] Justo Regueira Crespo, entrevistado por O. Ríos, vía telefónica, 4 de agosto de 2015, 7:00 PM. Usada con permiso.

Félix Rafael Pérez Suárez

El Rev. Félix R. Pérez Suárez, quien fuera Secretario General de la Iglesia Evangélica Pentecostal de Cuba (Asambleas de Dios) en la década de 1990 y pastor del Templo Central de las Asambleas de Dios en Guanabacoa, nos dice:

> Siempre admiré del hermano Onelio su carácter, que lo hacia una persona accesible, se podía conversar con franqueza, la sonrisa amigable siempre estaba en sus labios; tenía una amabilidad muy característica de él.
>
> Fue un gran predicador de la Palabra; me gustaba escucharle predicar y especialmente tuvo un periodo de su ministerio en que brilló con una unción especial, era como que en el pulpito se transformaba y el Espíritu Santo le daba una autoridad que nos cautivaba la atención. Varios hermanos me testificaron después de un servicio en el que ministró, diciéndome: "Yo le vi el rostro como que resplandecía mientras predicaba".
>
> Realmente, Onelio, nos dejó el testimonio de ser un gran hombre de Dios.[597]

Diego Perna Iglesia

El Rev. Diego Perna, quien fuera Vice-Superintendente del Distrito de Occidente y pastor en las Iglesias de Junta de San Luis —Pinar del Río—, y Santiago de Cuba —Templo Central—, de la Iglesia Evangélica Pentecostal de Cuba (Asambleas de Dios), recuerda:

> En el sepelio del Rev. José Ramón Álvarez[598]; despidiendo el duelo, el Rev. Martín Oliva hubo de citar

---

[597] Félix R. Pérez Suárez, entrevistado por O. Ríos, vía electrónica, 4 de septiembre de 2015, 6:15 PM. Usada con permiso.

[598] El Rev. José Ramón Álvarez fue Vice-Superintendente General de la Iglesia Evangélica Pentecostal de Cuba (Asambleas de Dios). (Nota del autor, en uso de los Archivos de Historia. Asambleas de Dios. Cuba.)

partes del texto en II Samuel 3:38b, donde dice: "¡No sabéis que un príncipe y grande ha caído hoy en Israel!" Algo parecido se pudo haber dicho en la despedida de duelo de nuestro queridísimo hermano Onelio González: "¡No sabes que un príncipe y grande ha caído hoy en el campo misionero!"

Conocí al Rev. Onelio González en el año 1955, estudiando en el Instituto Bíblico de Manacas, Las Villas. Ya se veía en él un hombre llamado por Dios. Años más tarde tuve la oportunidad de ser su presbítero, forma por la cual se puede conocer el calibre de un pastor. En mis recorridos como líder del Pastor Onelio, cada vez que llegué a su hogar veía a un pastor, un cabeza de hogar, un esposo, un padre y un gran hombre de oración.

Estando Onelio pastoreando en la Iglesia de Campechuela, época donde solo se permitía dar cultos dentro de los templos, Onelio con el valor que siempre lo caracterizo, empezó a dar cultos en el centro del poblado de Campechuela, al aire libre, donde se reunían un buen número de personas. Realizaba esta actividad sin miedo alguno a las consecuencias que pudieran acarrearle. No cabe duda alguna de que Dios lo respaldó. Después pasó a trabajar a la parte occidental donde tengo entendido que enfrentó fuertes batallas. Hay ministros que viven todavía y pueden hablar de eso (...).

Bueno es saber que el legado de Onelio está dando frutos en la nueva generación de ministros. Cuando un ministro vive como vivió Onelio sigue activo, influenciando a los que vienen detrás.[599]

Osías Rosell Marzo

El veterano Rev. Osías Rosell Marzo, pastor y ejecutivo

[599] Diego Perna Iglesias, entrevistado por Bernabé González González, vía electrónica, 21 de julio de 2015, 4:27 AM. Usada con permiso.

del Distrito Oriental por muchos años, nos comenta:

> En la Obra pentecostal cubana Onelio González fue uno de los héroes de la fe. Realmente fue tremendo porque no se le quedaba callado a nadie; eso lo llevaba a que con frecuencia "se fuera de rosca..."; era extremadamente firme en lo que creía, lo que lo llevó a grandes enfrentamientos.[600]

Mario M. Barbán Ortiz

El Rev. Mario M. Barbán Ortiz resume la vida de Onelio González, cuando dice: "Lo conocí creo que, de toda la vida, de los tiempos en que los dos éramos jóvenes y solteros. Lo que más sobresalió en él fue siempre su buen ánimo. Éste se hacía ver en su predicación, en su amistad y en su vida toda".[601]

Isabel González Blanco

La Revda. Isabel González Blanco, esposa del Rev. Mario Barbán, tiene memorias muy antiguas del matrimonio González: "A ambos, a Onelio y a Belkis, los conocí siendo muy jóvenes y solteros. Él tenía, combinados los ministerios de evangelista, pastor y maestro y tenía muy buen trato con todo el mundo. Belkis era de carácter fuerte pero muy buena cristiana, muy esforzada".[602]

Daysi Castillo Arévalo

La Revda. Daysi Castillo Arévalo, quien conociera todo el ministerio del Rev. Onelio González en el Oriente cubano,

---

[600] Osías Rosell Marzo, entrevistado por O. Ríos, vía telefónica, 5 de agosto de 2015, 3:00 PM. Usada con permiso.

[601] Mario Barbán, entrevistado por O. Ríos, vía telefónica, 6 de agosto de 2015, 11:00 AM. Usada con permiso.

[602] Isabel González Blanco, entrevistada por O. Ríos, vía telefónica, 5 de agosto de 2015, 11:00 AM. Usada con permiso.

afirma:

> Acá en Maffo su ministerio fue muy bendecido a pesar de los tiempos difíciles que se vivían. Fue dedicado y recto en su servicio al Señor. Su franqueza, transparencia, firmeza y fe fiel al Señor, le trajeron no pocos problemas al punto que sufrió prisión. Dios fue fiel como siempre y lo llevó a pastorear a Las Tunas.[603]

Orgelina Rodríguez Domínguez

Orgelina Rodríguez Domínguez, tesorera y superintendenta de la Escuela Dominical de la Iglesia Evangélica Pentecostal de Cuba (Asambleas de Dios) en Las Tunas, en la década de 1960-70, nos dice:

> Onelio se robó el corazón de todos los cristianos de Las Tunas, lo mismo los de las Asambleas de Dios que los de las demás denominaciones no pentecostales; fue, durante el tiempo que pastoreó allí, la figura evangélica más querida de todo el lugar, y lo fue por su unción, honradez e integridad, todo eso, pero creo que más que por cualquier otra cosa, lo fue por su humildad, porque siendo fuerte, claro y directo, era, sin embargo, la persona más humilde de este mundo.[604]

Dagoberto Jane Gómez

El veterano Rev. Dagoberto Jane, pastor y evangelista de la Iglesia Evangélica Pentecostal de Cuba (Asambleas de Dios) nos dice:

---

[603] Daysi Castillo Arévalo. Documento enviado por Anelis Socorro Batista a la Comisión Nacional de Historia. 13 de septiembre de 2015. Usado con permiso.

[604] Orgelina Rodríguez Domínguez, entrevistada en su hogar por O. Ríos, 3 de agosto de 2015, 6:00 PM. Usada con permiso. (Entrevista facilitada por la Revda. Caridad Collazo Torres.)

Al hermano Onelio lo aprecié como a un buen padre. Sabía enseñar y disciplinar a sus hijos. Era buen esposo, hombre cariñoso y pastor abnegado. Como misionero estuve con él en la selva y vi su trabajo maravilloso. Trabajaba con puro amor por los indígenas en Ecuador. En sus pastorados en Cuba, de igual manera, hizo un gran trabajo por amor y con amor.

Fue mi amigo. Siempre me atendió con amor y respeto. Fue un hombre fiel a su llamado y su trabajo fue reconocido por todos. Creó que él nunca creyó que había hecho algo por lo que él se mereciera algún reconocimiento. Todo lo hacía con amor para Dios.

Lo despedí cuando salió de Cuba y fue para mí un gran dolor, pero después, al verlo, a lo largo del tiempo, vi que Dios lo había sacado para un trabajo mejor y mayor, en el cual compartimos juntos, para gloria de Dios, cuando lo visité en Ecuador, mientras estaba trabajando en la selva.[605]

Héctor A. Hunter Wright

Héctor Hunter Wright, Superintendente General de la Iglesia Evangélica Pentecostal de Cuba (Asambleas de Dios) entre 1997-2013, escribió:

Onelio era muy capaz.[606]

Estando de visita en la Florida en días atrás, alguien me avisó que Onelio estaba de visita en casa de su hijo Bernabé; y se produjo el encuentro feliz. (…). Sí, allí le entregué ayuda en nombre de todos nosotros, ayuda que arrancaron lágrimas de gratitud al saber que no están

[605] Dagoberto Jane, entrevistado por Bernabé González González. Recibido por vía electrónica el 30 de julio de 2015, 1:00 PM. Usada con permiso.

[606] René Figueredo, entrevistado por O. Ríos, vía telefónica, 21 de agosto de 2015, 2:00 PM. Usada con permiso.

olvidados y aún se les ama en el Señor.[607, 608]

Héctor Pereira Sánchez

El Rev. Héctor Pereira Sánchez, Vice-Superintendente General durante veintisiete años, afirma:

> En estos avatares de su vida dedicada, fue a parar al Ecuador para tomar el lugar de los mártires del Cáucaso y allí, como fiel misionero, sembró su corazón, acompañado de su querida esposa Belkis y sus hijos…
>
> … Onelio fue pionero de los misioneros cubanos que hoy intentan surcar mares o abrir junglas. Dejó a nuestra Iglesia en Cuba una linda página misionera que, con letras de oro, se habrá escrito en el cielo.[609]

Alfredo Gómez Arce

El Rev. Alfredo Gómez Arce, graduado del Instituto Bíblico Pentecostal de Manacas, Las Villas, y por muchos años Secretario General de la Iglesia Evangélica Pentecostal de Cuba (Asambleas de Dios), nos da su evaluación:

> La naturaleza de Onelio era enérgica, tan activa que nunca dejaba para mañana lo que se pudiera hacer hoy; acataba sus responsabilidades con alegría y cantaba mientras trabajaba.
>
> Su esposa y sus hijos saben que tenía un corazón abierto, no tenía que fingir ni la amistad ni la paz porque eran parte de su ser.

---

[607] Héctor Hunter, "Encuentro feliz", *La Antorcha Pentecostal*, julio-diciembre de 2003, p. 3.

[608] Héctor Hunter, "Encuentro feliz", *Visión*, Vol. 23, septiembre de 2003, p. 1.

[609] Héctor Pereira Sánchez, Documento enviado a los Archivos de Historia de las Asambleas de Dios de Cuba. Recibido: 8 de agosto de 2015.

Confieso que no he tenido que arreglar un panegírico ni tampoco montar un drama: El Rev. Onelio González Figueredo era así y mucho más de lo que he dicho.

Gracias por quienes en vida han sabido honrar a Dios y al entorno donde protagonizaron.[610]

David N. Zamora Montero

El pastor David Zamora, que llegara a ser directivo nacional de las Asambleas de Dios de Cuba, recuerda de sus tiempos de formación, al pastor Onelio González:

> Mi adolescencia y gran parte de mi juventud la alcancé bajo el pastorado del Rev. Onelio González, en la Iglesia Evangélica Pentecostal de Las Tunas. Fue él quien me bautizó en aguas. Le recuerdo como un pastor que tenía pasión por las almas; era un tremendo visitador. Recuerdo haberle visto algún domingo, entrar tarde-noche a la casa pastoral, regresando de visitar alguna familia de la iglesia. Su pasión por la alabanza lo llevó en muchas ocasiones a organizar y dirigir la coral de la iglesia. Su voz es imposible de olvidar. Era un hombre abnegado y sacrificado. Lo vi trabajar muy duro durante la preparación de eventos en nuestra iglesia. En el orden personal era una persona jovial, muy servicial y asequible.[611]

Herminio E. Pupo González

El Rev. Herminio Pupo González, egresado del Instituto Bíblico Pentecostal de Manacas, Tesorero General de la Iglesia Evangélica Pentecostal de Cuba (Asambleas de Dios) por varias décadas, con pastorados en Pinar del Río y Monterrey,

---

[610] Alfredo Gómez Arce, entrevistado por O. Ríos, vía electrónica, 8 de agosto de 2015, 3:59 PM. Usada con permiso.

[611] David Zamora, entrevistado por O. Ríos, vía electrónica, 23 de agosto de 2015, 5:08 AM. Usada con permiso.

La Habana, nos deja saber:

> La trayectoria del Rev. Onelio González es muy difícil de resumir en un pequeño espacio, pues la memoria que de él tenemos, le sitúa entre los hombres de gran estatura, como persona y, más que nada, como hombre de Dios.
>
> Tuve el honor de conocerle desde mi edad temprana y siempre le admiré como un hombre comprometido con la Palabra, apasionado por el evangelio y con una marcada visión misionera. Era una de esas personas que predicaba el evangelio a cualquier persona y a cualquier costo. Aún en las horas más difíciles que se vivió en nuestro país, en décadas pasadas, predicaba el evangelio, al rojo vivo, sin curvas, ni rodeos.
>
> Uno de los momentos más difíciles en la historia del Comité Ejecutivo fue cuando las autoridades del país nos pusieron en la amarga disyuntiva de escoger entre separarlo del ministerio o aplicarle una sanción de ocho años de prisión. El ceder ante tales presiones, parecería un acto de cobardía, pero fue el trampolín que Dios usó para cumplir su sueño misionero. Sí, aquella petición apasionada que, estando en el Instituto Bíblico, le hiciera al Señor.
>
> Esto parecía imposible, pero Dios usó ese desagradable medio para llevar a cabo su propósito. Su labor en aquellas intrincadas regiones, sólo el Señor la sabe valorar.
>
> Dios nos permita que "una doble porción del espíritu de Onelio" (II Re. 2:9) sea sobre cada uno de nosotros para cumplir con ese denuedo la labor que Dios nos ha encomendado.[612]

[612] Herminio Pupo González, entrevistado por O. Ríos, vía electrónica, 1 de agosto de 2015, 7:00 PM. Usada con permiso.

Irma Vázquez Manso

La Revda. Irma Vázquez Manso, esposa del Rev. Herminio Pupo, ambos pastores por muchos años de la Organización, nos deja saber: "Vi el pastorado de Onelio en Campechuela, cuando apenas él comenzaba. Era un predicador vehemente que atacaba la idolatría, y lo hacía con tal fuerza que se buscaba problemas".[613]

Bonifacio Martínez Elías

El Rev. Bonifacio Martínez Elías, actual pastor en el Templo de las Asambleas de Dios de Campechuela, sucesor en la historia del ministerio pastoral en aquel lugar donde tantas huellas dejara Onelio González, deja sus impresiones, recogidas de los miembros más antiguos y del contacto que tuviera con el insigne misionero en ocasión de su visita al lugar, en 2009:

> Onelio era el pastor que llegaba a una casa, y se encontraba a los hermanos poniendo un techo, levantando una pared, y se pegaba con ellos a trabajar; ahí se quedaba.
>
> Con su guitarrita se iba para la esquina de la Iglesia católica y allí comenzaba a cantar y armaba un culto hasta que se lo llevaban preso.
>
> Su visita acá fue muy buena. Hablamos mucho de su trabajo allá, en Ecuador. Nos explicó que todavía él oraba por todos nosotros. Le ayudamos a visitar a los miembros que todavía están, de los tiempos en que fue pastor acá. Fue muy bueno tenerle aquí. [614]

---

[613] Irma Vázquez Manso, entrevistada por Herminio Pupo González, domicilio de Monterrey, La Habana, 1 de agosto de 2015, 7:00 PM. Usada con permiso.

[614] Bonifacio Martínez Elías, entrevistado por O. Ríos, 14 de agosto de 2014, 11:00 AM. Usada con permiso.

Juana Pol Martínez

La pastora Juana Pol Martínez, junto a su esposo, el Rev. Bonifacio Martínez Elías, atiende pastoralmente el Templo de la Iglesia Evangélica Pentecostal de Cuba (Asambleas de Dios) en Campechuela. Heredera de las memorias ministeriales de la sede donde tuvo lugar el primer pastorado del Rev. Onelio González, nos dice:

> Dejó memorias muy grandes en toda la comunidad porque alcanzaba a las personas, no importaba cuán difícil fueran los caracteres que tuvieran. Predicaba al aire libre y no le importaban las consecuencias. Esa es una de las cosas que más se recuerdan de él, acá en Campechuela.
>
> En 2009, cuando vino, todo el mundo se congregó para escucharle. Vinieron al Templo a verlo hasta los inconversos del barrio. Él nos habló de toda la obra misionera en Ecuador.[615]

Samuel García Núñez

El pastor Samuel García Núñez, hijo del inolvidable pastor Víctor García Martínez, dice: "La de Onelio fue una vida necesaria; era un hombre de enfrentamientos y estos lo marcaron mucho, pero nunca dejó de ser lo que era: un guerrero del evangelio. Pese a todo lo que sufrió y a lo mucho que de él se dijo, siguió siendo un hombre afable. Nunca se amargó".[616]

Alcides A. Duque González

Alcides A. Duque González, pastor de la Iglesia Fe Apostólica, convertido bajo el ministerio del Rev. Onelio

[615] Juana Pol Martínez, entrevistada por O. Ríos, vía telefónica, 6 de agosto de 2015, 5:00 PM. Usada con permiso.

[616] Samuel García Núñez, entrevistado por O. Ríos, vía telefónica, 3 de agosto de 2015, 9:00 AM. Usada con permiso.

González en la Isla de la Juventud, dijo de él:

> Su vida misionera en Cuba, Estados Unidos y Ecuador, ejercieron una influencia poderosa en mi vida y me sirvieron y servirán de ejemplo, aliento y esperanza para toda mi vida de servicio al Señor.
>
> En una ocasión memorable el pastor Onelio me dijo: "Alcides, hasta aquí tú has sido el discípulo mío que más frutos has dado". Nunca he dejado de esforzarme en la entrega y superación para servir al Maestro como obrero que no tiene "de que avergonzarse" (II Ti. 2:15), y de ser digno de aquellas estimulantes palabras.
>
> Mi esposa y yo hemos realizado altos estudios teológicos y ministeriales, tanto en Cuba como en España, donde servimos al Señor en la obra misionera, en labores evangelísticas y educacionales, y además como miembro del Consejo Evangélico de la Comunidad de Madrid, en mi caso por varios años, donde he realizado y realizo diferentes funciones en representación de las iglesias de esa región de España.
>
> Sirvan estas palabras de reconocimiento y para memoria del siervo de Dios que, lleno de humildad y de poder de Dios, no paró, junto a su esposa y familia, de servir a "aquel que le tomo por soldado" (II Ti. 2:4), y que no cejó en su firme empeño de glorificarle y bendecirle por todos los medios a su alcance, tanto dentro como fuera de Cuba.
>
> Ejemplo de esto fue su encomiable labor misionera, teniendo ya más de setenta años, en la selva Amazónica, por la parte del Ecuador, donde levantó escuelas dominicales e iglesias que aún continúan sirviendo al Rey que viene pronto.
>
> ¡Honor y honra al Señor eterno!; y como Él ordenó, que se tenga en doble estima a los que predican y enseñan (ITi. 5:17), como lo hizo el pastor Onelio González.[617]

---

[617] Alcides Duque, entrevistado por B. González, EUA, 5 de agosto de 2015.

Jorge Wilson

El Rev. Jorge Wilson, por muchos años Presidente Nacional de la Iglesia Fe apostólica en Cuba, conoció al Rev. Onelio González en Oriente y ambos se tributaron una sentida amistad que resistió el paso del tiempo. Es así que el pastor Wilson dijo al Lic. Alcides Duque, llamado a la fe en la Isla de la Juventud y discipulado luego en La Habana bajo el ministerio del Rev. Onelio González: "Hermano Alcides Duque: usted estuvo en buenas manos".[618]

Daniel E. Tamayo Carballido

El pastor Daniel Tamayo Carballido relata para esta publicación:

> Conocí al pastor Onelio en Quito Ecuador, donde vivía en el año 2006; estaba atravesando por una prueba debido a una secuela neurológica que padecía su esposa. En medio de tal situación, no abandonó el campo misionero en la selva del Amazonas, a donde se iba solo. Se trasladaba en una avioneta hasta una pista de aterrizaje improvisada y de allí caminaba kilómetros de distancia con una enorme y pesada mochila a su espalda, donde llevaba su casa de campaña, comestibles y otros enseres. A pesar de su edad, se mantuvo por años en esta labor. Allí quedaba en la selva, ministrando la Palabra de Dios por varios días hasta que la avioneta pudiera recogerle de nuevo. Si había mal tiempo debía permanecer más días. (...)
>
> Gracias a Dios, a través de nuestro ministerio, el Templo "Voz de Jubilo" en Ciego de Ávila, Cuba, contribuyó con una ofrenda para la construcción de un templo en la selva en el año 2007. Fue emocionante ver las lágrimas de nuestro hermano Onelio pues después de muchos años era su primer contacto con la Obra de Dios en Cuba, que

[618] Ibíd.

además le enviaban una ofrenda; él decía: "Esta es la ofrenda más grande que he recibido, pues viene del sacrificio de mis hermanos en Cuba". Fue emocionante.

Muchas veces estuvo solo, sin apoyo, sin reconocimiento, pero siempre Dios le respaldó.

Conocí en él a un hombre extraordinario, sincero, que sin buscar reconocimientos ni posiciones humanas se entregó a servir en el corazón de la selva amazónica ecuatoriana.[619]

Samuel Regüeiferos Cajigal

El Rev. Samuel Regüeiferos Cajigal, uno de los más experimentados pastores de las Asambleas de Dios de Cuba, desde el cálido oriente cubano, afirma:

> En las memorias que conservo del trabajo de Onelio González en Las Tunas está una irresistible visión misionera de estar en las calles a cualquier hora del día. Su evangelismo no era solo desde el púlpito, de hecho, a veces, a la hora del culto era que él estaba llegando de evangelizar en las calles, se ponía rápido la corbata y ministraba.
>
> No fue a Ecuador por 'amor al arte', a buscar riquezas o prosperidad, lo movió la pasión a las almas, lo que demuestra que se necesita todo un proceso de vida para la formación de un misionero que, en su caso, comenzó con aquellas experiencias.[620]

Efraín Paz Gálvez

El Rev. Efraín Paz Gálvez, actual director de la Casa de

---

[619] Daniel E. Tamayo Carballido, entrevistado por O. Ríos, vía electrónica, 10 de agosto de 2015, 6:09 PM. Usada con permiso.

[620] Samuel Regüeiferos Cajigal, entrevistado por O. Ríos, 10 de agosto de 2015, 10:30 AM. Usada con permiso.

Literatura de la Iglesia Evangélica Pentecostal de Cuba (Asambleas de Dios) (CALITAD), nos hace saber: "Onelio González era un hombre de oración e intercesión, que no perdía la oportunidad de hablarle de Cristo a un alma. Vivía en función de la salvación de los demás. Eso estaba en el centro de su atención siempre".[621]

Caridad Collazo Torres

La Revda. Caridad Collazo Torres, recuerda los días difíciles de pruebas y enfermedades que enfrentó en la década de 1980. Con relación a eso, nos dice:

> Onelio González era un verdadero pastor y un ganador de almas, visitador, bueno, todo lo que era de Dios lo apoyaba. Entre 1984-85 enfermé y él me hacía visitas misioneras; luego trajo a un hermano; me leía la Biblia y oraba por mí como si yo fuera una baby.
>
> Le recuerdo como a un cristiano verdadero y un gran pastor. ¿Me pregunta si Onelio merece un libro? Le digo que, si hay alguien en este mundo que merece un libro, es Onelio González Figueredo.[622]

Ben Lafon

El veterano misionero norteamericano Rev. Ben Lafon, quien fuera un gran apoyo para el pastor Onelio González en los comienzos de su trabajo en el exterior, desde su respetable ancianidad nos deja saber:

> Parte del crecimiento de las Asambleas de Dios en el Ecuador fue debido a una preciosa pareja cubana: Onelio y Belkis González. Ellos nos ayudaron especialmente con

---

[621] Efraín Paz Gálvez, entrevistado por O. Ríos, vía telefónica, 2 de agosto de 2015, 6:00 PM. Usada con permiso.

[622] Caridad Collazo Torres, entrevistada por O. Ríos, vía telefónica, 2 de agosto de 2015, 6:00 PM. Usada con permiso.

la visitación de la Iglesia del Centro Cristiano Betesda y también en la enseñanza del Instituto Bíblico. Más tarde abrieron una nueva obra en San Rafael, cerca de Quito. Después abrieron varias obras nuevas entre los indígenas en el Oriente del Ecuador. ¡Oh, Dios es bueno! [623]

Adimael (Tito) Rodríguez Fernández

El Rev. Adimael (Tito) Rodríguez Fernández, uno de los más destacados líderes de la Iglesia Evangélica Pentecostal de Cuba (Asambleas de Dios), presbítero de Occidente, Pastor del Templo Central de la Iglesia Evangélica Pentecostal de Cuba (Asambleas de Dios) en Infanta y Santa Marta, sorprendió a muchos, cuando dijo: "Onelio González es el mejor pastor que yo he conocido. Si llegara la hora, algún día, en que tuviera que recomendar a un pastor, no lo pensaría dos veces: ese sería Onelio González".[624]

---

[623] Ben Lafon, entrevistado por O. Ríos, vía electrónica, 9 de septiembre de 2015, 12:03 PM. Usada con permiso.

[624] Benjamín de Quesada, entrevistado por O. Ríos, vía telefónica, 31 de julio de 2015, 7:15 PM. Usada con permiso.

EPÍLOGO

Conocí al Rev. Onelio González Figueredo en 1986. Recordaré siempre su mirada inteligente, directa y limpia, su porte erguido y su andar resuelto. Se expresaba con una dicción clara, que usaba para proyectar ideas lógicas y comprensibles. Evocaba en sí todas las dotes de un orador.

Me sucedía algo *extraño* con él: si no le hubiese conocido, solo de mirarlo habría sabido que era un pastor. La dotación ministerial emanaba de su persona.

El domingo 21 de septiembre de 1986, a pocas semanas de su partida de Cuba y durante el tiempo de la Escuela Dominical, le escuché interactuar en clases con el más grande maestro bíblico pentecostal que el autor haya conocido: el Rev. Hugo Vidal Vidal. Su suficiencia argumental era impresionante, y los "jóvenes de Infanta"[625] fuimos gratamente sacudidos por el desbordamiento teológico que tuvo lugar. Hoy día me doy cuenta de que no era Onelio solamente el hombre del campo y de la selva: era también el hombre de la Palabra. Sus hijos aseguran que se deleitaba en la predicación de Luis Palau y el Hermano Pablo.[626]

Vivió los altibajos humanos con intensidad y cuando le pregunté a Bernie cuál creía que habrían sido sus horas más felices, me contestó: "Las vivió allí, entre los indios ecuatorianos".[627]

La amistad sincera era la virtud que más admiraba. Aborrecía la hipocresía porque no sabía serlo.[628] Era amigo de sus amigos, amigo de sus hermanos en la fe, amigo de su familia, amigo de aquellos indios que tanto amó…

Pudo vivir los días desahogados de un ciudadano norteamericano y explotar su condición de perseguido político, levantando en su favor la voz de los tribunos; lejos de eso, su Cristocéntrica vida demostró con creces lo errados que estaban

---

625 Templo "Fuente de Vida", Calzada de Infanta, esquina a Santa Marta, La Habana. (Nota del autor.)

626 Bernabé González González, entrevistado por O. Ríos, vía electrónica, 2 de agosto de 2015, 2:35 PM. Usada con permiso.

627 Ibíd.

628 Ibíd.

aquellos que le denostaban, porque no hubo tiempo en sus días para otra cosa que no fuera ganar almas, en función de lo cual dejó atrás a Norteamérica y se fue a la más ruda selva suramericana.

Su vida toda es una perenne lección en que se nos enseña a diferenciar acreditación de llamamiento. La primera es humana, mutable y temporal; el segundo es divino, irrevocable y eterno.

La vida del pastor y misionero Onelio González Figueredo tiene para el entendido una sola lectura: el verdadero siervo sufre. Desconfíe de la espuma que se arremolina con hilaridad, y sube pretensiosa, anunciando una sustancia que no tiene. Desconfíe porque solo es eso: espuma. No busque al siervo en el trono; no es lugar para él. Cuando lo quiera encontrar diríjase al yunque; allí le verá golpeado de la forma más inclemente, con la pesada maza de la infamación, la cárcel, compartiendo los vituperios de Cristo, a cuya semejanza está siendo formado, muchas veces en un estado de perenne soledad… Desconfíe de aquel que vaga triunfal e impertérrito por la senda ancha; no son los derroteros del siervo. Cuando lo olvide, recuerde la vida de Onelio.

Una y otra vez Aquél que le llamó ha tenido que recomponer los jirones de su alma, porque sería la suya la voz más alta del evangelio en la Amazonía ecuatoriana. Estaba destinado por Dios para enfrentar caciques de dura cerviz, en el más cerrado paganismo amerindio, escarpada montaña para subir la cual le preparó el Señor. Como Maestro incomparable del cielo, sabía Dios que no podía cincelar el alma de este siervo en seminarios palaciegos climatizados, ornados de estabilidad. Su *currículum*, nunca homologable con el de instituto alguno, serían las cárceles hacinadas, las destituciones deshonrosas, los rechazos crueles, las estrecheces claustrofóbicas, las penurias lacerantes, los golpes demoledores, tras los cuales el siervo estuvo listo, graduado y calificado para el hórrido escenario ministerial de la Amazonía.

Las peores fieras de la selva respetaron su paso cansado. Los más salvajes plantígrados se hicieron esa tarde criaturas inermes que contemplaron curiosas su andar solitario. La boa, discreta, regresó a su nido. La tarántula y el alacrán negro retrajeron su ponzoña, y el Pastaza cabrilleante, en sus díscolos recodos, se negó a tragarle, y le devolvió respetuoso a la orilla, donde le aguardaban las flores naturales, que hicieron más vivos sus colores, en confesa expresión de simpatía.

Abrazados a su memoria, cientos de indígenas le recordarán en las ropas que llevan, los libros que leen, los himnos que cantan... Olvidados por todos, les llegó con Onelio el dulce nombre de Jesús y la más hermosa historia de amor: aquella que se escribió en la cruz.

Pregunté a Betty, y me contó que eran los niños los que le recibían; hacían una coral al pie de la avioneta en que llegaba. Sobre su hombro, herido ya de muerte, sostenía las bendiciones que llevaba, y aquellos pequeños premiaban con abrazos, su santa llegada. Entonces Onelio era feliz..., inmensamente feliz.[629]

Mano humana podrá escribir jamás un epílogo digno de la vida de este gigante. Lo haga él, a través de las palabras del himno "Estrellas en mi corona", aquel que de la pluma inspirada de John R. Sweney y E. E. Hewitt, nos llegó, y tantas veces se escuchó brotar, en tono inigualable, de los labios del más insigne misionero pentecostal cubano de toda la historia: Onelio González Figueredo.

Sin cesar siempre pienso en la tierra mejor,
Do al ponerse mi sol llegaré,
Y al hallarme en los cielos con Cristo el Señor
¿Mi corona de estrellas tendré?

¿Mi corona tendrá sus estrellas allí
En las almas que yo rescaté?
Cuando el sol ya decline
Y me encuentre yo en ti:
¿Mi corona de estrellas tendré?

---

[629] Belkis Beatriz González González, entrevistada por O. Ríos, vía electrónica, 25 de agosto de 2015, 5:08 AM. Usada con permiso.

De la fuerza de Dios esperando el poder,
Trabajar quiero siempre y salvar
A las almas, y al fin, cual estrellas saber
Que en mis sienes irán a brillar.

¡Oh, qué gozo en los cielos será para mí
Vivas gemas poner a sus pies!
Y tener en mi frente corona que allí
Ornen joyas de tal brillantez.[630, 631, 632]

---

630 https://www.youtube.com/watch?v=FRlDFpLdc4M Accedido el 26 de agosto de 2015, 1:33 PM.

631 http://cantosyoraciones.blogspot.com/search/label/cancionescristianas Accedido el 26 de agosto de 2015, 1:33 PM.

632 Iglesia Evangélica Pentecostal de Cuba (Asambleas de Dios), *Himnos de Gloria*, Himno No. 60, “Estrellas en mi corona”, pp. 36, 37.

ECUADOR

FOTOGRAFÍAS

Imágenes tomadas por Onelio González Figueredo, en plena Amazonía. Rostros que nunca lo olvidarán. Cortesía de Bernabé González González. Usadas con permiso.

ATACAMES
Nautica

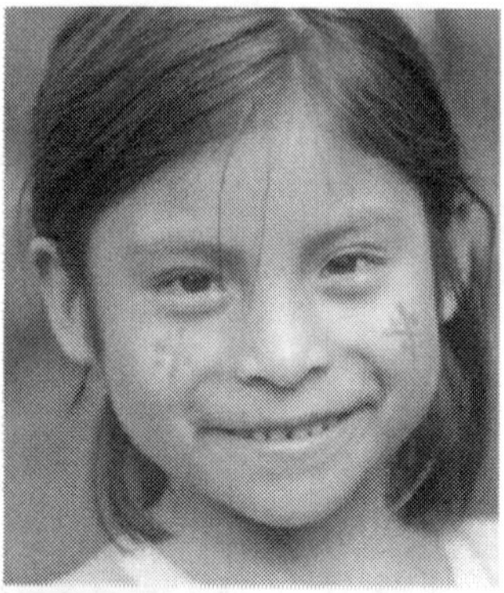

Belkis y Onelio González

ANEXOS

Iglesias pastoreadas por Onelio González

Iglesia Evangélica Pentecostal de Cuba (Asambleas de Dios) en Campechuela (marzo de 1960-1965).

Iglesia Evangélica Pentecostal de Cuba (Asambleas de Dios) en Maffo. (1965-diciembre de 1971.)

Iglesia Evangélica Pentecostal de Cuba (Asambleas de Dios) en Las Tunas. (1972-1980.)

Iglesia Evangélica Pentecostal de Cuba (Asambleas de Dios) en Nueva Gerona, Isla de la Juventud. (1980-1982.)

Iglesia Evangélica Pentecostal de Cuba (Asambleas de Dios) en Rocafort. (1983-1984.)

Iglesia Betesda del Valle. Quito Ecuador. (1986-1991.)

Iglesia Pentecostal de Katy. Houston. Texas. (1992-1994.)

Iglesia Templo Calvario. Las Cruces. Nuevo México. (1995-1996.)

Iglesia Aposento Alto. Grapevine. Texas. (1998-2000.)

Entrevistados para este libro

Alcides A. Duque González
Alfredo Gómez Arce
Ana Irma Montejo Acuña
Anay Matos Hernández
Anelis Batista Monjes
Anelis Socorro Batista
Ángel López Flores
Ángel M. Toledo Fuentes
Balbino M. Basulto Ramírez
Bárbara Alonso de Villar
Belkis B. González González
Ben Lafon
Benjamín B. de Quesada Tamayo
Bernabé González González
Biria Legrá Jardines
Bonifacio Martínez Elías
Caridad Collazo Torres
Dagoberto Jane Gómez
Daniel E. Tamayo Carballido
Daysi Castillo Arévalo
David Monduy Rosell
David N. Zamora Montero
Diego N. Pernas Iglesias
Eduardo Echeverría
Efraín Paz Gálvez
Eliseo Villar Acosta
Elízabeth de la Cruz de Ríos
Elízabeth Ríos de la Cruz
Ernestina C. Borges Pequero
Félix Rafael Pérez Suárez
Guillermina González Figueredo
Héctor Pereira Sánchez
Henry González Calvo
Hermida Figueredo Pi
Herminio E. Pupo González
Humberto N. Duarte Llanes
Irma Vázquez Manso
Isabel González Blanco
Isnaldo D. Echeverría Ramos
Jesús S. Santiesteban Pérez
José Ramón Mendoza García
Josefa Bardanca Belmas
Juana Pol Martínez
Loyda Calvo González
Luis Zambrano Lobaina
Marciano Ramón Rodríguez
María Hernández de Quesada
María Victoria Alderete Oliva
Mario M. Barbán Ortiz
Marta González Figueredo
Melba Rosa Campos Blanco
Migdalia González Figueredo
Moisés de Prada Esquivel
Nelsio Legrá Jardines
Orgelina Rodríguez Domínguez
Osías Rosell Marzo
Raimundo Oropesa Oropesa
René Figueredo Coronado
Robert Lafon
Ruth Cordoví Calvo
Samuel García Núñez
Samuel Regüeiferos Cajigal
Samuel Sabó Pons
Teresa Pérez
Víctor Oxiel Noja García
Virginia Arias García

Control de nombres

Archivos de Historia. Asambleas de Dios. Cuba
Mencionados en este libro:

Adimael (Tito) Rodríguez Fernández. Ministro de la Iglesia Evangélica Pentecostal de Cuba (Asambleas de Dios). Fue presbítero de La Habana cuando no existían los distritos lo que hacía equivalente el cargo al del Superintendente Distrital actual. Se recuerdan sus pastorados en el Templo madre de las Asambleas de Dios de Cuba en Infanta y Santa Marta, La Habana y en el Templo de Santos Suárez, hoy llamado "Puerta de Esperanza", La Habana. Hermano natural del Rev. Jaime Rodríguez Fernández, emigró a Canadá-Estados Unidos. Ya está con el Señor.

Alcides A. Duque González. Convertido bajo el ministerio del Rev. Onelio González en la Isla de la Juventud. Licenciado en Historia y Filosofía. Fue pastor de la Iglesia Fe Apostólica en Cuba. Vive actualmente en los Estados Unidos.

Albenis Valdés. Ministro de la Iglesia Evangélica Pentecostal de Cuba (Asambleas de Dios). Dejó de trabajar con la Organización el 17 de octubre de 1980. Se recuerdan sus pastorados en Las Tunas y El Vedado, La Habana. Padre de los pastores Guillermo Valdés, quien lo fuera en Madruga, y de David Valdés, pastor de la Iglesia del Evangelio Completo y esposo de Betty García, hija del Rev. Víctor García Martínez.

Alfredo Gómez Arce. Ministro de la Iglesia Evangélica Pentecostal de Cuba (Asambleas de Dios). Fue Secretario General de la Organización. Se recuerdan sus pastorados en Las Tunas y El Vedado. Vive en Estados Unidos.

Alipio Pedraza Surí (1933-2003). Primer Superintendente que tuvo el Distrito de Oriente tras su creación en 1994. Graduado en el Instituto Bíblico de Manacas (curso 1958-1961), tuvo pastorados estables y prolongados en Sagua la Grande y Baracoa. Fue un hombre de visión que en el Señor multiplicó su Iglesia de Baracoa y llenó posteriormente, a través de un trabajo ordenado de misiones, todo el Oriente cubano del evangelio. Tras ser nombrado Presidente Nacional de Misiones en 1998, fueron abiertos, bajo su dirección, seiscientos cincuenta puntos de predicación. Poco antes de su partida a la eternidad Oriente había entregado ciento sesenta y siete iglesias nuevas. Por sobre cualquier cosa debe ser recordado como el hombre de las misiones, que llevó la Palabra de Dios hasta el último rincón de la más escondida montaña de Cuba.

Alva y Luisa Walker. Matrimonio misionero norteamericano que sirvió en Cuba hasta 1961. Alva Walker fue Administrador del Instituto Bíblico Pentecostal de Manacas, Las Villas y su esposa Luisa Jeter de Walker, Directora y posteriormente Profesora del mismo Instituto. Ésta última atendió también nacionalmente el Departamento de la Escuela Dominical. Legó, con la publicación de *Siembra y Cosecha*, una importante crónica del evangelio pentecostal latinoamericano. Fue hermana natural del Superintendente Hugh Preston Jeter.

Alvio García Marcelo (1933-2005). El más célebre Director de *La Antorcha Pentecostal* de todos los tiempos, publicación que de hecho rescató, en la era pre-digital, de los mimeógrafos manuales. Fue su director treinta largos años, desde 1973 hasta 2003. Nació en Santo Domingo, Villa Clara y creció en Vertientes, Camagüey. A los 12 años se convirtió y sirvió al Señor en la Iglesia de Florida hasta su salida al ministerio. Ingresó en el Instituto Bíblico de Manacas en 1951, graduándose en 1953. Fue misionero en Elia y en Vertientes; en esa misma zona pastoreó en La División y El Corojo; pastoreó además Nuevitas y Marianao. Profesor del Instituto Bíblico Pentecostal en 1960; presbítero en Camagüey, Tesorero y Vice-Tesorero General; fue miembro del Comité Ejecutivo General 40 años. Compartió cincuenta años de matrimonio con la Revda. Virginia Basulto.

Ana Irma Montejo Acuña. Viuda del Rev. Pedro Velázquez Martínez. Egresada del Instituto Bíblico Pentecostal de Manacas, compartió estudios con el Rev. Onelio González.

Anay Matos Hernández. Fundadora de las Asambleas de Dios en Baracoa. Egresada del Instituto Bíblico Pentecostal de Manacas.

Ángel López Flores. Ministro de la Iglesia Evangélica Pentecostal de Cuba (Asambleas de Dios). Nació el 1 de agosto de 1933, en la calle San Ramón, en la Ciudad de Camagüey. Se graduó en el Instituto Bíblico Pentecostal de Manacas el 29 de mayo de 1959. Fue pastor en Santo Domingo, Las Villas, y en Campechuela, Oriente. Emigró en la década de 1960 a los Estados Unidos, desde donde ha cooperado muy activamente en el registro de los temas históricos de la Organización. Comparte la vida y el ministerio con Lilia Escobar.

Ángel M. Toledo Fuentes. Vice-Secretario General de la Iglesia Evangélica Pentecostal de Cuba (Asambleas de Dios). Miembro de la Delegación Nacional para la Celebración del Centenario de las Asambleas de Dios en Springfield, MO., EUA, 2014. Fundador de EDISUB-FATES. Ha sido históricamente uno de los más competentes maestros bíblicos de la Organización. Le acompaña en la vida y el ministerio Aimara Ramírez Monduy.

Anisio Semanat. Graduado del Instituto Bíblico Pentecostal de Manacas en 1956. Emigró a los Estados Unidos.

Antonio Pupo. Ministro de la Iglesia Evangélica Pentecostal de Cuba (Asambleas de Dios). Ya está con el Señor. Se tiene memoria de su último pastorado en la Iglesia de Jesucristo Libre, en el Reparto "El Rosario", afiliada para entonces a las Asambleas de Dios. Padre del Lic. Moisés Pupo. Sub-director de FATES a principios de la década de 2000.

Aquiles Legrá Barravia. Estudió tres años en el Instituto Bíblico de Manacas. En la lejana década del 60, fue pastor de la Iglesia Evangélica Pentecostal de Cuba (Asambleas de Dios) en Calimete y Jiquiabo. En 1963 dejó de trabajar con la Organización. Es hermano del Rev. Nelsio Legrá Jardines y de Biria Legrá Jardines.

Argelia García. Graduada del Instituto Bíblico Pentecostal de Manacas en 1956. Hermana natural del Rev. Víctor García Martínez.

Arnoldo González Villalonga. Pastor en la Isla de la Juventud tras el ministerio del Rev. Onelio González allí. Fundador del programa nacional de "La Hora de la Luz". Radica en el exterior en estos momentos.

Balbino Macario Basulto Ramírez. Nació el 28 de febrero de 1936. Estudió en el Instituto Bíblico Pentecostal de Manacas. Tras graduarse atendió pastoralmente Hato de Guanes, en Pinar del Río. Junto a su esposa Ernestina Caridad Borges Pequero fue pastor en Céspedes, Camagüey, durante diez años; pastoreó Victoria, campo de Vertientes, durante diez años; Santa Cruz del Sur, por seis años; Florida, seis meses; interinamente cubrió el Templo Central de Ciego de Ávila, durante el pastorado allí del Rev. Jaime Rodríguez; ayudó al pastorado del Rev. Alvio García en Vertientes; fue presbítero en Camagüey en cinco oportunidades.

Bárbara Alonso de Villar. Ministro Ordenado de la Iglesia Evangélica Pentecostal de Cuba (Asambleas de Dios). Esposa del Rev. Eliseo Villar Acosta, Superintendente General. Ver datos allí.

Belkis Beatriz González González. Hija del Rev. Onelio González González y de su esposa Belkis González. Estuvo en Cuba en junio de 1996. Testigo de su ministerio hasta los últimos instantes de su vida.

Ben Lafon. Misionero norteamericano entre los años 1953 y 1989. Su vida misionera se repartió entre Honduras y Ecuador.

Benjamín de Quesada Tamayo. Importante ministro de la Iglesia Evangélica Pentecostal de Cuba (Asambleas de Dios) Como estudiante del Instituto Bíblico Pentecostal pastoreó en El Ciego (1959-1960), Playa Panchita (1960-1961), Manacas (1961-1962), Zarza Gorda y Potrerillo (1962-1963). Fue pastor asistente del Templo "Fuente de Vida", Infanta y Santa Marta, La Habana (1969-1974). Fue pastor de El Cotorro, La Habana (1975), La Víbora, La Habana (1976-1978), El Vedado, La Habana (1978-1983), Ciego de Ávila (1983-1989) y del importante Templo "Aleluya" de la Ciudad de Camagüey (1989-2013). Fue Tesorero Nacional de los "Embajadores de Cristo" (Jóvenes) (1969-1974); miembro de la Directiva de Evangelismo del Presbiterio Occidental (1982), Mentor Nacional de los Jóvenes (1977-1978), Secretario Nacional de los "Pescadores de Hombres" (Caballeros) (1985-1993), secretario del Distrito de Centro (1993-2010) y secretario del Distrito de Centro Este (2010-2012). La publicación de sus memorias determinó una nueva era en la comprensión de la importancia de la historia de la Organización.

Bernabé González González. Hijo primogénito del matrimonio de Onelio y Belkis González. Estuvo en Cuba en el contexto de la participación de su padre en la Conferencia General Bienal de enero de 2009.

Bernardo Amor. Fue electo Vice-Superintendente de la Iglesia Evangélica Pentecostal de Cuba (Asambleas de Dios) en la dramática Convención de Holguín de 1961, en que fue electo Superintendente el Rev. Eolayo Caballero. Era español.

Bonifacio Martínez Elías. Junto a su esposa, la pastora Juana Pol, copastorearon la congregación que se reúne en el Templo Central de Guantánamo y atendieron la Iglesia Central de Santiago de Cuba. Desde el 9 de diciembre de 1998 pastorean en el Templo de Campechuela.

Caridad Collazo Torres. Ministro de la Iglesia Evangélica Pentecostal de Cuba (Asambleas de Dios) e importante cronista de la historia de la Organización. Para su trayectoria pastoral ver: Efraín Paz Gálvez.

Carlos Anderson. Ministro de la Iglesia Evangélica Pentecostal de Cuba (Asambleas de Dios). Fue profesor en el Instituto Bíblico Pentecostal de Manacas. Se le recordará siempre por haber recibido en la Convención Nacional de 1961, junto al Rev. Víctor García Martínez, la revelación de que el Rev. Eolayo Caballero era la persona que estaba en los planes de Dios para Superintendente. Emigró hace años a los Estados Unidos.

Carmen Alicia Morales Batista. Ministro Ordenada de la Iglesia Evangélica Pentecostal de Cuba (Asambleas de Dios). Esposa del Rev. Dr. Moisés de Prada Esquivel. Ver datos allí.

Celso Hernández. Junto a su esposa fue obrero laico del Templo central de Holguín. Estudio en el Seminario Bíblico Pentecostal de Manacas. Es tío del Rev. Daniel Hernández, éste último Directivo Nacional de los Jóvenes en la década de 1970 y actualmente en Miami, EUA.

Dagoberto Jane Gómez. Ministro de la Iglesia Evangélica Pentecostal de Cuba (Asambleas de Dios). Nació el 11 de septiembre de 1935. Fue un notable evangelista y pastoreó en Guaicanamar, La Manteca, Amancio Rodríguez, El Cotorro, Siboney, (Camagüey), Zarza Gorda y Fernández Zayas. Sufrió con todo su rigor la dura experiencia de la UMAP. Vive actualmente en los Estados Unidos.

Daniel Ernesto Tamayo Carballido. Ministro de la Iglesia Evangélica Pentecostal de Cuba (Asambleas de Dios). Doctor en Medicina. Pastor por más de quince años del Templo Central de Ciego de Ávila, donde construyó una importante sede de la Facultad de Teología de Cuba. Fue Presidente Nacional del Departamento de Escuela Dominical. Actualmente vive en Estados Unidos con su esposa, la Revda. Dra. Dámaris Mercedes Mejías Samé, a cuyo lado ha compartido vida y ministerio.

David Monduy Rosell. Ministro de la Iglesia Evangélica Pentecostal de Cuba (Asambleas de Dios). Fue Pastor asistente del Templo "Príncipe de Paz" y Pastor de la Iglesia "La Voz de Fe" en Lawton, La Habana. Unió fuerzas con el autor en la organización de la Celebración Evangélica Cubana de Arroyo Naranjo, julio de 1999. Inició en Cuba, a mediados de la década de 2000, un movimiento misionero hacia localidades aisladas del occidente cubano, que fue embrión del actual ministerio ConPasión Internacional. Tras emigrar a los Estados Unidos en 2009, organiza el ministerio internacionalmente y se vincula con el trabajo en la Amazonía. Visitó la LXII Conferencia General Bienal de la Iglesia Evangélica Pentecostal de Cuba (Asambleas de Dios), que tuvo lugar entre los días 13 y 16 de enero de 2009, en el Templo central de Guanabacoa, La Habana, donde promovió la participación de Cuba en las misiones de la Amazonía ecuatoriana. Le acompañan ministerialmente su esposa Vivian Pérez Rodríguez e hijos.

David Nicolás Zamora Montero. Pastor Asistente en la Iglesia Emmanuel, de la Ciudad de Nuevitas, Camagüey, 1991-93, con el Rev. Mario Barbán Ortiz. Pastor en la Iglesia "Vida Nueva" en la comunidad campesina de El Carmen,

Camagüey, marzo de 1993-99. Pastor en la iglesia "Lirio de los Valles" de la Ciudad de Florida, Camagüey, 2002-06. Pastor y presidente de la Iglesia Evangélica Rehoboth, en Ciudad de La Habana, 2006-09. Tesorero del Distrito Central, 1997- 2003. Vice-Tesorero General, 2003-2009. Director Nacional del Departamento de Escuela Dominical, 1998-2002. Director General de la Comisión Nacional de Educación Cristiana de las Asambleas de Dios (CECAD), 2005-2009. Vive actualmente en Tampa, Estados Unidos.

Diego Nicolás Pernas Iglesia. Ministro de la Iglesia Evangélica Pentecostal de Cuba (Asambleas de Dios). Se recuerdan sus pastorados en las Iglesias de la Junta de San Luis (Pinar del Río), Santiago de Cuba, Florida, Maffo y El Cotorro. Fue Vice-Superintendente del Distrito de Occidente. Tras su jubilación emigró a Estados Unidos.

Dori Pérez Blanco. Doctora en Medicina. Especialista en Cirugía. Miembro del primer equipo misionero de las Asambleas de Dios enviado a la Amazonía en 2015.

Eduardo Echeverría. Compañero de curso y de graduación del pastor Onelio González en el Instituto Bíblico Pentecostal de Manacas. Procedía de Ciego de Ávila. Se unió en matrimonio a Teresa Pérez y juntos pastorearon Bauta —durante meses, en 1961— y Regla —seis años—. Abandonaron el país en 1966, Eduardo vía España y Teresa, hacía Miami.

Efraín Paz Gálvez. Ministro de la Iglesia Evangélica Pentecostal de Cuba (Asambleas de Dios); junto a su esposa, la Revda. Caridad Collazo Torres, tuvo pastorados en Naranjo Agrio (1982-87), Santa Lucía, pueblo (1987-97) y Santo Suárez, La Habana (1997-2007). Presbítero en varias ocasiones. Es actualmente el director de la Casa de Literatura de las Asambleas de Dios de Cuba (CALITAD-Imprenta Nacional).

Elba Rodríguez. Graduada del Instituto Bíblico Pentecostal de Manacas en 1958. Fue pastora en la zona de Cienfuegos.

Elesbán Fuentes. A la par que cursaba el Instituto Bíblico Pentecostal de Manacas, era profesor de niños, para los hijos de los seminaristas. Fue enfermero de psiquiatría. Se recuerda su último pastorado en el Templo de Alday, a finales de la década de 1990.

Eliseo Villar Acosta. Graduado en el Seminario de Los Pinos Nuevos. Fue evangelista y Presidente Nacional de los "Embajadores de Cristo" (Sociedad de Jóvenes). Se le recuerda un pastorado muy abnegado en Cañada de Yarey (Las Tunas); pastoreó también en Ranchuelo, Marianao y Cojímar; secretario del Distrito de Occidente en 1994, cuando éstos fueron organizados y posteriormente Vice-Superintendente del mismo Distrito; luego fue elegido Vice-Superintendente General. En 2013 fue nombrado Superintendente General, ratificado en la LXIV Conferencia General Cuatrienal, Camagüey, 2015. Emigró a EUA en 2018.

Elízabeth de la Cruz de Ríos. Licenciada en Ciencias Farmacéuticas, Especialista en Superación Técnica y Profesional. Doctora en Ministerio (UVI), Máster en Teología Práctica (Facultad de Teología de las Asambleas de Dios para América Latina, Springfield, EUA, Primera Graduación en Cuba, 2009); miembro de la Directiva Nacional de los Ministerio Femeniles desde 2006, como Secretaria del Distrito de Occidente; Presidenta Distrital de Occidente, 2007-2009; Vice-Secretaria Nacional 2007-2009; Secretaria Nacional de los Ministerios Femeniles desde 2009. Miembro de la Delegación Nacional para la Celebración del Centenario de las Asambleas de Dios en Springfield, MO., EUA, 2014. Predicadora de poder y consejera inigualable de damas, junto a su esposo, el Rev. Dr. Octavio Ríos Verdecia, pastoreó el Templo "Palabras de Vida" desde 1998 hasta 2017. Comparten la bendición de dos hijas: Elízabeth, Doctora en Medicina, teclista de la Iglesia, presidenta de los Jóvenes y del DEMAD y Viria, estudiante de medicina, directora del grupo de alabanza, baterista y fotorreportera del boletín local.

Elízabeth Ríos de la Cruz. Doctora en Medicina. Bachiller en Teología y Biblia, 2011; presidenta de los Jóvenes del Templo "Palabras de Vida" en Santa Amalia, La Habana; Teclista de la Iglesia. Hija del autor.

Ernestina Caridad Borges Pequero. Esposa del Rev. Balbino Basulto. Ver datos allí.

Esther Ferrer. Graduada del Instituto Bíblico Pentecostal de Manacas en 1956. Pastoreó en la Organización de Las Buenas Nuevas, en Xifuentes.

Félix Rafael Pérez Suárez. Estudió el Instituto Bíblico Pentecostal de Manacas. Secretario General de la Iglesia Evangélica Pentecostal de Cuba (Asambleas de Dios) en la década de 1980. Presidente Nacional del Programa de "La década de la cosecha" en 1990. Se recuerda su último pastorado en la Iglesia Evangélica Pentecostal de Cuba (Asambleas de Dios), Templo Central de Guanabacoa. Pastorea actualmente en Tampa, Estados Unidos. Siempre amable, con un interés muy grande de servir, diligente, increíblemente activo, sus gestiones marcaron para bien la Obra nacional en un momento de crecimiento explosivo para las Asambleas de Dios.

Fredy Guerra. Graduado del Instituto Bíblico Pentecostal de Manacas en 1956. Fue pastor de la Iglesia Cristiana Pentecostal.

George Wood. Superintendente General de las Asambleas de Dios de los Estados Unidos y presidente de la Fraternidad Mundial de las Asambleas de Dios.

Gerardo de Ávila. Graduado del Instituto Bíblico Pentecostal de Manacas. Fue pastor en Santa Clara. Emigró a los Estados Unidos.

Guillermina González Figueredo. Ministro de la Iglesia Evangélica Pentecostal de Cuba (Asambleas de Dios). Esposa del Rev. René Calvo y hermana del Rev. Onelio González Figueredo. Vive en los Estados Unidos.

Héctor Antonio Hunter Wright. Fue pastor en Majayara, Las Tunas, Nuevitas y El Diezmero. Superintendente General de la Iglesia Evangélica Pentecostal de Cuba (Asambleas de Dios) desde 1997 hasta 2013, en que fue depuesto de sus funciones por decisión del Comité Ejecutivo General.

Héctor Pereira Sánchez. Ministro de la Iglesia Evangélica Pentecostal de Cuba (Asambleas de Dios). Graduado en el Instituto Bíblico de Manacas, curso 1954-1958. Fue pastor en Cruces y Ranchuelo (a un tiempo), Ciego de Ávila (un año interino), Cienfuegos (ocho años) y Santa Clara (cuarenta años). Once años presbítero en el Distrito Central y veintisiete años Vice-Superintendente General. Fue Director de *La Antorcha Pentecostal*, entre enero de 1976 y noviembre de 1977. En 2006 se jubiló. Actualmente es editor de la Revista devocional *El Mentor*, al tiempo que trabaja como el más importante cronista de historia de toda la organización.

Henry González. Se convirtió en 1955, bajo el pastorado del misionero norteamericano Einar Peterson, en la Ciudad de Holguín. Esposo de Elsa González Figueredo y por ende cuñado de Onelio González. Es primo del Rev. René Calvo. Fue presidente de los Jóvenes del Templo Central de las Asambleas de Dios en Holguín y posteriormente Presidente de los Caballeros, once años. Vive actualmente en Miami.

Herminio Edilberto Pupo González. Ministro de la Iglesia Evangélica Pentecostal de Cuba (Asambleas de Dios). Vivió en carne propia la dura experiencia de la UMAP. Tesorero del Comité Ejecutivo entre los años 1975 y 2015; fue también Tesorero Nacional de los "Embajadores de Cristo" (Jóvenes) y de la Caja de Ayuda de Ministros Necesitados. Tuvo pastorados en Antilla, Hatico (Holguín), Ranchuelo, Pinar del Río, Monterrey, Diezmero.

Hermida Figueredo Pi. Ministro de la Iglesia Evangélica Pentecostal de Cuba (Asambleas de Dios). Esposa del Rev. Rolando Rivero Reyes. A su lado ha estado durante más de cincuenta años de matrimonio y de ministerio.

Hugo Vidal Vidal. Ministro de la Iglesia Evangélica Pentecostal de Cuba (Asambleas de Dios). Secretario General de la Organización en la década de 1980, pastor del Templo de Infanta y Santa Marta en ese mismo tiempo. De modo general se le recuerda como a uno de los más experimentados maestros bíblicos de la historia. Bautizó al autor de este libro el 16 de noviembre de 1986. Se trasladó a Miami, EUA a finales de la década de 1980. Su ministerio ha continuado, con proyecciones internacionales, al lado de su esposa, Eliana Báez.

Humberto Martínez. Ministro de la Iglesia Evangélica Pentecostal de Cuba (Asambleas de Dios). Fue pastor de la Iglesia de El Vedado. Emigró a España. No debe ser confundido con Humberto Martínez Sabó; son dos personas diferentes.

Humberto Martínez Sabó. (1937-2013). Superintendente General de la Iglesia Evangélica Pentecostal de Cuba (Asambleas de Dios) entre 1979 y 1997. Fue pastor en la Junta de San Luis, Lindero Cruz (Holguín) y El Diezmero, entre otros.

Humberto Nicolás Duarte Llanos. Ministro Ordenado de la Iglesia Evangélica Pentecostal de Cuba (Asambleas de Dios). Pastoreó en Colombia, Las Tunas y dirigió la construcción de su Templo. Fue diácono de la Iglesia central de Las Tunas bajo los pastorados de Kerry González, Carlos Anderson y Onelio González. Para las alturas de aquellos tiempos fue chofer de ómnibus de Las Tunas; manejó las rutas 1, 2 y 3. Ésta última la inauguró; hacía un recorrido entre el hospital y la fábrica de pienso. Posteriormente se vinculó a ómnibus provinciales y nacionales, manejando por toda Cuba, incluyendo la Isla de la Juventud. Es padre de la Revda. Dámaris E. Duarte Argote y suegro por ende del Rev. Juan E. Whittaker González, Tesorero General de la Organización.

Irma Vázquez Manso. Ministro Ordenada de la Iglesia Evangélica Pentecostal de Cuba (Asambleas de Dios). Esposa del Rev. Herminio Pupo González. Ver datos allí.

Isabel González Blanco. Ministro Ordenada de la Iglesia Evangélica Pentecostal de Cuba (Asambleas de Dios). Esposa del Rev. Mario Barbán. Ver allí.

Isnaldo Damián Echeverría Ramos. Nació en 1935 y al lado de su esposa, la hermana Ramona Montano Montano. Pastoreó: Jatibonico (Sancti Spíritus), La Rosita (Taguasco, Sancti Spíritus), Gaspar, Grúa Nueva (Central Violeta), Junta de San Luis (Pinar del Río) y Santa Amalia (La Habana). Desde 1987 hasta 2012 ha desarrollado un gran trabajo por todos los campos de Ciego de Ávila y Camagüey; pastoreó internamente Florida, Céspedes, Ciego de Ávila (Iglesia central), Aeropuerto, Morón (cuatro veces), Gaspar (dos veces), Esmeralda, Colorado, Vicente y Venezuela. Se jubiló en 1996. Hasta hoy sigue activo.

Israel Aguilera. Pastoreó en Santos Suárez y en Palma Soriano. Excelente maestro bíblico, con gran discernimiento en materia de profecía. Director de *La Antorcha Pentecostal* de 1967 a 1968. Emigró a los EUA. Se conoce que su hermana era ministro jubilada en EUA.

Jaime Rodríguez Fernández (1936-2013). Graduado en 1956 en el Instituto Bíblico Pentecostal de Manacas. Hermano natural del Rev. Adimael (Tito) Rodríguez Fernández. Jaime Rodríguez fue Ministro Ordenado de la Iglesia Evangélica Pentecostal de Cuba, y pastor de la Organización por más de cincuenta años; bajo su cayado estuvieron las congregaciones de Jaruco (1956-1959), Madruga (1959-1963), Ciego de Ávila (1963-1979), Nuevitas (1979-1983), Fray Benito (1984-1988), Infanta y Santa Marta, Ciudad Habana (1989-2003) y La Habana Vieja (2003-2005). Fue el primer secretario que tuvo el Distrito de Occidente, por ende, fue miembro del Comité Ejecutivo General.

Jesús Severo Santiesteban Pérez. Se convirtió en 1955. Fue bautizado en agua por el Rev. Eolayo Caballero durante el pastorado de éste en Santa Lucía, Nuevitas. Este bautismo se hizo en el mar en el contexto de una confraternidad. El Rev. Santiesteban y su esposa pastorearon en Fernando de Zayas (un año); Guaicanamar (13 años); Macareno, Central Haití (15 años) y en La Guernicka (25 años). Fue presbítero y presidente provincial de Camagüey por veinte años.

José Leyva. Graduado del Instituto Bíblico Pentecostal de Manacas en 1956. Fue pastor en Aguada, Florida y La Víbora, entre otras.

José Ramón Álvarez (1935-1978). Fue presidente de la sociedad Embajadores de Cristo (Jóvenes), seis años; presbítero, ocho años y Vice-Superintendente por cinco años.

José Suárez Rodríguez. Todos le conocían por Suárez. Miembro de las Asambleas de Dios. Ayudó hasta límites extremos a un crecido número de los que después fueron líderes de la Organización. Pastores, evangelistas, hermanos en general, tuvieron en su hogar un alivio a sus necesidades. Fue miembro de las Iglesias de San Francisco de Paula y Lawton. Se le recuerda con mucho respeto y gratitud.

Josefa Bardanca Belmas. Miembro fundador de la Obra de las Asambleas de Dios en Camagüey. Nació el 12 de mayo de 1932. Se graduó en el Instituto Bíblico Pentecostal de Manacas en 1951, siendo director el Profesor McIntire. Desde los 12 años se ha desarrollado como maestra de Escuela Dominical. Trabajó dieciocho años en el ministerio del evangelista internacional Rev. Orson Vila Santoyo; perteneció a la directiva nacional de las damas; pastoreó en

Sibanicú, Hatuey, Martí y La Deseada (Camagüey).

Josué Balón. Ministro de la Iglesia Evangélica Pentecostal de Cuba (Asambleas de Dios) Fue co-pastor de la congregación de Infanta y Santa Marta. Pastoreó en La Salud, La Habana. Vive actualmente en los Estados Unidos.

Juana Pol Martínez. Ministro de la Iglesia Evangélica Pentecostal de Cuba (Asambleas de Dios). Esposa del Rev. Bonifacio Martínez Elías. Copastorearon la congregación que se reúne en el Templo Central de Guantánamo y atendieron la Iglesia Central de Santiago de Cuba. Desde el 9 de diciembre de 1998 pastorean en el Templo de Campechuela.

Justo Regueira Crespo. Nació en 1930. Pastoreó en Viñales, en el Km 2 ½, en 1964, Madruga (1968-1993) y luego en una misión en Matanzas. Se jubila en 1998, manteniéndose activo como evangelista. Será recordado siempre por el avivamiento en Madruga que tuvo lugar en 1988, bajo su pastorado, luego de una campaña de quince días que realizó el evangelista nacional Leovigildo Cuellar y que comenzó el 15 de enero.

Kathryn Kuhlman (1909-1976). Extraordinaria evangelista norteamericana, para muchos "la principal mujer evangelista del siglo XX". Posiblemente testificó de Cristo a cien millones de personas.

Leslie de Prada Morales. Doctora en Medicina. Especialista en Pediatría. Miembro del primer equipo misionero de las Asambleas de Dios enviado a la Amazonía en 2015. Hija del Vice-Superintendente General Rev. Moisés de Prada Esquivel.

Lilia Escobar. Esposa del Rev. Ángel López Flores. Egresada también del Instituto Bíblico Pentecostal. Ver: Ángel López.

Lorenzo Triplett. Secretario de Misiones de las Asambleas de Dios para América Latina y el Caribe, para los años finales del ministerio de Onelio González en Cuba. Estuvo presente en la isla en innumerables ocasiones.

Loyda Calvo González. Hija de la pastora Guillermina González Figueredo y del Rev. René Calvo, lo que la hace sobrina del pastor Onelio González Figueredo. Vive en los Estados Unidos.

Luis Guillén. Graduado del Instituto Bíblico Pentecostal de Manacas en 1956. Fue Secretario Nacional y pastor en el Templo de Santos Suárez. Vive en los Ángeles, Estados Unidos.

Luis Zambrano Lobaina. Pastor y misionero de la Iglesia Evangélica Pentecostal de Cuba (Asambleas de Dios). Fue Pastor asistente de la Iglesia de Lawton, La Habana. Atiende en el momento de la publicación de este libro y desde hace diez años, la congregación que se reúne en el Templo "Conquistadores de Fe" en Luyanó, La Habana, congregación que fundó e inició como un proyecto misionero, desde el Templo "Voz de Fe", en Lawton, La Habana. Por varios años trabajó en misiones con el proyecto "Semillas de avivamiento". Hace dos años está involucrado, junto a su esposa, Liusbertsy Carrasco Jiménez, en alcanzar a los indígenas de la Amazonía ecuatoriana dándole continuidad al trabajo de Onelio González.

Marciano Ramón Rodríguez. Pastor cubano de la Iglesia Evangélica Pentecostal de Cuba (Asambleas de Dios) en la zona de la Ciénaga de Zapata; misionero permanente en la Amazonía ecuatoriana durante cinco años. Actualmente apoya el movimiento misionero desde los Estados Unidos, donde reside.

María E. Hernández Torres. Esposa del Rev. Benjamín de Quesada Tamayo. Ver nota correspondiente a su nombre. La pastora María Hernández fue además Presidenta Nacional de las Misioneritas.

María Victoria Alderete Oliva. Doctora en Estomatología. Vice-Rectora Docente y Profesora Titular de la Universidad Teológica Pentecostal de Cuba. Sobrina del Rev. Martín Oliva. Su esposo, el Lic. Osvaldo Castillo es Vice-Rector Administrativo de la misma entidad de las Asambleas de Dios.

Mario Menelao Barbán Ortiz. Nació en 1937. Se convirtió en 1951 oyendo la campaña de T. L. Osborn por radio. Su madre estaba paralítica y loca. Se levantó de la silla y regresó a la cordura. Tiene 51 años de matrimonio al lado de Isabel González Blanco, hija mayor del pastor Manuel González Dotres. Fue Vice-Secretario de Distrito Centro. Evangelista nacional en 1957. A fines de 1957 comenzó a pastorear en Jesús Menéndez, Chaparra. Luego continuó en Las Tunas, Velazco (Holguín), Fray Benito (Holguín), Baracoa, El Vedado (interino), Guayos de Las Tunas, Fray Benito, (logró la devolución del Templo en 1982), Nuevitas, Ciego de Ávila, 1993 y Majagua.

Marta González Figueredo. Hermana natural del pastor Onelio González Figueredo. Es miembro de la Iglesia Evangélica Pentecostal de Cuba (Asambleas de Dios) de la Ciudad de Holguín.

Martín Oliva Baró (1921-2003). Destacadísimo ministro de la Iglesia Evangélica Pentecostal de Cuba (Asambleas de Dios). Se recuerdan sus pastorados en Madruga, Baracoa, Palma Soriano, Junta de San Luis y Marianao. Bajo su prolongado ministerio de dieciocho años en Palma Soriano, el movimiento pentecostal cubano alcanzó uno de sus puntos cenitales.

Maximiliano Soto. Ministro de la Iglesia Evangélica Pentecostal de Cuba (Asambleas de Dios). Vinculado en la historia con la campaña evangélica realizada en Potrerillo, siendo pastor Benjamín de Quesada.

Melba Aguilera. Graduada del Instituto Bíblico Pentecostal de Manacas en 1956. Hermana natural del Rev. Israel Aguilera.

Migdalia González Figueredo. Hermana del Rev. Onelio González Figueredo. Vive en los Estados Unidos desde 1970. A su cargo corrieron las gestiones de salida de Cuba de la familia González.

Moisés de Prada Esquivel. Superintendente General interino de la Iglesia Evangélica Pentecostal de Cuba (Asambleas de Dios) en 2018, y Presidente Nacional del Departamento de Misiones. Graduado de Ingeniero Agrónomo en 1986. Máster en Teología (MINTS), Máster en Artes en Estudios Ministeriales (Global University) y Doctor *Honoris Causa* en Divinidades (Universidad Teológica Mundial). Pastoreó en San Emilio (Florida, Camagüey). Fue presbítero y pastor del Templo Central de las Asambleas de Dios en Santa Clara. Fungió como Vice-Secretario General entre 2009-2014. Actualmente es pastor del Templo Central de la Iglesia Evangélica Pentecostal de Cuba (Asambleas de Dios) en Guanabacoa, La Habana, Cuba.

Nelsio Legrá Jardines. Ministro Ordenado de la Iglesia Evangélica Pentecostal de Cuba (Asambleas de Dios). Nació en Baracoa. En 1966 fue líder presbiterial de los "Embajadores de Cristo"; El inolvidable Rev. Alipio Pedraza le envía en

1990 a reabrir la Obra en Las Cuchillas, Baracoa —había sido cerrada en 1963—. Ministro de la Iglesia Evangélica Pentecostal de Cuba (Asambleas de Dios) desde 1992; se jubila en 2007. Importante cronista de la historia de la Organización.

Noelia González. Graduada del Instituto Bíblico Pentecostal de Manacas en 1956. Hermana natural del Rev. Manuel González Dotres.

Noemí Morales de Vila. Ver: Orson Vila Santoyo.

Obed Rivero Figueredo, hijo único del matrimonio de los Revs. Rolando Rivero Reyes y Hermida Figueredo Pi. Es miembro de la Iglesia Evangélica Pentecostal de Cuba (Asambleas de Dios) en El Diezmero, La Habana, donde se ha desarrollado como administrador. Integró como albañil las brigadas de construcción de Templos, que tanto auge tuvieron durante la década de 2000.

Olga García. Graduada del Instituto Bíblico Pentecostal de Manacas en 1956. Fue misionera en Holguín.

Orgelina Rodríguez Domínguez. Nació el 14 de septiembre de 1933. Se convirtió durante el avivamiento de 1952, en Camagüey, en el contexto de las campañas de T. L. Osborn. Fue reportera de *La Antorcha Pentecostal* (ver junio de 1963, p. 8.) Realizó las funciones de tesorera y superintendenta de Escuela Dominical de la Iglesia Evangélica Pentecostal de Cuba (Asambleas de Dios) en Las Tunas durante la década de 1960-70. Trabajó posteriormente con la Convención Evangélica Los Pinos Nuevos, pastoreando nueve años el Templo de esa organización en San Miguel del Padrón, La Habana. Actualmente es miembro de la Convención Bautista de Cuba Occidental. Se congrega en el Templo de Luyanó, La Habana.

Orson Vila Santoyo. Evangelista Internacional y pastor fundador de la congregación más numerosa de Cuba: "Palabras de Vida sobre la Roca" en Camagüey. Presidente de la Comisión Nacional de Evangelismo 1998- 2005. El autor tuvo el honor de trabajar bajo sus órdenes como Secretario Nacional de esta comisión. Vive actualmente en los Estados Unidos donde continúa su impresionante ministerio evangelístico y pastoral al lado de su esposa, la Revda. Dra. Noemí Morales de Vila, predicadora de poder y presidenta de los Ministerios Femeniles por veinte años. Ambos han sido una inspiración muy grande para la vida del autor de este libro.

Osías Rosell Marzo. Ministro jubilado de la Iglesia Evangélica Pentecostal de Cuba (Asambleas de Dios) desde 1962. Egresado de la última graduación que se realizó en Manacas, el 15 de diciembre de 1962. Fue pastor en Granadillos (Holguín), Maffo (Santiago de Cuba) y Guantánamo. Fue Presbítero de Guantánamo y Santiago de Cuba y Vice-Superintendente del Distrito de Oriente.

Pedro Placeres. Fue pastor en El Cotorro y presbítero de La Habana. Emigró a los Estados Unidos a principios de la década de 1960.

Pedro Velázquez Martínez. Ministro de la Iglesia Evangélica Pentecostal de Cuba (Asambleas de Dios). Egresado del Instituto Bíblico Pentecostal de Manacas.

Raimundo Oropesa Oropesa. Nació en 1933. Se convirtió en Holguín bajo el ministerio de Einar Peterson en 1952. Estudió en el Instituto Bíblico Pentecostal de Manacas entre 1952-1958, donde se graduó. Fue pastor en:

San Andrés, Holguín, 1952. Como estudiante de Manacas pastoreó en Mordazo y Perú. Le siguieron sus pastorados en Antilla (Holguín), Banes (Holguín), Los Granadillos, (Sagua de Tánamo, Holguín), Cañada de Yarey, (Las Tunas), Aguada de Holguín y finalmente Regla, donde tuvo un largo pastorado de 31 años, entre 1973 y 2004. Fue Vice-Secretario General en 1969 y luego Secretario General.

Ramón L. Nieves. Nació en Puerto Rico. Se convirtió entre sonidos de disparos de las bandas pandilleras de Nueva York. Fue Superintendente General de la Iglesia Evangélica Pentecostal de Cuba (Asambleas de Dios) entre 1957-1961. Pastoreo en Pinar del Río, Camagüey y Florida. Infatigable evangelista que transportaba sus propias carpas, fue deportado de Cuba junto a su esposa Lucy Torres, en el contexto de la Intervención del Instituto Bíblico de Manacas, en marzo de 1963.

René Figueredo Coronado. Primo segundo del Rev. Onelio González Figueredo. Es Licenciado en Física-Matemática. Miembro de la Iglesia Evangélica Pentecostal de Cuba (Asambleas de Dios) en el Templo de El Vedado, La Habana. Ha sido uno de los cronistas más importantes de esta publicación.

Rolando Rivero Reyes. (1925-). Uno de los más esforzados ministros de la Iglesia Evangélica Pentecostal de Cuba (Asambleas de Dios) de todos los tiempos. Nació en Camagüey. Al momento de esta publicación cumple noventa años. Se convirtió en 1951 en el contexto de las campañas evangélicas que realizó en Cuba T. L. Osborn, en la Ciudad de Camagüey. Pastoreó en la localidad de "El Paraíso" en Camagüey y en la misma provincia, junto al inolvidable José Trenhs, abrió la Obra de las Asambleas de Dios en Guáimaro. En 1956 evangelizó toda la zona del Central Francisco hecho que lo conecta en la historia con la conversión de toda la familia del pastor Benjamín de Quesada. Allí abrió catorce misiones y construyó en 1960 el humilde Templo de La Fe. Fue pastor en Niquero, abrió una Obra en Manzanillo, pastoreó en Cañada de Yarey (Las Tunas), Lawton, Cienfuegos, Santa Lucía (Camagüey) y San Francisco de Paula. Al lado de su esposa, la hermana Hermida Figueredo Pi, completó cincuenta y ocho años de ministerio. Es un importante cronista de la historia de la Organización.

Roque Guerra. Graduado del Instituto Bíblico Pentecostal de Manacas en 1956. Hermano natural de Servilio Guerra.

Ruth Cordoví Calvo. Sobrina segunda del Rev. Onelio González. Es hija de Loyda Calvo, que es hija a su vez de Guillermina González, hermana esta última de Onelio González.

Samuel García Núñez. Ministro de las Asambleas de Dios de Cuba entre 1994-2006. Actualmente pastorea una importante Obra en la Iglesia Evangélica Getsemaní. Es hijo del inolvidable Rev. Víctor García Martínez. Mantiene relaciones fraternas con las Asambleas de Dios de Cuba.

Samuel Regüeiferos Cajigal. Ministro de la Iglesia Evangélica Pentecostal de Cuba (Asambleas de Dios). Egresado del Seminario Bíblico de la Convención Evangélica Los Pinos Nuevos, donde estudió entre 1980-1985. Hizo su cuarto año de práctica pastoreando en Ortigal; fue pastor posteriormente en La Cuava, Las Tunas, un año; Grúa Nueva, cuatro años; Contramaestre, siete años; Holguín, pastorado actual, desde el año 2000. Le acompaña su esposa, la Lic. Sonia Pérez. Ha sido secretario del Distrito Oriental y Presidente Nacional de la Comisión de Resoluciones.

Samuel Sabó Pons. Hijo del Rev. Humberto Martínez Sabó. Es miembro de la Iglesia Evangélica Pentecostal de Cuba (Asambleas de Dios).

Teresa Pérez. Compañera de curso del pastor Onelio González en el Instituto Bíblico Pentecostal de Manacas. No se llegó a graduar. Procedía de Holguín. Ver la nota que aparece en: Eduardo Echeverría.

Víctor García Martínez (1926-1994). Fue presidente de la Comisión Nacional de Evangelismo. Compartió vida y ministerio con Lesdia Núñez Gutiérrez. Ésta última partió con el Señor a principios de la década de 2010. El último pastorado de Víctor García se recuerda en la Iglesia de Lawton. Pastoreó también en la zona de Ciego de Ávila donde pasó por pruebas muy difíciles. Junto al Rev. Carlos Anderson recibió la revelación acerca de la inesperada nominación de Eolayo Caballero para Superintendente en 1961, revelación esta que tuvo doble aprobación: de la Asamblea y de la historia.

Víctor Manuel Badillo. Graduado del Instituto Bíblico Pentecostal de Manacas en 1956. Vive hace muchos años los Estados Unidos.

Víctor Oxiel Noja García. Misionero cubano permanente en la Amazonía ecuatoriana, junto a su esposa Damistey Torres Cepero. Ambos fueron pastores de la Iglesia Evangélica Pentecostal de Cuba (Asambleas de Dios) en la Ciénaga de Zapata, Matanzas, Cuba.

Virginia Arias García. Miembro en plena comunión de la Iglesia Evangélica Pentecostal de Cuba (Asambleas de Dios) en Campechuela, desde 1959.

Vivian Pérez Rodríguez. Esposa del Rev. David Monduy Rosell. Ver datos allí.

BIBLIOGRAFÍA

LIBROS

Barnet, Yves. *Víctor Hugo*. Barcelona: Fapa Ediciones, 2002.

Bécquer, Gustavo Adolfo. *Rimas*. Buenos Aires: Editorial Losada, 1946.

Bianchi Ross, Ciro. *Así hablaba Lezama Lima*. La Habana: UNEAC, Colección Sur, 2013.

Borges, Tomás. *Un grano de maíz*. La Habana: Oficina de Publicaciones del Consejo de Estado, 1992.

Buckingham, Jaime. *Hija del Destino*. Buenos Aires: Editorial Peniel, 1976.

de Saint-Exupēry, Antoine. *El pequeño príncipe*. Editorial Gente Nueva, 1986.

Dirección de Enseñanza Secundaria del Ministerio de Educación, Departamento de Geografía de la. *Geografía Física*. La Habana: Editorial Pueblo y Educación, 1976.

Dobson, James. *Cuando lo que Dios hace no tiene sentido*. Miami: Editorial UNILIT, 1993.

Evangélica Pentecostal de Cuba (Asambleas de Dios), Iglesia. Directorio de Ministros. La Habana: Editorial Calitad. 1990.

________. *Himnos de Gloria*. Himno No. 60: "Estrellas en mi corona". La Habana: Editorial Calitad. 1990.

________. *Libro de Actas*. Acta No. 3. Folio No. 5. Abril 23 de 1974. Archivos de Historia. Asambleas de Dios. Cuba.

________. *Libro de Actas*. Acta No. 52. Folio No. 131. Junio 27 de 1986. Archivos de Historia. Asambleas de Dios. Cuba.

________. *Libro de Actas*. Acta No. 37. Folio No. 101. 22 de noviembre de 1982. Archivos de Historia. Asambleas de Dios. Cuba.

________. *Libro de Actas*. Acta No. 54. Folio 135. Enero 20-21 de 1987. Archivos de Historia. Asambleas de Dios. Cuba.

Evangélica Pentecostal de Cuba (Asambleas de Dios) en Campechuela, Iglesia. *Libro de Actas*.

González Muñoz, Alberto. *Dios no entra a mi oficina*. La Habana: Editorial Bautista, 2008.

________. *Y vimos su gloria*. La Habana: Editorial Bautista. Convención Bautista de Cuba Occidental, 2007.

Hinn, Benny. *La Unción*. Miami: Editorial UNILIT, 1992.

Hitler, Adolfo. *Mi lucha*. Edición digital. Sin otro dato.

Hugo, Víctor. *Los miserables*. La Habana: Instituto del Libro, 1970.

________. *Los trabajadores del mar*. La Habana: Editorial de Arte y Literatura, 1974.

________. *Nuestra Señora de París*. La Habana: Editorial de Arte y Literatura, 1974.

Jeter de Walker, Luisa. *Siembra y Cosecha*. Deerfield: Editorial Vida, 1996.

Piper, John. *Una ambición santa*, Minneapolis: Desiring God Foundation. 2012.

Ríos Verdecia, Octavio. *Historia de las Asambleas de Dios en Cuba*. La Habana: Editorial CALITAD. 2015.

________. *Nube de Testigos*. La Habana: Editorial Calitad. 2009.

________. *Memorias del Pastor Benjamín de Quesada*. La Habana: Editorial Calitad. 2013.

Salgari, Emilio. *El Corsario Negro*. La Habana: Editorial Gente Nueva, 1973.

Vila Samuel y Santiago Escuain. *Nuevo Diccionario Bíblico Ilustrado*. Terrasa, Barcelona: Libros CLIE, 1985.

Willmington, Harold L. *Auxiliar Bíblico Portavoz*. Grand Rapid, Michigan: Editorial Portavoz 1995.

REVISTAS

García Marcelo, Alvio. *La Antorcha Pentecostal*. "Noticias de aquí y de allá/Presbiterio occidental". Abril-junio de 1980. La Habana: Editorial Calitad.

Hunter Wright, Héctor. "Encuentro feliz". *La Antorcha Pentecostal*. Julio-diciembre de 2003. La Habana: Editorial Calitad.

________. "Encuentro feliz". *Visión*, Vol. 23, septiembre de 2003. La Habana: Editorial Calitad.

Jeter, Hugh P. "Dándoles la bienvenida a los nuevos obreros". *La Antorcha Pentecostal*. No. 17. Enero de 1942. La Habana: Asambleas de Dios.

Leyva, Migdalia "Noticias De aquí y de allá. Presbiterio Oriente central". *La Antorcha Pentecostal*. Octubre de 1960. Victoria de las Tunas: Talleres "La Moderna". Varona No. 419.

Monduy, Daniel. "Martín Oliva Baró. *In memoriam*". *La Antorcha Pentecostal*. Enero-marzo de 2003. La Habana: Editorial Calitad.

Ortiz, Luis M. "Liquidado...". *La Antorcha Pentecostal*. No. 9. Septiembre de 1948. Estrada Palma No. 116, Santiago de Cuba.

Raucchonbaoh, Borio V. "Naoimionto dc una naoión". *El Corroo*. Franoia: UNESCO, 1988.

Walker, Alva y Luisa. "Foreing Missions. Inside Cuba". *The Pentecostal Evangel*. No. 2436. 15 de enero de 1961. Springfield, Missouri: Gospel Publishing House.

Woodworth, Floyd D. "Ecos del Instituto". *La Antorcha Pentecostal*. Marzo de 1959. Victoria de las Tunas: Talleres "La Moderna". Varona No. 419.

INTERNET-WIKIPEDIA-ECURED

Internet

Bourdeaux, Michael "Vanya, Report Story": https://www.wattpad.com/help/content?message=I+am+reporting+the+following+content%3A%0Ahttps%3A%2F%2Fwww.wattpad.com%2F112952857-vanya-introducci%25C3%25B3n&story_link=https%3A%2F%2Fwww.wattpad.com%2F112952857-vanya-introducci%25C3%25B3n Accedido el 25 de agosto de 2015, 10:00 AM.

http://bp1.blogger.com/_TlbRmgiCWUU/Rop4waG1VI/AAAAAAAAANc/_rOQ9ZHq6gM/s1600-h/endspr3.jpg Accedido el 14 de agosto de 2015, 10:00 AM.

http://bp3.blogger.com/_TlbRmgiCWUU/Rop4leaG1UI/AAAAAAAAANU/mAeVo-rN_XU/s1600-h/end-of-the-spear.jpg Accedido el 14 de agosto de 2015, 10:00 AM.
http://www.ibecmagazine.com/GESTIÓNSOCIAL/TabId/460/PID/1166/CategoryID/1/Default.aspx?CategoryName=GestiónSocial Accedido el 15 de agosto de 2015, 10:00 AM.
http://www.amazon.com/Portales-esplendor-SpanishElisabethElliot/dp/0825412005/?tag=thegospcoal-20 Accedido el 15 de agosto de 2015, 10:00 AM.
http://2.bp.blogspot.com/DC1vTOr5A2g/UbMf9QchY4I/AAAAAAAAAjQ/GqjSCByFvtM/s1600/II.gif Accedido el 15 de agosto de 2015, 10:00 AM.
http://www.iglesiatesalonica.org/jim-elliot-1927-1956/ Accedido el 21 de agosto de 2015, 10:00 AM.
https://lasfulltimers.files.wordpress.com/2013/04/vanya.pdf Accedido el 25 de agosto de 2015, 10:00 AM.
http://editorialdesafio.com/wp-content/uploads/2014/03/vanya.jpg Accedido el 26 de agosto de 2015, 2:45 PM.
http://letras.com/abel-zavala/fotos.html Accedido el 26 de agosto de 2015, 10:00 AM.
http://www.musicacristianavip.net/abel-zavala/ Accedido el 26 de agosto de 2014, 10:00 AM.
https://www.youtube.com/watch?v=FRIDFpLdc4M Accedido el 26 de agosto de 2015, 1:33 PM.
http://cantosyoraciones.blogspot.com/search/label/cancionescristianas Accedido el 26 de agosto de 2015, 1:33 PM.

Wikipedia

Artículo: "Amazonia". *Wikipedia.* Versión Kiwix 0.9 Rc2. Accedida el 31 de julio de 2015, 10:40 AM.
Artículo: "Anatoli Lunacharski. *Wikipedia.* Version Kiwix 0.9 Rc2. Accedida el 31 de julio de 2015, 3:12 PM.
Artículo: "Armenia". *Wikipedia.* Versión Kiwix 0.9 Rc2. Accedida el 27 de agosto de 2015, 10:40 AM.
Artículo: "Ashuar". *Wikipedia.* Versión Kiwix 0.9 Rc2. Accedida el 31 de julio de 2015, 11:10 AM.
Artículo: "Canibalismo". *Wikipedia.* Versión Kiwix 0.9 Rc2. Accedida el 31 de julio de 2015, 11:10 AM.
Artículo: "Christianity Today (Cristianismo hoy)". *Wikipedia.* Versión Kiwix 0.9 Rc2. Accedida el 26 de agosto de 2014. 10:00 AM.
Artículo: "Desestalinización". *Wikipedia.* Versión Kiwix 0.9 Rc2. Accedida el 26 de agosto de 2014. 10:00 AM.
Artículo: "Ed McCully". *Wikipedia.* Versión Kiwix 0.9 Rc2. Accedida el 30 de julio de 2015, 11:30 AM.
Artículo: "Emilio Salgari". *Wikipedia.* Versión Kiwix 0.9 Rc2. Accedida el 31 de julio de 2015, 10:50 AM.

Artículo: "Esparavel". *Wikipedia*. Versión Kiwix 0.9 Rc2. Accedida el 31 de julio de 2015, 10:30 AM.

Artículo: "Estrecho de Bering". *Wikipedia*. Versión Kiwix 0.9 Rc2. Accedida el 31 de julio de 2015, 10:30 AM.

Artículo: "Golda Meyer", *Wikipedia*. Versión Kiwix 0.9 Rc2. Accedida el 26 de agosto de 2014. 10:00 AM.

Artículo: "Grapevine (Texas)". *Wikipedia*. Versión Kiwix 0.9 Rc2. Accedida el 31 de julio de 2015, 10:30 AM.

Artículo: "Guerra Fría". *Wikipedia*. Versión Kiwix 0.9 Rc2. Accedida el 26 de agosto de 2014. 10:00 AM.

Artículo: "Hermanos de Plymouth". *Wikipedia*. Versión Kiwix 0.9 Rc2. Accedida el 31 de julio de 2015, 10:30 AM.

Artículo: "Huaorani". *Wikipedia*. Versión Kiwix 0.9 Rc2. Accedida el 31 de julio de 2015, 10:30 AM.

Artículo: "Iglesia Ortodoxa". *Wikipedia*. Versión Kiwix 0.9 Rc2. Accedida el 26 de agosto de 2014, 10:00 AM.

Artículo: "Indígenas en Ecuador". *Wikipedia*. Versión Kiwix 0.9 Rc2. Accedida el 31 de julio de 2015, 10:40 AM.

Artículo: "Jacques-Yves Cousteau". *Wikipedia*. Versión Kiwix 0.9 Rc2. Accedida el 31 de julio de 2015, 10:40 AM.

Artículo: "Jejen (*Phlebotomus papatasi*)". *Wikipedia*. Versión Kiwix 0.9 Rc2. Accedida el 31 de julio de 2015, 10:00 AM.

Artículo: "Jim Elliot". *Wikipedia*. Versión Kiwix 0.9 Rc2. Accedida el 31 de julio de 2015, 11:40 AM.

Artículo: "John Piper". *Wikipedia*. Versión Kiwix 0.9 Rc2. Accedida el 28 de agosto de 2015, 11:40 AM.

Artículo: "Katy (Texas)". *Wikipedia*. Versión Kiwix 0.9 Rc2. Accedida el 31 de julio de 2015, 11:40 AM.

Artículo: "Las Cruces". *Wikipedia*. Versión Kiwix 0.9 Rc2. Accedida el 31 de julio de 2015, 11:40 AM.

Artículo: "Leonid Brézhnev". *Wikipedia*. Versión Kiwix 0.9 Rc2. Accedida el 26 de agosto de 2014, 10:00 AM.

Artículo: "Ante Saint". *Wikipedia*. Versión Kiwix 0.9 Rc2. Accedida el 30 de julio de 2015, 11:30 AM.

Artículo: "Niñita Jrushchov". *Wikipedia*. Versión Kiwix 0.9 Rc2. Accedida el 26 de agosto de 2014. 10:00 AM.

Artículo: "Nuevo México". *Wikipedia*. Versión Kiwix 0.9 Rc2. Accedida el 31 de julio de 2015, 11:40 AM.

Artículo: "Operación Auca". *Wikipedia*. Versión Kiwix 0.9 Rc2. Accedida el 30 de julio de 2015, 11:30 AM.

Artículo: "Peter Fleming". *Wikipedia*. Versión Kiwix 0.9 Rc2. Accedida el 30 de julio de 2015, 11:30 AM.

Artículo: "Presidio Modelo". *Wikipedia*. Versión Kiwix 0.9 Rc2. Accedida el 30 de julio de 2015, 10:00 AM.

Artículo: "Purim". *Wikipedia*. Versión Kiwix 0.9 Rc2. Accedida el 26 de agosto de 2014. 10:00 AM.

Artículo: "Río Amazonas". *Wikipedia.* 2014. Versión Kiwix 0.9 Rc2. Accedida el 31 de julio de 2015, 10:40 AM.
Artículo: "Roger Youderian". *Wikipedia.* Versión Kiwix 0.9 Rc2. Accedida el 30 de julio de 2015, 11:30 AM.
Artículo: "Sacrificios humanos en la época precolombina". *Wikipedia.* Versión Kiwix 0.9 Rc2. Accedida el 31 de julio de 2015, 10:40 AM.
Artículo: "Salvador Dalí". *Wikipedia.* 2014. Versión Kiwix 0.9 Rc2. Accedida el 30 de julio de 2015, 10:55 AM.
Artículo: "Shuar". *Wikipedia.* Versión Kiwix 0.9 Rc2. Accedida el 31 de julio de 2015, 11:05 AM.
Artículo: "SIL International". *Wikipedia.* Versión Kiwix 0.9 Rc2. Accedida el 31 de julio de 2015, 11:05 AM.
Artículo: "Tzantza". *Wikipedia.* Versión Kiwix 0.9 Rc2. Accedida el 31 de julio de 2015, 11:05 AM.
Artículo: "Wal-Mart". *Wikipedia.* Versión Kiwix 0.9 Rc2. Accedida el 31 de julio de 2015, 11:35 AM.
Artículo: "Wycliffe Bible Translators". *Wikipedia.* Versión Kiwix 0.9 Rc2. Accedida el 31 de julio de 2015, 11:15 AM.
http://es.wikipedia.org/wiki/Demograf%C3%ADa_de_Cuba. Accedida el 19 de agosto de 2012, 9:23 PM.
http://es.wikipedia.org/wiki/Organizaci%C3%B3n_pol%C3%ADtico-administrativa_de_ Cuba. Accedida el 2 de septiembre de 2012, 10:00 PM.

Ecured portable-2013

Artículo: "Abel Zavala", *Ecured portable.* Versión 1.5. Fecha de fuente documental: 24 de diciembre de 2013. Centro de Desarrollo Territorial de Holguín-UCI.
Artículo "Campechuela". *Ecured portable.* Versión 1.5. Fecha de fuente documental: 24 de diciembre de 2013. Centro de Desarrollo Territorial de Holguín-UCI.
Artículo: "Comité de Defensa de la Revolución". *Ecured portable.* Versión 1.5. Fecha de fuente documental: 24 de diciembre de 2013. Centro de Desarrollo Territorial de Holguín-UCI.
Artículo: "CUC". *Ecured portable.* Versión 1.5. Fecha de fuente documental: 24 de diciembre de 2013. Centro de Desarrollo Territorial de Holguín-UCI.
Artículo: "Félix Varela". *Ecured portable.* Versión 1.5. Fecha de fuente documental: 24 de diciembre de 2013. Centro de Desarrollo Territorial de Holguín-UCI.
Artículo: "Isla de la Juventud". *Ecured portable.* Versión 1.5. Fecha de fuente documental: 24 de diciembre de 2013. Centro de Desarrollo Territorial de Holguín-UCI.
Artículo: "Jatibonico". *Ecured portable.* Versión 1.5. Fecha de fuente documental: 24 de diciembre de 2013. Centro de Desarrollo Territorial de Holguín-UCI.
Artículo: "Las Tunas". *Ecured portable.* Versión 1.5. Fecha de fuente documental: 24 de diciembre de 2013. Centro de Desarrollo Territorial de Holguín-UCI.
Artículo: "Loma de Rejondones". *Ecured portable.* Versión 1.5. Fecha de fuente documental: 24 de diciembre de 2013. Centro de Desarrollo Territorial de

Holguín-UCI.
Artículo: "Maffo". *Ecured portable*. Versión 1.5. Fecha de fuente documental: 24 de diciembre de 2013. Centro de Desarrollo Territorial de Holguín-UCI.
Artículo: "Rocafort". *Ecured portable*. Versión 1.5. Fecha de fuente documental: 24 de diciembre de 2013. Centro de Desarrollo Territorial de Holguín-UCI.
Artículo: "Santiago de Cuba". *Ecured portable*. Versión 1.5. Fecha de fuente documental: 24 de diciembre de 2013. Centro de Desarrollo Territorial de Holguín-UCI.
http://www.ecured.cu/index.php/Diez_de_Octubre. Accedido el 5 de septiembre de 2012, 7:00 PM.

Otras fuentes electrónicas

Martínez Cruz, Ramón, Editor. Ing. Beatriz Alonso Becerra, directora. *Todo de Cuba. 2001*. Consejo Editorial Multimedia. CD. 2001.
Ríos Verdecia, Octavio. "Asambleas de Dios de Cuba". Artículo digital preparado y enviado para su publicación en *Wikipedia*, 24 de julio de 2015. Archivos de Historia. Asambleas de Dios. Cuba. Archivos Digitales de Misiones Mundiales. Springfield, MO., EUA.
Witt, Marcos. Video del tema musical: "Gracias", Álbum "Venció", director D. Dedenev, Productor A. Allen. CanZion. S.f.

ENTREVISTAS

Alderete Oliva, María Victoria. Entrevistada por Octavio Ríos Verdecia. Universidad Teológica Pentecostal de Cuba. La Habana. 3 de junio de 2015, 10:00 AM.
Alonso de Villar, Bárbara. Entrevistada por Octavio Ríos Verdecia. Oficina Nacional de la Iglesia Evangélica Pentecostal de Cuba (Asambleas de Dios). 7 de julio de 2015, 10:00 AM.
Arias García, Virginia. Entrevistado por Octavio Ríos Verdecia. Vía telefónica. 5 de agosto de 2015, 3:30 PM.
Barbán Ortiz, Mario M. Entrevistado por Octavio Ríos Verdecia. Vía telefónica. 6 de agosto de 2015, 11:00 AM.
Bardanca Belmas, Josefa. Entrevistada por Octavio Ríos Verdecia. Vía telefónica. 31 de julio de 2015, 7:40 PM.
Basulto Ramírez, Balbino Macario. Entrevistado por Octavio Ríos Verdecia. Vía telefónica. 4 de agosto de 2015, 6:00 PM.
Calvo González, Loyda. Entrevistada por Octavio Ríos Verdecia. Vía electrónica. 12 de agosto de 2015, 1:27 PM.
_______. Entrevistada por Octavio Ríos Verdecia. Vía electrónica. 14 de agosto de 2015, 5:33 PM.
_______. Entrevistada por Octavio Ríos Verdecia. Vía electrónica. 16 de agosto de 2015, 9:51 PM.
_______. Entrevistada por Octavio Ríos Verdecia. Vía electrónica. 17 de agosto de 2015, 3:03 AM.

Campos Blanco, Melba Rosa. Entrevistada por Octavio Ríos Verdecia. Vía telefónica. 30 de julio de 2015, 6:40 PM.
Collazo Torres, Caridad. Entrevistada por Octavio Ríos Verdecia. Vía telefónica. 2 de agosto de 2015, 6:00 PM.
de la Cruz de Ríos, Elízabeth. Entrevistada por Octavio Ríos Verdecia. Casa pastoral de la Iglesia Evangélica Pentecostal de Cuba (Asambleas de Dios) en Santa Amalia. 5 de agosto de 2014, 1:00 PM.
de Prada, Esquivel, Moisés. Entrevistado por Octavio Ríos Verdecia. Vía electrónica. 26 de agosto de 2015, 11:23 PM.
Duarte Llanes, Humberto Nicolás. Entrevistado por Octavio Ríos Verdecia. Vía telefónica. 31 de julio de 2015, 8:00 PM.
______. Entrevistado por Octavio Ríos Verdecia. Vía telefónica. 30 de agosto de 2015, 11:00 AM.
Duque González, Alcides A. Entrevistado por Bernabé González González. Estados Unidos. 5 de agosto de 2015.
Echeverría, Eduardo. Entrevistado por Loyda Calvo González en Estados Unidos. Recibido por vía electrónica. 16 de agosto de 2015, 9:47 PM.
Echeverría Ramos, Isnaldo. Entrevistada por Octavio Ríos Verdecia. Vía telefónica. 31 de julio de 2015, 7:00 PM.
Figueredo Coronado, René. Entrevistado por Octavio Ríos Verdecia. Vía telefónica. 18 de julio de 2015, 9.00 PM.
______. Entrevistado por Octavio Ríos Verdecia. Vía telefónica. 31 de julio de 2015, 6:00 PM.
______. Entrevistado por Octavio Ríos Verdecia. Vía telefónica. 6 de agosto de 2015, 8:00 PM.
______. Entrevistado por Octavio Ríos Verdecia. Oficina de Historia de las Asambleas de Dios de Cuba. 7 de agosto de 2015, 1:00 PM.
______. Entrevistado por Octavio Ríos Verdecia. Vía telefónica. 21 de agosto de 2015, 2:00 PM.
______. Entrevistado por Octavio Ríos Verdecia. Vía telefónica. 27 de agosto de 2015, 1:30 PM.
Figueredo Pi, Hermida. Entrevistada por Octavio Ríos Verdecia. Vía telefónica. 30 de julio de 2015, 9:00 PM.
García Núñez, Samuel. Entrevistado por Octavio Ríos Verdecia. Vía telefónica. 3 de agosto de 2015, 9:00 AM.
Gómez Arce, Alfredo. Entrevistado por Octavio Ríos Verdecia. Vía electrónica. 8 de agosto de 2015, 3:59 PM,
González Blanco, Isabel. Entrevistada por Octavio Ríos Verdecia. Vía telefónica. 5 de agosto de 2015, 11:00 AM.
González Figueredo, Guillermina. Entrevistada por Octavio Ríos Verdecia. Vía electrónica. 11 de agosto de 2015, 1:33 PM.
______. Entrevistada por Octavio Ríos Verdecia. Vía electrónica. 14 de agosto de 2015, 10:06 PM.
______. Entrevistada por Octavio Ríos Verdecia. Vía electrónica. 16 de agosto de 2015, 9:47 PM.
González Figueredo, Migdalia. Entrevistada por Bernabé González González. EUA.

7 de agosto de 2015.
_______. Entrevistado por Octavio Ríos Verdecia. Vía electrónica. 11 de agosto de 2015, 4:32 PM.
_______. Entrevistado por Octavio Ríos Verdecia. Vía electrónica. 11 de agosto de 2015, 5:46 PM.
_______. Entrevistado por Octavio Ríos Verdecia. Vía electrónica. 12 de agosto de 2015, 1:03 AM.
_______. Entrevistado por Octavio Ríos Verdecia. Vía electrónica. 12 de agosto de 2015, 1:48 AM.
_______. Entrevistado por Octavio Ríos Verdecia. Vía electrónica. 15 de agosto de 2015, 21:47 AM.
_______. Entrevistado por Octavio Ríos Verdecia. Vía electrónica. 16 de agosto de 2015, 5:25 AM.
_______. Entrevistado por Octavio Ríos Verdecia. Vía electrónica. 25 de agosto de 2015, 9.06 AM.
González González, Belkis Beatriz. Entrevistada por Octavio Ríos Verdecia. Vía electrónica. 13 de agosto de 2015, 6:38 PM.
_______. Entrevistada por Octavio Ríos Verdecia. Vía electrónica. 15 de agosto de 2015, 3:45 AM.
_______. Entrevistada por Octavio Ríos Verdecia. Vía electrónica. 25 de agosto de 2015, 5:08 AM.
_______. Entrevistada por Octavio Ríos Verdecia. Vía electrónica. 31 de agosto de 2015, 11:24 PM.
González González, Bernabé. Entrevistado por Octavio Ríos Verdecia. Vía electrónica. 16 de julio de 2015. 1:00 PM.
_______. Entrevistado por Octavio Ríos Verdecia. Vía electrónica. 26 de julio de 2015. 22:19 PM.
_______. Entrevistado por Octavio Ríos Verdecia. Vía electrónica. 30 de julio de 2015. 10:00 AM.
_______. Entrevistado por Octavio Ríos Verdecia. Vía electrónica. 2 de agosto de 2015. 2:35 PM.
_______. Entrevistado por Octavio Ríos Verdecia. Vía electrónica. 3 de agosto de 2015. 4:40 PM.
_______. Entrevistado por Octavio Ríos Verdecia. Vía electrónica. 5 de agosto de 2015, 4:14 PM.
_______. Entrevistado por Octavio Ríos Verdecia. Vía electrónica. 8 de agosto de 2015, 2:21 PM.
_______. Entrevistado por Octavio Ríos Verdecia. Vía electrónica. 7 de agosto de 2015, 3:10 PM.
_______. Entrevistado por Octavio Ríos Verdecia. Vía electrónica. 9 de agosto de 2015, 4:01 AM.
_______. Entrevistado por Octavio Ríos Verdecia. Vía electrónica. 14 de agosto de 2015, 4:51 PM.
_______. Entrevistado por Octavio Ríos Verdecia. Vía electrónica. 16 de agosto de 2015, 3:14 PM.
_______. Entrevistado por Octavio Ríos Verdecia. Vía electrónica. 16 de agosto de

2015, 3:25 PM.
_______. Entrevistado por Octavio Ríos Verdecia. Vía electrónica. 25 de agosto de 2015, 4:33 PM.
González, Henry. Entrevistado por Loyda Calvo González. Estados Unidos. 13 de agosto de 2015, 5:36 AM.
Jane, Dagoberto. Entrevistado por Bernabé González González. Vía electrónica. 26 de julio de 2015, 10:19 PM.
_______. Entrevistado por Bernabé González González. Recibido por vía electrónica el 30 de julio de 2015, 1:00 PM.
Lafon, Ben. Entrevistado por Octavio Ríos Verdecia. Vía electrónica. 9 de septiembre de 2015, 12:03 PM.
Legrá Jardines, Biria. Entrevistada por Octavio Ríos Verdecia. 1 de enero de 2014, 1:00 AM. Templo "Palabras de Vida" en Santa Amalia, La Habana. Usada con permiso.
Legrá Jardines, Nelsio. Entrevistado por Octavio Ríos Verdecia. Vía telefónica. 3 de agosto de 2015, 5:00 PM.
López Flores, Ángel. Entrevistado por Octavio Ríos Verdecia. Vía electrónica. 13 de agosto de 2015, 2:53 AM.
Martínez Elías, Bonifacio. Entrevistado por Octavio Ríos Verdecia. Vía telefónica. 14 de agosto de 2015, 11:00 AM.
Matos Hernández, Anay. Entrevistada por Octavio Ríos Verdecia. Vía telefónica. 5 de agosto de 2015, 5:00 PM.
Monduy Rosell, David. Entrevistado por Octavio Ríos Verdecia. Vía electrónica. 24 de agosto de 2015, 9:22 PM.
_______. Entrevistado por Octavio Ríos Verdecia. Vía electrónica. 30 de agosto de 2015, 5:00 AM.
_______. Entrevistado por Octavio Ríos Verdecia. Vía electrónica. 1 de septiembre de 2015, 2:34 PM.
Noja García, Víctor Oxiel. Entrevistado por Octavio Ríos Verdecia. Vía electrónica. 11 de agosto de 2015, 4:51 AM.
_______. Entrevistado por Octavio Ríos Verdecia. Vía electrónica. 17 de agosto de 2015, 12:47 PM.
Oropesa, Raimundo. Entrevistada por Octavio Ríos Verdecia. Vía telefónica. 30 de julio de 2015, 6:40 PM.
Paz Gálvez, Efraín. Entrevistado por Octavio Ríos Verdecia. Vía telefónica. 2 de agosto de 2015, 6:00 PM.
Pereira Sánchez, Héctor. Entrevistada por Octavio Ríos Verdecia. Vía telefónica. 31 de julio de 2015, 7:40 PM.
Pérez, Teresa. Entrevistada por Loyda Calvo González. Recibida por vía electrónica. 16 de agosto de 2015, 9:47 PM.
Pérez Suárez, Félix R. Entrevistada por Octavio Ríos Verdecia. Vía electrónica. 4 de septiembre de 2015, 6:15 PM.
Perna Iglesias, Diego. Entrevistado por Bernabé González González. Vía electrónica. 21 de julio de 2015, 4:27 AM.
Pol Martínez, Juana. Entrevistado por Octavio Ríos Verdecia. Vía telefónica. 5 de agosto de 2015, 3:40 PM.

_______. Pol Martínez, Juana. Entrevistado por Octavio Ríos Verdecia. Vía telefónica. 6 de agosto de 2015, 5:00 PM.
Pupo González, Herminio. Entrevistado por Octavio Ríos Verdecia. Vía telefónica. 31 de julio de 2015. 5:00 PM.
_______. Entrevistado por Octavio Ríos Verdecia. Vía telefónica. 10 de agosto de 2015, 11:00 AM.
Regüeiferos Cajigal, Samuel. Entrevistado por Octavio Ríos Verdecia. Vía telefónica. 10 de agosto de 2015, 10:30 AM.
Regueira Crespo, Justo. Entrevistado por Octavio Ríos Verdecia. Vía telefónica. 3 de agosto de 2015, 7:00 PM.
Ríos de la Cruz, Elízabeth. Entrevistada por Octavio Ríos Verdecia en el Templo "Palabras de Vida" en Santa Amalia, La Habana. 24 de agosto de 2015, 10:00 PM.
Rivero Reyes, Rolando. Entrevistado por Octavio Ríos Verdecia. Templo de la Iglesia Evangélica Pentecostal de Cuba (Asambleas de Dios) en Santa Amalia, 23 de marzo de 2009, 10:00 AM.
Rodríguez Domínguez, Orgelina. Entrevistada en su hogar por Octavio Ríos Verdecia. 3 de agosto de 2015, 6:00 PM.
_______. Entrevistada por Octavio Ríos Verdecia. Vía telefónica. 4 de agosto de 2015, 11:00 AM.
Rosell Marzo, Osías. Entrevistado por Octavio Ríos Verdecia. Vía telefónica. 5 de agosto de 2015, 3:00 PM.
Sabó Pons, Samuel. Entrevistado por Octavio Ríos Verdecia. Vía telefónica. 8 de agosto de 2015, 11:00 AM.
Santiesteban Pérez, Jesús S. Entrevistado por Octavio Ríos Verdecia. Vía telefónica. 31 de julio de 2015, 7:30 PM.
Socorro Batista, Anelis. Entrevistada por Octavio Ríos Verdecia. Vía electrónica. 14 de agosto de 2015, 6:41 PM.
Tamayo Carballido, Daniel E. Entrevistado por Octavio Ríos Verdecia. Vía electrónica. 10 de agosto de 2015, 6:09 PM.
Toledo Fuentes, Ángel. Entrevistado por Octavio Ríos Verdecia. Vía electrónica. 30 de julio de 2015. 1:00 PM.
Vázquez Manso, Irma. Entrevistada por Herminio Pupo González. Domicilio de Monterrey. La Habana, 1 de agosto de 2015, 7:00 PM.
Vila Santoyo, Orson. Entrevistado por Octavio Ríos Verdecia. 14 de enero de 2002, 10:00 AM. Templo "Palabras de Vida", Iglesia Evangélica Pentecostal de Cuba (Asambleas de Dios).
Villar Acosta, Eliseo. Entrevistado por Octavio Ríos Verdecia. Oficina Nacional de la Iglesia Evangélica Pentecostal de Cuba (Asambleas de Dios). La Habana, Cuba. 30 de junio de 2015, 9:30 AM.
_______. Entrevistado por Octavio Ríos Verdecia. Vía telefónica. 4 de septiembre de 2015, 6:40 PM.
Zambrano Lobaina, Luis. Entrevistado por Octavio Ríos Verdecia. Vía electrónica. 24 de agosto de 2015, 5:41 AM.
_______. Entrevistado por Octavio Ríos Verdecia. Vía electrónica. 25 de agosto de 2015, 11:37AM.

Zamora Montero, David N. Entrevistado por Octavio Ríos Verdecia. Vía electrónica. 23 de agosto de 2015, 5:08 AM.

CONFERENCIAS

González Villalonga, Arnoldo. Conferencias. Templo de la Iglesia Evangélica Pentecostal de Cuba (Asambleas de Dios) en Santos Suárez. La Habana, 1999.
McNeill, Larry. Escuela Dominical. Templo "Palabras de Vida" de la Iglesia Evangélica Pentecostal de Cuba (Asambleas de Dios). 25 de enero de 2015, 12:00 M.

PROGRAMAS TELEVISIVOS

Bianchi, Ciro. "Como me lo contaron... ahí va". Programa televisivo, jueves 11 de marzo de 2010, 8:30 PM, Canal 27, televisión cubana.

INÉDITO

Castillo Arévalo, Daysi. Documento enviado por Anelis Socorro Batista a la Comisión Nacional de Historia. 13 de septiembre de 2015.
Cordoví Calvo, Ruth. Testimonio enviado al autor por correo electrónico, el 4 de agosto de 2015, 4:47 AM.
González Figueredo, Marta. Documento enviado por Anelis Socorro Batista a la Comisión Nacional de Historia. 13 de septiembre de 2015.
________. Grabación digital enviada por Anelis Socorro Batista a los Archivos de Historia de las Asambleas de Dios de Cuba. Recibida el 13 de septiembre de 2015. Usada con permiso.
González Figueredo, Onelio. Carta a Marta González Figueredo. 26 de julio de 1993. Todas las cartas destinadas a Marta González fueron recibidas por los Archivos Digitales de Historia de las Asambleas de Dios de Cuba, como transcripción digital realizada por Anelis Socorro Batista, nieta de Marta González, para su uso en esta publicación.
________. Carta a Marta González Figueredo. 1 de febrero de 1996. Cortesía de Anelis Socorro Batista.
________. Carta a Marta González Figueredo. 31 de diciembre de 1997. Cortesía de Anelis Socorro Batista.
________. Carta a Marta González Figueredo. 4 de abril de 2000. Cortesía de Anelis Socorro Batista.
________. Carta a Marta González Figueredo. 8 de noviembre de 2000. Cortesía de Anelis Socorro Batista.
________. Carta a Marta González Figueredo. 2 de abril de 2001. Cortesía de Anelis Socorro Batista.
________. Carta a Marta González Figueredo. 28 de enero de 2003. Cortesía de Anelis Socorro Batista.
________. Carta a Marta González Figueredo. 25 de agosto de 2004. Cortesía de

Anelis Socorro Batista.

_______. Carta a Marta González Figueredo. 10 de noviembre de 2006. Cortesía de Anelis Socorro Batista.

_______. Carta a Marta González Figueredo. 8 de octubre de 2007. Cortesía de Anelis Socorro Batista.

_______. Carta a Marta González Figueredo. 23 de mayo de 2008. Cortesía de Anelis Socorro Batista.

_______. Carta a Marta González Figueredo. 17 de junio de 2008. Cortesía de Anelis Socorro Batista.

_______. Carta a Marta González Figueredo. 23 de septiembre de 2008. Cortesía de Anelis Socorro Batista.

_______. Carta a Marta González Figueredo. 7 de enero de 2010. Cortesía de Anelis Socorro Batista.

_______. Carta a René Figueredo Coronado. 4 de abril de 2006. Cortesía de René Figueredo. De todas las cartas a René Figueredo existen copias fotostáticas realizadas por la Dra. María Victoria Alderete Oliva, Vice-Rectora Docente de la Universidad Teológica Pentecostal de Cuba (UTPC), en apoyo a esta publicación y a los Archivos de Historia de las Asambleas de Dios de Cuba.

_______. Carta a René Figueredo Coronado. 23 de mayo de 2006. Cortesía de René Figueredo.

_______. Carta a René Figueredo Coronado. 7 de agosto de 2006. Cortesía de René Figueredo.

_______. Carta a René Figueredo Coronado. 1 de diciembre de 2006. Cortesía de René Figueredo.

_______. Carta a René Figueredo Coronado. 9 de octubre de 2007. Cortesía de René Figueredo.

_______. Carta a René Figueredo Coronado. 1 de diciembre de 2007. Cortesía de René Figueredo.

_______. Carta a René Figueredo Coronado. 9 de enero de 2008. Cortesía de René Figueredo.

_______. Carta a René Figueredo Coronado. 21 de octubre de 2008. Cortesía de René Figueredo.

_______. Carta a René Figueredo Coronado. 5 de agosto de 2009. Cortesía de René Figueredo.

_______. Carta a René Figueredo Coronado. 4 de mayo de 2010. Cortesía de René Figueredo.

Jeter, Hugh P. *Cuba*. Documento. S.f. Archivos de Historia. Asambleas de Dios. Cuba.

Mendoza García, José Ramón. Documento enviado por Anelis Socorro Batista a la Comisión Nacional de Historia. 13 de septiembre de 2015.

Montejo Acuña, Ana Irma. Grabación digital enviada por Anelis Socorro Batista a los Archivos de Historia de las Asambleas de Dios de Cuba. Recibida el 13 de septiembre de 2015. Usada con permiso.

Pereira Sánchez, Héctor. Documento enviado a los Archivos de Historia de las Asambleas de Dios de Cuba. Recibido: 8 de agosto de 2015. Usado con permiso.

Perkin, Noel. "New Appointments and Sailing". Cuba's Need. Octubre de 1941. Documentos. Archivos de Historia. Asambleas de Dios, Cuba

Peterson, Einar y Rachel. *Expediente ministerial del Departamento de Misiones.* Recibido desde las Oficinas de Historia de las Asambleas de Dios. Springfield. MO. EUA. Archivos de Historia. Asambleas de Dios. Cuba.

Peterson, Rachel. *Cuba.* Documento. S.f. Archivos de Historia. Asambleas de Dios. Cuba.

Stewart, Verlin y Ethel. *Expediente ministerial del Departamento de Misiones.* Recibido desde las Oficinas de Historia de las Asambleas de Dios. Springfield. MO. EUA. Archivos de Historia. Asambleas de Dios. Cuba.

Vila Santoyo, Orson. Conferencia: "Papel del evangelismo tradicional en la Iglesia de hoy". II Congreso Nacional de Evangelismo. 26 de febrero de 2000. Templo "Fuente de Salvación", Las Tunas.

ACERCA DEL AUTOR

Octavio Ríos Verdecia

Nació en 1963. Historiador de la Iglesia Evangélica Pentecostal de Cuba (Asambleas de Dios). Doctor en Medicina, 1987; Especialista en Medicina Interna, 1990; verticalizado por posgrado en Cuidados Intensivos, 1994; Médico Intermedista, 1990-1997, Unidad de Cuidados Intermedios, Hospital Docente Clínico Quirúrgico "General Calixto García", La Habana. Profesor de Entrenamiento Nacional de Emergencias Médico-Quirúrgicas, 1996. Asesor Médico del Comité Ejecutivo General de la Iglesia Evangélica Pentecostal de Cuba (Asambleas de Dios), 1995-1998. Bachiller en Teología y Biblia, 1993. Licenciado en Teología y Biblia, 2003. Máster en Teología Práctica, Facultad de Teología de las Asambleas de Dios en América Latina, Springfield, Missouri, Estados Unidos, 2009 —primera graduación en Cuba—. Maestro de Escuela Dominical, 1989-1997. Presidente de la Asociación Cristiana de Estudiantes Pentecostales en La Habana, 1992. Pastor de los Jóvenes del Templo Madre de la Iglesia Evangélica Pentecostal de Cuba (Asambleas de Dios), Infanta y Santa Marta, 1995. Copastor del Templo Madre de la Iglesia Evangélica Pentecostal de Cuba (Asambleas de Dios); 1997-1998. Evangelista, 1997-2005. Secretario de la Comisión Nacional de Evangelismo, 1997-2005. Miembro de la Dirección Nacional de

Investigaciones Teológicas, 1998-2005. Presidente, organizador y predicador de la Celebración Evangélica Cubana en Arroyo Naranjo, Estadio Ciro Frías, La Habana, Cuba, 1999. Miembro de la Comisión Nacional de Reglamento y Reglas Parlamentarias, 2004-2005 y 2014. Secretario de la Dirección Nacional de Investigaciones Teológicas (DIT), 2007-2008. Profesor de la Facultad de Teología de las Asambleas de Dios de América Latina, Springfield, Missouri, Estados Unidos, desde 2013; Profesor Titular de la Universidad Teológica Pentecostal de Cuba (UTPC), 2014-2017. Miembro de la delegación cubana para la celebración del Centenario de las Asambleas de Dios, Springfield, Missouri, Estados Unidos, 2014. Representante en Cuba del Círculo de Escritores de las Asambleas de Dios de América Latina (CEADAL), 2015-2017. Pastor del Templo histórico "Palabras de Vida" en Santa Amalia, 1998- 2017. Ministro de la Iglesia Evangélica Pentecostal de Cuba (Asambleas de Dios) desde 1998-2017. Desde 2017, junto a su esposa, ministra en Texas, Estados Unidos.

Entre sus principales obras y publicaciones cristianas resaltan:

- ✞ *Somos Creación* (1992)
- ✞ *Dios en mis sentidos* (1992)
- ✞ *Psicología* (1993)
- ✞ *La mujer cristiana y su ministerio* (2002)
- ✞ *Procedimientos parlamentarios de la IEP de Cuba* (2003)
- ✞ *Escuela Internacional de Ministerio* (2006)
- ✞ *Reglas Parlamentarias* (2006)
- ✞ *Gobierno Eclesiástico* (2007)
- ✞ *El pensamiento de Dios en José Martí* (2008)
- ✞ *Temas de Teología Práctica* (2008)
- ✞ *Nube de Testigos* (2009)
- ✞ *Tus primeros sermones* (2011)
- ✞ *Memorias del pastor Benjamín de Quesada* (2013)
- ✞ *Él murió por nosotros* (2014)
- ✞ *Soy la vida* (2014)
- ✞ *Historia de las Asambleas de Dios en Cuba* (2015)
- ✞ *Historia del Pentecostalismo en Cuba* (2015)

Su matrimonio ejemplar de casi treinta años ha discurrido al lado de la Revda. Elízabeth de la Cruz Legrá. Licenciada en Ciencias Farmacéuticas, 1987. Especialista en Superación Técnico-Profesional, 1987-1999. Bachiller en Teología y Biblia, 1993. Licenciada en Teología y Biblia, 2003. Máster en Teología Práctica,

Facultad de Teología de las Asambleas de Dios en América Latina, Springfield, Missouri, Estados Unidos, 2009 —primera graduación en Cuba—. Profesora de la Facultad de Teología de las Asambleas de Dios de América Latina, Springfield, Missouri, Estados Unidos, desde 2013. Profesora Asistente de la Universidad Teológica Pentecostal de Cuba (UTPC), 2014-2017. Secretaria Nacional del Círculo de Escritores de las Asambleas de Dios de América Latina (CEADAL), 2015-2017. Secretaria Distrital de los Ministerios Femeniles, Distrito Occidente, junio 2006. Presidenta Distrital de los Ministerios Femeniles, Distrito Occidente, enero 2007- junio 2009. Vice-Secretaria Nacional de los Ministerios Femeniles, junio 2007-junio 2009. Secretaria Nacional de los Ministerios Femeniles, junio 2009-2017.

Comparten la bendición de dos hijas: Elízabeth, de 26 años. Doctora en Medicina; Bachiller en Teología y Biblia, 2011; presidenta de los Jóvenes; Teclista de la Iglesia; y Viria, de 21 años. Estudiante de Medicina; Predicadora de niños; Directora del Grupo de Alabanza y Foto reportera del Boletín local "Palabras de Vida".

Comité Editorial

ÍNDICE ALFABÉTICO

C

Ch

C

H

I

J

K

L

T

U

Made in the
USA
Lexington, KY

55562143R00195